오래된 유럽

오래된 유럽

당신들이 아는 유럽은 없다

김진경 지음

메디치

프롤로그

코로나19 1차 유행기이던 2020년 4월, 집에 반가운 소포가 도착했다. 주스위스 대한민국 대사관에서 보낸 이 소포 안에는 KF94 마스크 24장이 들어있었다. 당시 내가 사는 스위스에서 마스크를 구하는 건 불가능했다. 스위스뿐 아니라 전 유럽이 마스크 기근이었다. 한국의 마스크 수급 상황이 유럽보다 훨씬 낫긴 했지만 넘쳐나는 건 아니었으므로 한국 정부는 해외로 마스크를 수출하는 걸 한동안 금지했었다. 그런데도 재외 교포에게 보내는 것은 예외적으로 허용했다. 스위스에 사는 한국 국적자는 한인회를 통해 1인당 8장, 1장에 3스위스프랑(약 4,000원)을 내고 마스크를 살 수 있었다. 우리 집에선 한국 국적자인 나와 한국-스페인 이중국적자인 아이 둘이 쓸 것을 샀다. 스페인 국적자인 남편 몫은 없었다.

남편이 말했다. "제1세계에서 보급품이 도착했네. 한국인이라서 좋겠다." 비꼬는 말이 아니라 진심이었다. 전 세계가 바이러스 앞에서 정신을 못 차리는 마당에 바다 건너 자국 교민에게까지 마스크를 보내는 정부에 대한 부러움이었다. 남편이 쓴 '제1세계'라는 표현은 흥미롭다. 미국과 유럽 선진국의 시민들이 코로나19 사태 이전까지 한국을 보던 시각은 제1세계와 거리가 한참

멀었기 때문이다. 2009년 남편의 고향인 스페인 발렌시아Valencia를 처음 방문했을 때 그의 친구가 내게 했던 질문을 잊을 수가 없다. "한국에선 다들 지푸라기로 만든 집에 살지?"

교육 수준이나 경험과 관계없이, 많은 유럽인은 아시아에 대한 고정관념이나 편견을 갖고 있다. 한번은 60대 스위스 친구가 내게 질문을 했다. "횡단보도를 건널 때 신호를 꼭 지켜요?" "그럼요. 잘 지키죠." "보는 사람이 없어도요? 오는 차가 없어도?" "네, 지켜요." 그러자 그럴 줄 알았다는 듯 그는 고개를 끄덕이며 박장대소를 했다. 탁자까지 치며 웃던 그가 말했다. "역시, 전형적인 아시안이야(typische Asiatin)!" 나는 그가 웃는 것도, 내 대답에 '전형적인 아시안'이라는 반응을 보인 것도 이해하기 어려웠다. 무단횡단을 하는 사람은 한국이나 스위스나 비슷하게 많고, 운전자가 신호 안 지키기로는 한국이 훨씬 더 심하다. "그게 왜 전형적인 아시안이라는 거예요?" 내 물음에 그가 말했다. "규칙을 잘 따르잖아요, 아시안들은."

그는 아시아에 한 번도 가본 적이 없는 사람이다. 그의 머릿속에 나 같은 한국인은 규칙에 절절매면서 융통성 없이 신호등만 바라보는 사람들이다. 그는 틀렸다. 나는 법규에 주눅 들어, 혹은 누가 볼까 무서워서 신호를 지키는 게 아니다. 신호를 어기면서 몇 초 앞서가는 건 얻는 것보다 잃는 것(잠재적 사고 위험)이 훨씬 큰 행위다. 그 정도 일에 위험을 무릅쓰는 건 어리석고 비합리적이다. 다들 지키는 신호를 혼자 어기고 앞서가는 사람들은 이기적이다.

전형적인 사람은 내가 아니고 그다. 많은 유럽인이 그처럼

5

동양인에 대한 고정관념을 갖고 있다. 너무나 구조가 뻔한 옛날 이야기 같아서 이제는 지겹지만, 한번 정리해보자. '학교에서는 주입식 교육을 받고 다들 수학을 잘한다. 창의적 문제 해결엔 약하다. 술도 잘 못마시고 놀지도 못한다. 돈을 밝힌다. 남자들은 남성성이 떨어지고 정력이 약하다. 그런 남자들이 집에선 여자들을 지배한다. 이 순종적인 여자들은 찍소리도 못하고 성형수술이나 미용에 관심이 많다. 그래서 몸매가 좋고 예쁘다. 음식은 다 맛있는 건강식이다. 기후 위기나 환경보호엔 관심이 없다. 실외 스포츠에도 관심이 없다. 강압적인 정부에 순종한다. 법이나 규범을 잘 지킨다. 나이 많은 사람을 공경하고 예의가 바르다. 소수자 인권은 존재하지 않는다. 부모가 아이들에게 죽어라 공부를 시킨다. K팝 같은 대중문화가 끝내주게 발달했다. 그런데 그것은 대개 기획사에서 노예처럼 훈련해 나온 결과다.'

6

물론 모든 유럽인이 이런 생각을 하고 있다는 건 아니다. 그리고 이 고정관념의 반대편에는 유럽인들이 스스로에 대해 가진 고정관념이 존재한다. 즉 '(동양인보다) 우리 유럽인들은 자유롭고 민주적이다, 자연을 사랑하고 스포츠를 즐긴다, 여성·아동·장애인·성 소수자 등이 살기 좋은 사회다, 경쟁보다 창의성을 중시한다'고 생각한다.

유럽의 눈에 비친 아시아

아시아유럽재단(Asia Europe Foundation, ASEF)은 2012년 〈유럽의 눈에 비친 아시아: 부상하는 거인의 이미지(Asia in the Eyes of Europe: Images of a Rising Giant)〉라는 프로젝트를 진행했다. 유

럽연합(EU)에서 자금을 지원받아 8개 유럽 국가에서 일반 대중, 미디어, 전문가의 눈에 비친 아시아의 이미지를 연구했다. 나중에 같은 제목의 책도 출간됐다.¹ 이 책 서문에는 이런 부분이 있다. "아시아는 아마도 (유럽인들에게) 가장 신비로운 대륙일 것이다. 유럽의 정신적 세계지도에서 아시아는 상대적으로 흐릿하게 잘 안 보이는 부분이다. 민족, 종교, 정치 집단의 엄청난 다양성이 그 이유 중 하나다." 이 프로젝트 연구에 따르면 유럽인들이 아시아와 관련해 떠올리는 키워드엔 다음 같은 것들이 포함됐다. 멀다, 이국적, 가난하다, 저가 무역, 인구 과밀, 돈, 개발 중, 홍수, 쓰나미, 쌀, 향신료. 아시아와 전혀 연관 없는 단어들은 아니다. 하지만 이 같은 단어만으로 우리가 아는 현대 한국 사회를 얼마나 잘 설명할 수 있을까. 유럽인의 눈에 왜 아시아의 이미지는 한쪽으로 치우쳐 있을까.

7

국가가 표준 시민을 양성하는 가장 효율적인 시스템인 의무교육의 내용을 비교해보자. 한국인인 나는 중·고등학교에 다니는 동안 한국사는 물론이고 동양과 유럽, 미국의 역사를 겉핥기식으로나마 모두 배웠다. 스페인 출신인 남편은 학교에서 스페인과 유럽의 역사를 주로 공부했고, 거기에 더해 미국의 초기 역사를 배웠다. 스페인에서 미국의 초기 역사를 중시하는 이유는 콜럼버스가 스페인 여왕의 지원을 받아 아메리카 대륙을 발견했기 때문이라는 게 그의 설명이다.

스위스도 다르지 않다. 스위스의 인문계 고등학교인 김나지움gymnasium(대학 진학을 목표로 하는 인문계 중·고등학교)에서 학생들이 아시아에 대해 배우는 내용은 유럽과 접점이 있는 부분으로 제한된다. 알렉산더대왕과 징기스칸의 정복 루트, 아시아까지 이어진 마르코 폴로의 탐험로, 남부 스페인을 점령했던 무슬림 세력, 아편전쟁, 2차 세계대전에서 일본의 역할 등이 그것이다. 그밖의 내용은 유럽인에게 굳이 알 필요가 없는 내용이다. 구체적인 정보가 없는 대상은 한데 뭉뚱그려져 흐릿하게 인식된다. 많은 유럽인에게 아시아란 '지중해에서 일본에 이르는 거대한 덩어리'다.

교육과정에 아시아의 역사나 언어가 거의 포함되지 않는 곳에서, 아시아에 대한 이미지는 어떤 방식으로 구축될까. 전통적인 루트는 일본 애니메이션, 중국 무술 영화, 유럽 전역에 널린 저가 중국 식당, 일본과 한국의 전자제품, 중동의 전쟁이나 북한의 독재자를 다룬 국제 뉴스다. 요즘은 그래도 전보다 나아졌다. K드라마와 K팝 덕분이다. 그래도 균형 잡힌 루트라고 보기는 어렵다. 드라마와 가요만으로 한 나라를 이해한다고 할 수 있나. 장르가 치우쳐 있는 일부 대중문화를 통한 이해는 얼마나 얄팍할 것인가.

K드라마와 K팝은 한국으로 관심을 유도하는 중요한 관문 역할을 한다는 점에서 큰 의의가 있다. 하지만 BTS가 세계를 제패했으니 서구인이 생각하는 한국의 위상도 BTS 급이라고 생각하면 곤란하다. BTS의 노래와 안무를 다 외우는 내 친구는 한국인의 밥상에 간장과 스윗앤사워 칠리소스가 매번 기본으로 올라간다고 생각한다. 영화 〈기생충〉이 너무 좋아서 세 번을 봤다는 친구는 내게 조심스럽게 물었다. "한국인들은 다들 그런 반지하에서 어떻게 살아?" 이건 봉준호 감독의 잘못이 아니다. 기존에

주어진 정보가 빈약할 때 사람들은 얼마 안 되는 단서를 판단의 근거로 삼는다. 일반화는 효율적인 정보처리 기술이기도 하다. 그들의 태도를 통해 나 자신을 돌아본다. 다른 집단을 대할 때 나 역시 내 손에 쥐어진 한 톨의 단서로 침소봉대 해석을 하진 않았는지.

'성인 유럽-아동 아시아'라는 프레임

'우리는 그들을 알지만 그들은 우리를 모른다'는 얘기를 이렇게 길게 한 이유는, 코로나19 사태를 맞아 다시 등장한 '성인 유럽-아동 아시아'라는 낡은 프레임이 이 같은 배경을 바탕으로 강화됐다고 보기 때문이다. 서구 사회는 한국의 재빠르고 효율적인 대응에 경탄하면서도 한편으로는 '프라이버시를 포기하고 권위적 정부에 순종하기 때문에 가능한 방식'이라고 꼬리를 단다. 비록 팬데믹 대응엔 미숙한 면이 있었지만 민주주의 시스템하에서 개인의 자유가 이상적으로 실현되는 곳은 여전히 유럽뿐이라는, 포기 못 하는 우월감이다.

9

과연 개인의 자유는 어떤 상황에서도 놓을 수 없는 가치인가. 코로나19는 개인의 자유가 가진 의미와 한계를 고찰하고 새로운 사회적 합의를 만들어나갈 수 있었던 좋은 기회였다. 하지만 팬데믹 초기 유럽에서 자유의 한계를 질문하는 건 거의 금기시됐다.

다양한 국가 출신이 섞여 있는 우리 동네 주민의 왓츠앱 WhatsApp 채팅방에서 있었던 일이다. 정부의 봉쇄 명령으로 학교가 전부 문을 닫았는데도 동네 놀이터가 아이들로 북적이자 한 일본인이 '사회적 거리두기를 위해 다섯 명 이상 모여 노는 건 피하자'고 제안을 했다. 그러자 독일인이 '실망스럽다. 누구도 다른 사람에게 이래라저래라 해서는 안 된다'고 말하면서 주민들 사이에 큰 논쟁이 벌어졌다. 일본인은 결국 '분란을 일으켜 미안하다'고 사과를 했고 놀이터는 여전히 아이들로 북적였다. 이후 몇 달 동안 이 채팅방에서 코로나19와 관련된 이야기는 전혀 나오지 않았다.

분명 자유민주주의의 기수는 서구 세계다. 경제적 번영부터 소수자 인권까지, 그들이 먼저 이루었고 우리가 따른 것이 맞다. 문제는 지난 수십 년 동안 우리가 거의 따라잡거나 이미 판세가 바뀐 영역이 있는데도, 그들에겐 관련 정보가 업데이트되지 않았다는 점이다. 게다가 코로나19는 전에 없었던 새로운 위기다. 새로운 대응 방식이 요구되는데도 유럽은 여전히 과거 자유민주주의의 선구자 역할을 할 때의 모습에 기대고 있다. 유럽에서 바이러스가 퍼지기 시작한 이후 소셜 미디어에는 '연대(solidarity)'라는 단어가 자주 등장했다. 주로 발코니에서 정해진 시간에 의료진에게 박수를 보내거나, 촛불을 켜거나, 작은 콘서트를 여는 사진과 함께 쓰였다. 그러나 사람들은 연대를 말하면서 정부 조치를 위반하고 모임을 열었다. 그동안 내가 연대라는 개념을 잘못 알고 있었던 걸까.

과연 유럽 시민은 성숙한 어른이고 아시아 시민은 부모(정부)의 자상한 도움이 필요한 아동인가. 예를 들어보자. 스위스에서 여성이 출산하면 14주의 유급 출산휴가가 주어진다. 놀라운 건 이것이 2005년에야 비로소 법적으로 보장됐다는 점이다. 잘 알려졌다시피 스위스는 직접민주주의의 대명사로 인식되는 국가다. 의회에서 입법이 되어도 누군가 나서서 이에 반대하는 서명을 모으면 법안을 국민투표에 부쳐 전 국민의 의견을 물을 수 있다. 여성의 출산휴가 관련법은 1945년 이후 4번에 걸쳐 국민투표에 부쳐졌다가 모두 부결됐고, 2005년에야 통과됐다. 남성에게 2주의 유급 출산휴가를 주는 법안은 2021년 9월에야 겨우 통과됐다. 출산휴가가 스위스에서 이렇게 난항을 겪는 이유는 국민의 세금이 들어가는 복지 제도라 반대하는 사람들이 많기 때문이다. 국민투표로 상징되는 스위스의 직접민주주의를 조금만 뜯어보면 이런 이기주의로 점철돼 있다. '성숙한 개인주의'와 '나만 아는 이기주의'는 종이 한 장 차이다. 이제는 그 종이 한 장을 좀 더 자세히 들여다볼 필요가 있다.

또 다른 예. 스위스의 기차역과 트램(전차)역에는 한국인인 내가 이해하기 어려운 부분이 있다. 승강장 바닥이나 안내 스크린에 저상低床칸이 어디인지 표시가 없다는 점이다. 기차와 트램에는 대개 저상칸과 계단을 올라가야 하는 칸이 섞여 있는데, 역과 기차의 종류에 따라 차량의 길이나 진행 방향이 제각각이어서 승강장의 어느 지점에서 저상칸이 멈출지 알 수가 없다. 유모차를 밀고 다니던 시절엔 그게 큰 문제였다. 자주 이용하는 동네 역에선 기억을 해뒀다가 타면 되지만, 낯선 역에서는 승강장 중간에 서 있다가 기차나 트램이 들어설 때 저상칸이 있는 쪽을 보고 얼른 뛰어야 했다. 유모차 미는 사람이나 휠체어를 탄 사람에겐 필수적인 정보이고, 안내 스크린에 표시하는 게 어려운 일도 아닌데 왜 안 하는 것일까. 이 질문을 여러 스위스 친구에게 했었다.

내가 "한국의 지하철 승강장에는 휠체어 칸 입구에 표시가 돼 있고, 지하철 앱을 설치하면 내릴 때 환승 통로로 바로 연결되는 칸까지 알 수 있다"고 하니 다들 놀랍다는 반응이었다. 대중교통에 갖가지 정보를 표시하는 게 집단주의와 개인주의의 차이인가? 아니다. 더 나은 시스템과 부족한 시스템의 차이일 뿐이다.

스페인 정부는 코로나19 확진자가 6,000명을 넘어섰던 2020년 3월 13일 국가 경계령을 발동했다. 시민들은 장을 보거나 병원에 가는 등의 필수적인 경우를 제외하고는 거리 통행도 할 수 없었다. 3월부터 여름 날씨가 이어지고 사교 모임부터 각종 축제까지 야외 활동이 많은 스페인에서 몇 주째 봉쇄(록다운)가 이어지다 보니 반발도 많았다. 스페인에는 "모든 법에는 빠져나갈 구멍이 있다(hecha la ley, hecha la trampa)"라는 속담이 있다. 봉쇄 기간에 이 속담이 현실이 됐다. 외출이 가능한 예외적인 경우 중 하나가 개를 데리고 산책하는 것이었는데, 이걸 악용해 인터넷에 돈을 받고 개를 빌려준다는 글이 넘쳐났다. 장을 보러 나가는 게 허용되다 보니 하루에 열 번 넘게 마트에 가는 사람들도 생겨났다.

이 때문에 스페인 정부는 외출할 때 시간과 목적을 명시한 문서를 갖고 나가도록 새로운 규정을 만들어야 했다. 그런데도 정부 조치를 위반해 벌금을 선고받은 케이스가 봉쇄 약 한 달 만에 70만 건 이상 나왔다. 전국적 록다운이 시행된 프랑스, 이탈리아의 상황도 크게 다르지 않았다. 봉쇄 초기 스페인, 프랑스, 이탈리아 언론은 안전조치를 위반한 케이스로 도배되다시피 했다. 어떤 사람들은 '유럽인들은 개인 정보를 정부에 제공하지 않기 위해 자발적으로 봉쇄를 택했다'고 말했다(이런 주장을 하는 사람들은 한국과 유럽 양쪽에 다 있었다). 프라이버시 수호를 위해 자발적으로 집에 갇히다니, 그게 사실이라면 규칙을 따라야 할 게 아닌가. 스페인 경찰이 찍었던 규칙 위반 케이스 영상 중에는 내 눈을 의심할 만한 것들도 있었다. 고층 아파트 발코니에서 자기 집 안에 있던 옷장, 냉장고 등을 아래로 떨어뜨려 주차된 차를 파손시키는 사람, 속옷 하나 걸치지 않고 소리를 지르면서 텅 빈 거리를 뛰어다니다 경찰에 붙잡힌 젊은 여성, 술을 마신 뒤 차를 몰고 근처에 주차돼 있던 경찰차를 반복해 들이받는 남성이 등장했다. 강제적, 전면적 봉쇄 조치가 사람들에게 심리적으로 미친 영향은 아마도 나중에야 더 정확하게 알 수 있을 것이다. 어쨌거나 프라이버시를 지키기 위해 자발적으로 봉쇄를 택했다는 주장은 납득하기 어렵다.

13

'좋은 유럽인'은 죽었다

발코니에서 박수를 치건, 벌거벗고 거리를 헤매건, 사상 초유의 록다운 현실에서 유럽 사람들이 방향을 잃고 무력감을 느낀 건 확실하다. 내가 처음에 이해하기 어려웠던 건 중국에서 바이러스 전파 소식이 들려온 지 두어 달이 지나도록 유럽이 사실상 전혀 대비하지 않았다는 점이었다. 소독제나 마스크를 준비할 시간이 있었는데도 손을 놓고 강 건너 불구경하듯 아시아 상황을 지켜보고 있었다. 그러다 유럽에까지 바이러스가 퍼지니 다른 수가 전혀 없어 봉쇄를 결정한 것이다. 왜 유럽이 황금 같은 두 달의 시간을 낭비했는지에 대해선 여러 해석이 있다. 나는 그 이유가 유럽은 오랫동안 '우리'와 '그들'을 구분하는 데 익숙했고, 중국에서 시작된 바이러스를 '그들만의 문제'로 규정했기 때문이라고 생각한다.

반면 한국은 바이러스가 본격적으로 퍼지기 전부터 대비를 시작했다. 팬데믹 초기에 나온 '드라이브 스루 테스트' 같은 간단하면서도 획기적인 아이디어는 유럽 언론도 여러 차례 다뤘다. 한국은 봉쇄를 택하지 않았는데도 사람들은 외출을 자제하고 동선 공개에 협조했다. 한국인들이 보여준 유럽과 다른 방식의 연대는, 민주주의를 위한 투쟁의 역사가 아니라 발달한 기술과 투명한 정보 공개를 바탕으로 한 것이다. 나는 한국인들이 큰 반발 없이 정보 공개에 협조한 이유 중 하나가 초기부터 매일 두 차례 실시한 정부의 브리핑이라고도 생각한다. 정은경 질병관리청장 같은 신뢰할 수 있는 인물의 영향력도 있을 것이다. 스위스에선 상황이 가장 심각할 때도 주 2회 브리핑이 전부였다. '아이들 사이에선 전염이 안 된다'거나 '마스크는 효과가 없다'는 잘못된 정보도 초기 정부 브리핑에서 나왔다.

다시 '성인 유럽-아동 아시아' 프레임으로 돌아가보자. 유럽이 질풍노도의 청소년기를 겪고 성인이 된 건 맞지만, 여전히 황금기를 구가하는 성숙한 어른은 아니다. 오래 운동을 하지 않은 굼뜨고 둔감한 어른이라는 비유가 더 맞을 것 같다. 이건 갑작스러운 변화가 아니라 2010년 유럽 재정 위기 전부터 감지된 변화다. 이번 코로나 사태는 유럽, 미국, 아시아 국가들을 모두 같은 자리에 세워 객관적 비교를 가능하게 했다는 점에서는 큰 공헌을 했다. 덕분에 우리는 유럽을 보는 눈에서 장막을 한 꺼풀 벗겨낼 수 있었다.

'좋은 유럽인(guter Europäer, good European)'이라는 표현이 있다. '자유와 인권의 가치를 수호하며 국가와 민족을 초월해 함께 연대할 때 이상적인 사회를 만들 수 있다고 믿는 유럽인' 정도의 의미다. 이 표현의 저작권은 독일 철학자 프리드리히 니체Friedrich Nietzsche까지 거슬러 올라간다. 니체는 1886년 어머니에게 보낸 편지에 이렇게 썼다. "저는 좋은 독일인은 아닐지 모르지만, 좋은 유럽인입니다."² 니체는 '19세기의 병'이라고 불렸던 내셔널리즘, 인종주의로부터 거리를 두고 싶어했다. 이 표현은 이후 유럽의 통합을 외치는 많은 정치인에 의해 차용됐다.

유럽 국가의 개방성과 연대를 강조한 니체의 저작들이 그의 사후 짜깁기돼 히틀러의 나치 체제에서 선동용 문서로 이용됐다는 점은 역설적이다. 유럽 재정 위기 때 앙겔라 메르켈Angela Merkel, 데이비드 캐머런David Cameron 같은 유럽연합 국가의 수장들이 각자의 이익을 위해 '좋은 유럽인'이니, '나쁜 유럽인'이니 하며 서로 손가락질했다는 점도 아이러니다. 어쩌면 니체가 생전에 유럽 밖으로는 한 발짝도 나간 적 없이 '좋은 유럽인'이라는 이상을 가졌을 때 이 같은 아이러니는 예견됐을 수 있다.

인권, 자유, 연대 같은 가치를 추구하면서 그 무대로 오직 유럽만을 상상한 것이 한계다. 유럽의 한계는 팬데믹을 맞아 여실히 드러났다. 코로나19 사태에서 '좋은 유럽인'이란 차라리 반어적 표현으로 들린다. 니체는 절대적 가치가 의미를 잃고 허무주의가 지배하는 사회를 예견하면서 "신은 죽었다"고 했다. 유럽이 상징하는 가치들이 의미를 잃고 혼란에 빠진 지금, 이 문장에는 다른 주어가 더 들어맞는 것 같다. "좋은 유럽인은 죽었다."

한국이 다 잘했다는 게 아니다. 어두운 면도 많았다. 초기에 집단 감염이 발생했던 종교 집단 신천지 및 대구 지역을 상대로 한 차별, 2주 자가 격리 대상인 해외 입국자들에 대한 유튜버들의 마녀사냥식 감시, 동선 공개 과정에서 무시된 프라이버시 등 '전체를 위해서라면 개인의 자유는 희생시킬 수 있다'는 암묵적 공감이 한국 사회에 퍼져 있는 게 사실이다. 그래도 팬데믹 후기로 갈수록 공공의 이익과 개인의 자유가 대립할 때 어느 선에서 사회적 합의가 이뤄질 수 있는지에 대해 점점 더 많은 얘기가 등장한 건 다행이라고 생각한다.

그래서 우리에게는 새로운 문제 설정이 필요하다. 전염병은 다시 등장할 것이다. 그때는 어쩔 것인가. 계속 '유럽보다 낫다니 뜻밖인데'하며 우쭐할 수만은 없다. 한국을 비롯한 동아시아는 이미 선도 국가의 위치에 섰다. '어떻게 유럽을 따라잡을 수 있을 것인가'는 유효기간을 상실한 질문이다. '코로나 시대의 민주주의란 무엇인가', '코로나 시대의 시민 연대와 개인의 자유는 어떻게 양립할 수 있는가'. 이런 질문들에 대한 답을 고민할 때다. 문제를 정확히 직시하는 것이 제대로 된 답을 찾는 출발점이다. 이 책이 그 과정에 함께 하기를 바란다.

차례

프롤로그 4

1부 코로나19, 상식을 뒤엎다

　　1장 코로나19로 불붙은 아시아인 차별 22

　　2장 뿌리 깊은 흑백 차별의 역사 33

　　3장 코로나 방역 조치에 반기를 들다 52

　　4장 백신 논쟁 67

2부 유럽의 민낯

　　5장 스위스 국민투표 78

　　6장 유럽의 교육 시스템 100

　　7장 스위스 조력 자살 제도―좋은 죽음인가, 좋은 삶인가 118

　　8장 값비싼 보편적 보장, 스위스 의료 시스템 129

3부 논쟁으로 보는 유럽 사회

　　9장 유럽의 불평등 1―연대는 가능한가 140

　　10장 유럽의 불평등 2―구걸할 권리 153

　　11장 기본 소득, 결론이 아니라 실험이 필요하다 161

　　12장 표현의자유와 한계 174

13장 '정치적 올바름'은 정치적이다—블랙페이스 논쟁 188

14장 '공정한 언어'—언어는 진화할까 200

15장 프라이버시, 어디까지 지켜야 하나 210

16장 과거라는 이름의 외국 226

4부 코로나 시대와 다문화

17장 셍겐 조약과 유럽연합의 미래 244

18장 오리엔탈리즘 265

19장 축구와 다문화 사회 288

20장 이방인, 잠재적 범죄자 308

21장 유럽의 무슬림 320

에필로그 334

감사의 말 341

주 343

1부

코로나19, 상식을 뒤엎다

1장
코로나19로 불붙은 아시아인 차별

스위스의 국민 동요, 〈세 명의 중국인〉
2017년, 다섯 살인 딸아이가 취리히Zürich의 공립 유치원에 들어갔다. 몇 달 뒤 유치원에서 부모 초대 행사가 열렸다. 일종의 재롱 잔치로 아이들이 다 함께 노래를 불렀다. 제목은 〈콘트라베이스를 들고 있는 세 명의 중국인(Drei Chinesen mit dem Kontrabass)〉. 가사는 이렇다.

> 콘트라베이스를 들고 있는 세 명의 중국인
> 거리에 앉아 수다를 떨고 있네.
> 경찰관이 와서 물었지, 대체 뭔 일이야?
> 콘트라베이스를 들고 있는 세 명의 중국인.

입에 착착 감기는 멜로디였다. 흐뭇한 표정으로 아이들을 바라보던 부모들 몇몇은 이 노래를 따라 부르기도 했다. 나도 '엄마 미소'를 지으며 손뼉을 쳤지만, 마음 한구석이 찜찜했다. 왜 하필 중국인인가. 경찰관이 중국인들에게 다가가 질문을 한다는 가사 내용이 좀 불편했다. 모여 있는 학부모 중 아시안은 나 하나였고, 내가 중국인인지 아닌지 이 사람들은 모를 것이었다. 다들 나를 쳐다보는 것 같았다. 나는 갑자기 의도치 않게 이 재롱 잔치 무대에 올라선 느낌이었다.

독일, 오스트리아, 그리고 스위스의 독일어권 지역에서 널리 알려진 이 동요의 역사는 20세기 초로 거슬러 올라간다. 어느 나라에서건 구전동요가 대개 그러하듯이, 이 노래에도 여러 버전이 있다. 1945년 이전에 기록된 버전에서는 중국인 대신 일본인으로 돼 있는 경우가 많고, 악기를 '들고 있는'이라는 가사가 '안 들고 있는'으로 바뀌기도 한다. 일부 오래된 버전에선 콘트라베이스 대신 '신분증(pass)을 안 갖고 있는' 중국인으로 불렸다. 뜬금없이 콘트라베이스가 나오는 이유가 짐작된다. 독일어 발음으로 '파스'와 "콘트라바스'가 운이 맞기 때문이다. 아마도 원래 가사는 '파스'였는데 '신분증이 없는 중국인(=불법 이민자)'이라는 가사에 차별적 요소가 있어서 '콘트라바스'로 바뀌었을 것으로 짐작한다. 어떻든 간에 아시아인들이 모인 자리에 경찰관이 나타난다는 얼개는 공통적이다.

이 노래의 가사를 제대로 이해했을 때 들었던 생각은, 아이들이 중국인과 경찰을 연결 지어 생각하지 않을까 하는 우려였다. 동요집엔 보통 노랫말과 관련된 간단한 삽화도 실리는데, 이 노래가 들어간 여러 종류의 동요집엔 예외 없이 눈이 위로 찢어지고 가늘고 뾰족한 콧수염이 턱 아래까지 늘어진 중국인들의 모습이 그려져 있다. 유튜브에서 이 노래를 검색하면 중국인들이 모여 있다가 경찰관이 다가가자 급히 도망가는 내용의 애니메이

23

션 영상이 나온다. 아시아계 부모들이 인종차별적 동요라며 유치원 교사에게 항의하는 일이 곧잘 벌어지는 것도 무리가 아니다.

이 노래가 코로나19 발발 후 다시 도마에 올랐다. 서부독일 방송(Westdeutscher Rundfunk, WDR)의 진행자 헤닝 보르네만Henning Bornemann 때문이다. 그는 2020년 2월 초 트위터에 '장난꾸러기 아이들의 노래'라며, '코로나 통에 빠진 세 명의 중국인(Drei Chinesen im Corona-Fass)'이라는 글을 올렸다. 파스Fass는 독일어로 '통'을 뜻한다. 와인이나 맥주를 저장하는 불룩한 참나무 통을 떠올리면 된다. 보르네만이 '콘트라바스' 대신 '코로나 파스'로 절묘하게 단어를 바꾼 것이다. 그가 '트윗tweet'에 곁들인 삽화에선 예의 그 가늘고 뾰족한 수염을 한 중국인들이 물이 찰랑거리는 커다란 통 속에 맨몸으로 들어가 씩 웃고 있었다. 마치 코로나바이러스로 가득 찬 통 속에서 목욕하는 것처럼. 그는 격렬한 항의를 받은 뒤 이 트윗을 삭제하고 사과했다. 하지만 공영방송의 진행자가 파장을 예상하지 않고(혹은 무시하고) 이토록 차별적인 트윗을 농담 삼아 올린 것은 무슨 의미일까. 파스Pass에서 콘트라바스Kontrabass로 좀 나아지나 싶었더니, 다시 코로나 파스Corona Fass로 본색을 드러낸 상황, 그게 유럽 인종차별의 현주소다.

동요 '콘트라베이스를 갖고 있는 세 명의 중국인'에는 또 다른 버전이 있다. 중국인(또는 일본인)의 수가 열 명에서 시작해, 다음 절로 넘어갈 때마다 한 명씩 줄어든다. 당장 떠오르는 다른 노래가 있지 않은가. '열 꼬마, 아홉 꼬마, 여덟 꼬마 인디언……', 미국 동요 〈열 꼬마 인디언(Ten little Indians)〉이다. 잘 알려져 있다시피 이 노래는 원래 〈열 꼬마 흑인(Ten little Niggers)〉으로 시작했다

독일 방송인 헤링 보르네만의 인종차별적 트윗. "코로나 파스에 빠진 세 명의 중국인" 그리고 사람들이 현재 조심해야 할 상황에 대한 99곡의 또 다른 뻔뻔한 동요들"이라고 썼다. 기존 동요 가사를 살짝 바꿔서 중국인을 코로나19의 원인으로 비난하는 데 이용했다.

가 인종차별적 단어 때문에 흑인에서 인디언으로, 또 꼬마 병사(soldier boys)와 꼬마 곰(teddy bears)으로 가사가 바뀌었다. 영국 작가 애거사 크리스티Agatha Christie의 추리소설 《그리고 아무도 없었다》는 제목이 나중에 바뀐 것으로, 원래 제목은 이 동요에서 따온 《열 꼬마 흑인》이었다. 흑인을 차별하는 영어 동요는 최소한 형식적으로나마 '정치적으로 올바르게' 바뀌었다. 중국인을 차별하는 독일어 동요의 가사는 한 세기 전이나 지금이나 거의 변함이 없다.

바이러스보다 더 빨리 퍼진 인종 혐오

중국인을 비웃는 노래가 '국민 동요'인 곳에서, 새로운 바이러스가 중국에서부터 퍼지기 시작했다는 소식은 어떻게 받아들여졌을까. 스위스에 첫 코로나19 확진자가 나온 건 2020년 2월 25일이다. 하지만 아시안 혐오는 그 전부터 시작됐다. 취리히에 거주하는 한국인 30대 여성 진미영 씨는 2월 초 기차 안에서 봉변을

당했다. 학생으로 보이는 10대 청소년 10여 명이 미영 씨를 보고 "코로나바이러스다, 도망가자!"고 소리치더니 다같이 입을 가리고 뛰어가더라는 것이다. 나의 이웃이기도 한 미영 씨는 "아주 기분이 나빴지만 10대 아이들이라 뭘 어쩔 수가 없었다"고 했다.

혐오감을 겉으로 드러내는 건 물론 아이들만이 아니다. 기차역에서 마른기침을 한 아시아계 여성에게 중년의 스위스 남성이 소매로 입을 가리라고 소리쳤다든가, 사우나에서 스위스인들이 한 아시아계 남성에게 어느 나라 출신이냐고 계속 따져 물었다든가 하는 얘기가 매일 들렸다. 스위스 언론에 크게 보도된 사례 중에는 '코로나 보이'라고 불린 19세 베트남인과 학교에서 친구들에게 바이러스가 있다며 따돌림을 당한 12세 아시아계 여자아이가 있었다.

독일에선 물리적 폭력도 있었다. 2020년 1월 31일 베를린에서 23세 중국인 여성이 다른 2명의 여성에게 인종차별적 발언과 욕설을 듣고 심하게 구타를 당해 병원으로 이송됐다. 주독일 대한민국 대사관은 홈페이지에 '동양인에 대한 경계와 혐오 분위기가 고조되고 있습니다'라는 제목으로 공지사항을 올렸다. 이 사건을 언급하며 한국인에게도 유사 사건이 발생할 수 있으니 신변 안전에 주의를 기울이라고 경고했다. 유럽에서 코로나19 초기인 2020년 1월부터 4월까지 신고된 이 같은 인종차별적 범죄는 191건이었다. 적극적으로 신고한 케이스만 집계한 수치이므로, 실제 범죄 건수는 이보다 훨씬 많을 것으로 추정된다.[1]

아시안에 대한 인종 혐오가 번지는 데는 이런 상황을 기회로 이용하는 일부 언론의 부채질도 큰 몫을 했다. 코로나19 초기에 프랑스 일간지 《르 쿠리에 피카르》, 2020년 1월 26일 자 1면. '중국의 코로나바이러스-황색경보'라는 제목이 붙어 있다.

바이러스 이름 대신 '우한 폐렴'이라는 용어를 써서 중국에 낙인을 찍은 건 한국 언론만의 문제가 아니었다. 프랑스 지역 일간지 《르 쿠리에 피카르Le Courrier Picard》의 1면 제목은 '중국 코로나바이러스-황색경보(Alerte Jaune)'였다. 호주 일간지 《헤럴드 선Herald Sun》은 1면에 'Pandemonium(대혼란)'을 'Panda-monium(판다-모니움)'으로 바꿔 씀으로써 이 혼란의 원인이 중국(Panda)에 있다는 것을 암시했고, 호주 《데일리 텔레그래프The Daily Telegraph》는 최근 중국에 다녀온 사람들은 자녀를 학교에 보내지 말아야 한다는 내용을 담아 기사 제목을 '중국 아이들은 집에 있어야(China kids stay home)'라고 붙였다. 호주에서는 중국인 커뮤니티를 중심으로 이 두 신문사에 사과를 요구하는 청원이 진행됐다.

낙인은 긴 후유증을 남긴다. 역사상 병명에 나라 이름이 붙어 제일 큰 손해를 본 경우는 아마 '스페인 독감'일 것이다. 1918년 발생해 약 2년 동안 전 세계적으로 최대 5,000만 명의 목숨을 앗아간 이 독감과 스페인이 별 상관이 없다는 건 아이러니다. 1차 세계대전 중이던 당시 다른 국가들은 사망자 숫자 등 관련 정보를 최대한 숨겼고, 중립국이었던 스페인만 모든 정보를 공개하는 바람에 스페인으로 이목이 쏠려 만들어진 명칭이다. '스페인 독감'이라는 쉬운 명칭은 집단의 기억도 왜곡시켰다. 심지어 스페인의 젊은 세대도 그 전염병이 스페인에서 발발한 것이라고 알고 있는 경우가 많다.

코로나19 초기에 중국 여성이 박쥐 요리를 먹는 유튜브 영상이 돌았다. 이걸 본 수많은 사람이 중국인들을 '야만적'이라고 낙인 찍었다. 그 영상이 중국에서 촬영된 게 아니라는 사실이나 실제로 박쥐가 중국에서 흔한 음식인지 여부는 중요한 게 아니었다. 박쥐란 야만을, 전염병의 원인을, 그래서 그걸 먹는 사람들을 비난하고 공격해도 되는 정당한 근거를 상징하게 됐다. '그걸 먹는 사람들'에는 중국인, 그리고 중국인으로 인식되는 사실상 모든 아시안이 포함됐다. 한동안 나는 박쥐라는 말이 들리면 가슴이 철렁했다.

한 택시 운전사는 내게 질문인지 모를 혼잣말을 했다. "정말 중국인들은 박쥐를 먹어요? 뱀파이어도 아니고, 왜 박쥐를 먹는 건지." 스페인 사람인 내 남편이 고향 친구들과 얘기를 나누는 왓츠앱 단체 채팅방에선 "박쥐 먹는 역겨운 중국인들이 코로나19의 원인"이라는 말이 스스럼없이 오갔다. 제일 걱정이 됐던 건 여덟 살 딸이 학교에서 돌아와 이렇게 말했을 때였다. "엄마, 근데 코로나바이러스가 박쥐에서 나왔어? T가 나한테 한국에서도 박쥐를 먹냐고 물어보던데." 자세히 들어보니 딸의 친구 T는 박쥐를 먹는 것에 대해 아이다운 순수한 호기심이 있었을 뿐, 인종 혐오를 걱정할 정도는 아니었다. 하지만 언론과 소셜 미디어에서

선정적으로 유통되는 정보가 어린아이들에게까지 여과 없이 전
달된다는 건 확실했다.

우리는 중국인이 아니다?

우한과 관련 있는 중국인뿐 아니라 전체 아시아인이 한꺼번에
혐오 대상이 되는 것은 한국인인 내게 흥미로우면서도 두려운
현상이었다. 약 10년 전 스위스로 이주한 이후 나는 직접적으로
인종차별이라고 느낄 만한 경험을 한 적이 없다. 스위스 젊은이
들에게 BTS는 선망의 대상이고 취리히의 대형 쇼핑몰에서는 종
종 K팝이 흘러나온다. 내 주변엔 집에서 직접 김치를 담가 먹는
유럽 사람들이 꽤 많다. 일본 요리 수업에 다닌 스위스인이 집에
서 척척 스시를 차려내기도 한다. 코로나19로 봉쇄에 들어가기
전엔 어린아이를 위한 중국어(만다린) 교실도 인기였다.

29

하지만 많은 서구 유럽인의 동아시아에 대한 관심이란 기껏
해야 여기까지라는 것이 함정이다. 대부분이 동아시아인과 동남
아시아인을 외형적으로 잘 구분하지 못한다. 한국·중국·일본의
차이를 잘 모르는 건 말할 것도 없다. K팝을 줄줄 따라 부르면서
도 한국의 정치나 교육체계, 의료 시스템에 대해선 아는 바가 없
다. 관심이 없다고 하는 게 더 정확한 표현일 것이다. 그리고 이번
코로나19처럼 큰 건수가 하나 생기면, 그동안 피상적으로 즐겼던
문화 경험은 사라지고 '알 수 없고 믿을 수 없는 아시아'가 한 덩어
리로 남게 되는 것이다. 답답한 마음에 나의 스위스 이웃에게 "대
체 스위스 사람들은 아시아라고 하면 뭘 떠올리나요?" 하고 물었
더니 이런 답이 돌아왔다. "아시아? 터키에서 일본까지죠, 뭐."

한국의 경제 규모나 국제적 위상을 떠올리면 '어떻게 그렇게 모를 수가 있느냐' 싶기도 하지만, 그게 현실이다. 내가 독일어를 배우려고 과외 교사를 구할 때 있었던 일이다. 친구에게 전직 스위스 신문기자를 소개받아 이메일을 보냈다. 내가 한국인이라는 것과 내 독일어 수준에 대해 설명을 했다. 그에게 온 답장 내용은 이랬다. "한국인이라니 정말 반갑군요. 나는 예전에 도교 사찰에서 한동안 지낸 적이 있습니다. 그래서 새로운 사람을 만났을 때 그 사람의 '기chi·氣'를 바로 감지하죠. 독일어 수업 전후에는 녹차를 마시면서 마음을 차분히 합니다"('그래서 어쩌라고?' 하는 생각이 들었다). 또 한 번은 친구 생일 파티에 갔는데, 초대받은 사람 중 한 러시아 남자가 마사지에 대해 얘기를 하다가 유일한 동양인이었던 나를 보고 말했다. "눈에 안 보이는 마사지의 효과에 대해 다른 사람은 몰라도 당신은 잘 알 겁니다"('아니, 내가 왜?' 하는 생각이 들었다).

나는 도교에도, 기에도, 마사지에도, 녹차에도 별 관심이 없다. 내가 한국인이라는 것이 그런 주제에 대해 당연히 잘 알아야 할 근거가 되진 않는다. 하지만 아시아를 뭉뚱그려 하나의 집단으로 보는 유럽인들은 이 같은 일반화에 익숙하다. 김정은 얘기만 꺼내지 않으면 다행이다. 그래도 예전에 비해 나아진 것은, 적어도 동아시아 어딘가에 중국, 일본, 북한 말고 한국이라는 나라가 있다는 걸 아는 사람이 조금 늘었다는 점이다.

중국인도 아닌데 중국 때문에 차별을 당하는 게 억울하다고 말하려는 게 아니다. 그럼 중국인은 차별해도 되나. 한·중·일을 하나로 묶는 것만큼이나, 그 많은 중국인을 하나로 묶는 것도 불합리하다. 몇 년 동안 중국에 가지도 않은 스위스 거주 중국인을 바이러스와 연관시키는 것은 논리적이지 않다. 중국 우한에 사는 사람이라 해도 단지 그 때문에 바이러스에 대한 책임을 져야 하는 것은 아니다. 코로나19 바이러스가 인간에게 퍼지게 된 과정에는 분명 뭔가 잘못된 부분이 있을 것이다. 전문가들이 철두철미한 조사를 통해 밝혀낼 부분이다. 철저한 분석과 디테일을 무시한 채 '바이러스=중국=아시아'라는 간단한 도식을 만들어내고 이를 차별의 근거로 삼는 건 '악의적 게으름'일 뿐이다.

그 악의적 게으름 앞에서 '나는 중국인이 아니다'라고 제아무리 외쳐봤자 소용이 없다. 차별하지 말아야 할 이유는 애써 무시하고 차별할 이유는 무슨 수를 써서든 찾아내는 게 차별하는 자들의 사고방식이다. 실제로 코로나19 초기에 유럽에서 '나는 중국인이 아니다'라고 쓰인 티셔츠를 입고 다니는 아시안들이 있었다. 이것은 '중국인이라면 차별해도 된다'는 암묵적 동의였다. 동시에 아시안을 대상으로 한 차별에 대항하는 방법으로 전혀 효과가 없었다는 점에서 이중의 실책이다.

차별에는 묘한 속성이 있다. 강자와 약자, 다수와 소수, 가해자와 피해자는 고정불변의 상태가 아니다. 유럽에서 인종차별의 피해자이던 한국인이, 한국에서는 가해자가 될 수 있다. 나의 독일어 과외 교사인 스위스인 E가 나 보라고 신문 기사 하나를 가져다주었다. 스위스 일간지인 《NZZ》의 2020년 1월 30일 자 기사로, 제목이 '한국에서 인종주의 바이러스가 창궐하다'이다. 춘절에 한국을 방문한 중국인들이 승차 거부로 택시를 타지 못했고, 서울 홍대에선 한 한국인이 중국인에게 한국을 떠나라고 하는 바

31

스위스 일간지 《NZZ》의 2020년 1월 30일 자에
실린 한국의 코로나19 관련 중국인 혐오 기사.

람에 싸움이 벌어졌으며, 음식 배달 서비스인 배달의민족은 추
가 요금을 주지 않으면 중국인 집단 거주지인 대림동에 배달 서
비스를 하지 않는다는 내용이었다. 기사는 한국 정부가 전세기로
우한에서 교민을 데려오기로 했을 때 격리 장소로 정해진 아산과
진천의 주민들이 어떻게 길을 막고 항의했는지에 대해서도 세세
히 쓰고 있었다.[2]

E가 말했다. "스위스에서 아시아 사람들 차별하는 것도 문
제지만, 한국인이 중국인 차별하는 건 훨씬 더 심한 것 같은데요."
스위스에서 바이러스라는 소리 들을까 봐 기차 타길 망설이는 한
국인인 나의 처지가, 서울 홍대에서 모욕을 당했다는 중국인의
처지와 겹쳐졌다. 우한 교민을 들여보내지 않겠다고 아산에서 길
을 막아선 이들은, 자기와 같은 한국인들이 유럽에서 어떤 일을
겪고 있을지 짐작하지 못했을 것이다. 서는 곳이 달라지면 풍경
도 바뀌는 법이다.

2장
뿌리 깊은 흑백 차별의 역사

유럽이 미국보다는 낫다?

코로나19가 국경을 넘나들며 전파되면서 세계 곳곳에서 인종 차별이 이슈가 됐다. 특히 2020년 5월에는 미국 미니애폴리스 Minneapolis에서 흑인 조지 플로이드George Floyd가 경찰에 체포되는 과정 중에 사망하는 사건이 발생했는데, 여기서 촉발된 'BLM(Black Lives Matter: 흑인의 목숨은 소중하다)' 운동이 미국을 넘어 전 세계로 퍼져나갔다.

    2020년은 그야말로 바이러스와 인종차별의 한 해였다. 그런데 유럽 언론이 인종차별을 다루는 방식을 보면서 좀 의아했던 부분이 있다. '그래도 우리가 미국보다는 낫다'는 태도가 그것이다. 미국의 흑인 차별과 같은 것이 유럽에는 없다고, 유럽에서 인종 혐오처럼 보이는 것은 아시안을 차별해서가 아니라 바이러스로부터 자신의 몸을 보호하기 위한 자연스러운 반응이라고 했다. 언론뿐 아니라 주변 사람들도 그랬다. "내가 어릴 땐 인종차별이란 말 자체가 없었어요. 그때 스위스엔 스위스 사람만 살았거든요. 요샌 사실을 그대로 말했다간 정치적 올바름이니 뭐니 하는 이유로 마녀사냥을 당하죠. 아, '디 구테 알테 차이트Die gute alte Zeit(좋았던 옛날이여)'!" 나의 독일어 교사 E의 말이다. 그가 말하는 어릴 때란 50여 년 전이다. 나는 돌직구를 던지기로 했다. "그럼 지금은 어때요? 스위스에 인종차별이 없다고 생각해요?" E는 잠시 고민하다 말했다. "있다와 없다 중 하나를 고르라면, 난 스위스에 인종차별이 없다고 말할 겁니다. 설사 있다고 해도, 미국에 비하면 아무것도 아니죠."

물론 유럽의 인종차별은 미국과 그 양상이 다르다. 특히 유럽에는 흑인 노예제가 없었다는 사실이 가장 큰 차이점이다. 하지만 유럽인들은 흑인을 자기 땅으로 데려와 노예 삼는 대신, 그들의 땅에 식민지를 건설했다. 유럽 대륙에 노예는 없었지만, 식민지를 수탈하는 과정에서 각인된 차별 의식은 있다. 당연히 미국에서와 같은 인종차별 범죄도 일어난다.

제리 매슬로Jerry Masslo는 남아공 아파르트헤이트Apartheid를 피해 유럽으로 탈출한 흑인으로, 1989년 이탈리아 나폴리Napoli에서 인종주의자들의 총에 맞아 살해됐다. 당시 29세이던 매슬로는 더 평등한 땅이라고 생각해 찾아간 곳에서 배신당했다. 그의 죽음 직후 로마에서만 20만 명이 넘게 모여 인종차별에 반대하는 시위를 벌였지만, 이 일은 이탈리아 밖으로는 거의 알려지지 않았다. 가나인 아버지와 노르웨이인 어머니를 둔 벤야민 헤르만센Benjamin Hermansen은 15세이던 2001년에 노르웨이 오슬로에서 네오 나치 그룹에 의해 칼에 찔려 살해됐다. 하지만 이 사건도 노르웨이 내에서만 이슈가 되는 데 그쳤다.

스위스에서는 조지 플로이드 사건과 매우 유사한 일이 있었다. 2018년 3월 스위스 서부 도시 로잔Lausanne에서 나이지리아 출신의 흑인 마이크 벤 피터Mike Ben Peter(당시 37세)가 경찰 체포 과정에서 사망한 사건이다. 그가 몸수색을 거절하자 경찰관 6명이 그를 제압하면서 그의 복부를 눌렀다. 몇 분 동안 자세성 질식(positional asphyxia: 호흡에 부적절한 자세 때문에 질식하는 상태)을 겪은 그는 병원으로 옮겨졌으나 심장마비로 사망했다. 당시 이 일은 스위스는커녕 로잔 밖에서도 거의 주목을 받지 못했다. 벤 피터 사망 사건은 발생 2년이 지나도록 여전히 '수사 중'이다가, 조지 플로이드의 죽음 이후 BLM 시위가 스위스에까지 퍼지면서 다시 수면 위로 떠올랐다. 로잔의 BLM 시위 참가자들은 'Fight for Mike Ben Peter(마이크 벤 피터를 위해 싸우자)'라는 팻말을 들고 행진했다.[3]

비슷한 일이라도 미국에서 일어나면 전 세계적으로 영향을 미치지만 유럽에서 일어나면 조용히 묻힌다. 미국의 흑인과 유럽의 흑인은 가진 목소리의 크기가 다르다. 미국의 노예제도로 상징되는 흑인 차별의 '정통성' 때문이기도 하고, 미국이 가진 정치적, 경제적 파워 때문이기도 하다. "'블랙 아메리카'는 '블랙 디아스포라diaspora'에 헤게모니적 권위를 갖는다. 비록 소외된 존재라 할지라도 미국에 있다는 건, 다른 지역의 어떤 흑인 그룹과도 비교가 안 되는 범위에 있는 것이다."[4] 이런 맥락을 무시하고 '유럽이 미국보다는 낫다'고 하는 건 인종 문제의 '내로남불'이 아닌가.

35

모렌코프(무어인의 머리)라는 과자

인종차별은 조지 플로이드나 마이크 벤 피터의 죽음 같은 극적인 사건을 계기로 대낮에 발가벗겨진 듯 그 실체가 드러난다. 이런 사건은 인종차별의 열매라고 할 수 있으며, 그것이 자라는 토양은 일상에 스며든 차별이다. 무지, 무관심, 체념은 이 토양에 주는 비료다. 사소하다고, 더 중요한 문제가 많다고 옆으로 밀쳐둔 사이 일상 곳곳에 편견의 뿌리가 뻗어 내려간다.

2020년 6월, 스위스에서 초콜릿 과자 하나를 둘러싸고 사회적으로 뜨거운 논쟁이 벌어졌다. 겉은 동그랗고 매끈한 초콜릿으로 돼 있고, 속에는 달걀흰자와 설탕으로 만든 크림이 차 있다. 이 과자 이름은 '모렌코프Mohrenkopf'다. 독일어로 '모렌'은 무어인을, '코프'는 머리를 뜻한다. 그러니까 '무어인의 머리'가 과자 이름인 셈이다. 무어인은 북아프리카의 피부색이 어두운 이슬람교도를 폭넓게 일컬었던 말이다. 둥글고 까만 과자를 흑인의 머리에 비유한 제품 이름 때문에 모렌코프는 그동안 툭하면 인종차별 논란에 시달려 왔다.

그러다 BLM 시위가 전 세계로 퍼진 것과 맞물려서 모렌코프에 대한 항의도 더 거세졌다. 제품의 이름을 바꾸든지 판매를 금지하라는 소비자들의 요구 끝에, 스위스 최대 슈퍼마켓 체인인 미그로는 모렌코프를 판매 품목에서 제외하겠다고 밝혔다. 이에 대한 E의 생각은 이렇다. "까만 머리처럼 생긴 과자를 까만 머리에 비유한 게 무슨 잘못인가요. 누가 하얀 초콜릿으로 똑같은 과자를 만들어서 '스위스인의 머리'라고 이름을 붙인다 해도 나는 전혀 신경 안 쓸 겁니다."

E의 반응은 예외적인 것이 아니다. 《NZZ》는 모렌코프 논란을 연이어 보도하면서, '언어 청소부(Sprachsäuberer)'들이 불합리

이름 때문에 인종차별 논란에 휩싸인
과자 모렌코프. (출처: 모렌코프 제조사
두블러의 페이스북 페이지)

한 주장으로 소모적인 전쟁을 일으키고 있다'고 썼다. 인터넷 커
뮤니티엔 '언어 경찰(Sprachpolizei)'이라는 말도 등장했다. 별것
아닌 과자 이름에 대해 경찰처럼 감시한다는, 표현의자유를 침해
한다는 불만이다. 이 불만은 행동으로 이어졌다. 과자 판매가 중
단된 뒤 스위스 모렌코프 제조사인 두블러의 공장 앞에는 사람들
이 긴 줄을 서는 진풍경이 벌어졌다. 이름 변경에 반대하고 두블
러에 연대한다는 의미로, 슈퍼마켓에서 사 먹을 수 없다면 공장
에서 직접 구매하겠다는 의지를 보인 거였다. 실제로 이후 모렌
코프 판매량이 급증했고 공장은 추가 생산에 들어갔다.

　모렌코프라는 과자 이름은 인종차별적인가, 아닌가. 이를 판
단하기 위해 먼저 무어인을 둘러싼 역사적 배경을 이해할 필요가
있다. 북아프리카의 아랍인과 베르베르인 등으로 구성된 무어인
은 711년 지브롤터 해협을 건너 유럽의 이베리아 반도를 침략했
다. 이들은 이후 약 800년 가까이 스페인을 지배했다. 스페인 남
부 안달루시아Andalucia에 있는 알람브라Alhambra궁전이 무어인의
유산이다. 스페인 입장에서는 오랜 기간 '이교도 유색인종'에게
지배를 당한 치욕스러운 역사다. 스페인은 오랜 국토 수복 운동

37

끝에 1492년 마지막 이슬람 세력을 몰아내고 스페인 왕국의 통일을 이룬다. 로마 가톨릭을 국교로 통일한 스페인은 피의 복수를 시작한다. 이슬람교도, 유대교도 등 이단을 색출해 화형에 처하거나 추방한 것이다. 이것이 유럽에서도 가장 잔혹하기로 악명 높았던 스페인의 종교재판(Spanish inquisition)이다.

무어인을 뜻하는 스페인어 모로moro는 이런 역사적 과정을 거치며 부정적인 의미를 갖게 됐다. 짙은 색, 악마, 이교도, 순수하지 않은 것 등이 다 '모로'와 엮였다. 세례받지 않은 아이도 모로, 물을 타지 않은 진한 와인 원액도 모로라고 불린다(물을 뿌리는 신성한 세례 행위를 받지 않았다는 뜻에서). 스페인 속어로 '모로에 내려간다(bajarse al moro)'는 건 '마약을 거래하러 북아프리카에 간다'는 뜻이다.

모렌코프라는 과자 이름이 단순히 동그랗고 검은 모양을 나타내는 것이라고 볼 수 없는 이유다. E의 말처럼 동그랗고 하얀 과자를 만들어 '스위스인의 머리'라고 이름 붙이는 것과도 비교할 수 없다. 스위스인은 수백 년 동안 악마적인 것, 순수하지 않은 것 등의 부정적 이미지가 쌓이는 경험을 하지 않았으니까 말이다. 그리고 무어인에 대한 부정적인 이미지는 이게 끝이 아니다. 스페인에서 전 유럽으로 퍼져나가며 문화 깊이 침투한다.

셰익스피어의 4대 비극 중 하나인 〈오셀로Othello〉는 당시 무어인이 유럽에서 어떤 존재로 인식됐는지 잘 보여준다. 이 작품의 주인공 오셀로는 무어인으로, 의심과 질투에 사로잡혀 아내를 죽인 뒤 자살한다. 박종호 풍월당 대표는 오셀로 캐릭터의 인종차별적 요소에 대해 이렇게 썼다.

셰익스피어는 오셀로를 유색인인 무어인으로 설정하였다. 그래서 원제도 '오셀로, 베네치아의 무어인'이다. 즉 오셀로가 아내를 죽이기까지는 그의 성격이 중요한 요인으로 표현된다. 무어인인 오셀로는 최고의 문명사회였던 베네치아공화국에서 명문가의 딸을 아내로 얻고, 해군의 제독이 되며, 막강한 지위였던 키프로스 총독까지 올랐다. 이런 그를 가진 것을 잃을까 전전긍긍하는 인물로 만들며 그의 열등의식을 드러낸 것이다.

마지막 장면에서 오셀로가 아내를 죽이러 방으로 들어올 때 초승달 모양으로 휘어진 칼인 신월도新月刀를 들고 들어온다. 이것은 그가 유럽 사회에서 성공하였고 기독교로 개종하였지만, 결국 바탕은 무어인이라는 의미를 지닌다. 당시에는 받아들였을지 모르나, 요즘의 시각으로 보면 대단히 인종차별적인 요소다. 의심 많고 측근의 말에 잘 넘어가고 저돌적이고 충동적인 오셀로의 성격이 모두 무어인의 속성으로 간주되기 때문이다.[5]

39

백인 산타와 흑인 시종

악마화된 무어인의 이미지가 유럽인의 생활 속으로 장난스럽게, 그러나 확고하게 스며든 것이 바로 유럽의 가장 큰 명절인 크리스마스에 등장하는 성 니콜라스(산타클로스)의 '시종' 캐릭터다. 네덜란드에선 12월 5일 저녁이 크리스마스이브에 해당한다. 그 몇 주 전부터 신터클라스Sinterklaas(산타클로스의 네덜란드 버전)가 학교, 상점 등을 돌아다니며 아이들에게 크리스마스 쿠키와 사탕 등을 나눠준다. 이때 신터클라스를 따라다니며 옆에서 그를 돕는 시종이 있다. '츠바르테 피트Zwarte Piet('검은 피트'라는 뜻)'라고 불리는 그는 검은 얼굴에 곱슬머리, 두껍고 붉은 입술로 분장한 모습으로, 신터클라스를 도와 사탕을 나눠주거나 아이들을 웃겨주는 역할을 한다.

외모가 전형적인 아프리카계 흑인인 것은 그를 스페인을 거쳐 네덜란드로 온 무어인이라고 간주하기 때문이다. 백인 신터클라스와 그를 돕는 흑인 츠바르테 피트의 관계는 과거 유럽과 아프리카 사이의 식민지-피식민지 관계에 대응하기 때문에 오랫동안 비판의 대상이 되어 왔다. 네덜란드인 상당수는 여전히 '츠바르테 피트가 흑인을 비하한 캐릭터가 아니고 선물을 전해줄 때 굴뚝을 통과해 내려가기 때문에 얼굴에 재가 묻어 까만 것'이라며 이 '전통'을 계속 유지해야 한다고 주장한다. 그러나 굴뚝의 재 때문이라면 왜 머리는 곱슬머리이고 입술은 두껍고 붉은지 설명이 되지 않는다.

네덜란드의 츠바르테 피트가 스위스로 가면 '슈무츨리 Schmutzli('더러운 것'이라는 뜻)'가 된다. 슈무츨리는 매년 12월 6일, 사미클라우스Samichlaus(산타클로스의 스위스 버전)가 아이들에게 견과류와 귤을 나눠줄 때 그 옆에서 모자를 푹 뒤집어쓰고 한 손엔 나무 지팡이나 빗자루를 든 채 시커먼 얼굴로 아이들을 무섭게 쳐다보는 사람이다. 딸이 세 살 때쯤 이 슈무츨리를 봤는데, 어찌나 겁먹었던지 나에게 내내 매달려 있는 바람에 사미클라우스에게 아무 선물도 받지 못했던 기억이 난다. 슈무츨리의 역할은 그해 부모 말을 잘 듣지 않았던 아이를 나무 회초리로 때리거나 등에 짊어지고 있던 자루에 아이를 넣고 납치해 가는 것이다. 물론 납치가 실제로 일어나는 일은 아니고 말 안 듣는 아이들을 협

네덜란드의 신터클라스와 츠바르테 피트.
(출처: 위키피디아)

스위스의 사미클라우스와 슈무츨리. (출처:
스위스로마카톨릭교회)

박하는 게 목적이다.

요즘은 슈무츨리도 더 친근하게 바뀌고 있지만, 기본적으로 '검은 악마' 역할을 하는 것엔 변함이 없다. 스위스의 일부 민속학자는 '슈무츨리는 인종차별과 아무 상관이 없다. 완벽함과 신성함을 상징하는 하얀색과 대조되는, 악마와 황폐함을 상징하는 검은색일 뿐'이라고 주장한다. 바로 그 점, 얼굴에 검은색을 칠한 사람이 신성한 백인 사미클라우스 옆에서 악마 역할을 하며 아이들에게 겁을 준다는 것이 흑인에 대한 부정적 편견을 심는다는 게 문제다. 슈무츨리라는 캐릭터가 스위스에서 독자적으로 존재하는 게 아니라 '백인 산타와 흑인 시종'이라는 유럽의 오랜 전통과 관련이 있다는 점, 그리고 그 흑인 시종은 유럽에 침입한 북아프리카 무어인에 대한 공포와 증오에서 비롯했다는 점을 간과하면 안 된다. 맥락을 도외시하면 편하긴 하지만 문제를 근본적으로 해결할 수 없다. 하지만 스위스의 '전통'이라는 이 행사는 매년 되풀이되고 있다.

41

'누가 검은 남자를 무서워하나'

산타의 존재를 믿던 어린 시절에 슈무츨리 때문에 한번 충격을 받았던 아이들이 좀 더 커서 학교에 들어가면 새로운 종류의 '무서운 흑인'을 만나게 될 수도 있다. 유럽의 독일어권 지역에서 어린아이들이 하는 일종의 술래잡기 '누가 검은 남자를 무서워하나?(Wer hat Angst vorm Schwarzen Mann?)'가 그것이다.

놀이 규칙은 이렇다. 넓은 공터에서 술래 한 명과 나머지 아이들이 멀찍이 떨어져 마주 보고 선다. 술래가 '검은 남자'다. 먼저 술래가 외친다. "누가 검은 남자를 무서워하지?" 그러면 아이들이 "아무도 안 무서워하지!"라고 맞받아친다. 다시 술래가 "검은 남자가 거기로 뛰어가면?"이라고 하면 아이들은 "그럼 우리도 뛰어가지!"라고 한다. 그와 동시에 술래와 아이들이 서로를 향해 반대편 벽에 닿을 때까지 뛰기 시작한다. 중간에 엇갈리는 순간 술래가 펼치고 있던 손에 닿은 아이들은 다 술래처럼 '검은 남자'가 된다. 반대쪽에 선 양 팀은 다시 놀이를 시작한다. '검은 남자'가 점점 많아지고 그 손에 잡히지 않은 아이가 한 명만 남으면 놀이는 끝난다.

2013년 스위스 서남부 칸톤(주州) 발레Valais의 한 학교에서 이 놀이를 놓고 논란이 생겼다. 학부모인 스위스인과 미국인(흑인) 부부가, 체육 시간에 하는 이 놀이가 인종차별적이라고 금지할 것을 요청했기 때문이다. 학교는 고심 끝에 놀이는 유지하되 이름을 '누가 늑대를 무서워하나'로 바꿨다. 그럴 법한 요구이고 합리적인 문제해결로 보인다.

흥미로운 것은 이 문제에 대한 '스위스 연방 인종차별철폐

위원회'의 반응이다. 당시 위원회 회장 게오르그 크라이스는 이렇게 말했다. "아이들 놀이에서 '검은 남자'라는 표현을 금지하는 게 옳은 결정이라고 보지 않는다. (인종차별 해결을 위한) 노력을 잘못된 곳에 쏟아붓고 있는 것 같다. 그것보다 더 중요하고 우선적으로 해결해야 할 문제들이 산적해 있다."

놀이 이름 변경에 반대하는 사람들 중 일부는 '검은 남자'가 흑인이 아니라 14세기 유럽 인구의 3분의 1을 사망하게 한 흑사병을 일컫는 것이라 지적하기도 했다. 흑사병은 독일어로 '검은 죽음(Der Schwarze Tod)'이다. 피부가 까맣게 썩어 들어 죽는다고 붙여진 이름이니 흑인과는 관계가 없다. 술래가 건드리는 아이들이 모두 술래가 된다는 점에서 접촉하자마자 전염이 되는 병과 비슷한 점도 있다. 하지만 빨라야 19세기에 시작됐다고 알려진 아이들의 놀이 이름이 정말로 14세기 흑사병에서 유래했다고 단정 지을 수도 없거니와, 설사 그렇다고 해도 놀이 이름 '검은 남자'에서 중세 흑사병을 유추할 아이들이 얼마나 될까. '누가 검은 남자를 무서워하지'라고 소리치며 달리는 아이들의 머릿속에 떠오르는 것은 전염병이 아니라 흑인일 확률이 훨씬 더 크다.

내 딸의 학교에서는 이 놀이의 이름을 '누가 상어를 무서워하나'로 바꿔서 한다. 딸의 반에는 흑인 학생이 두 명 있다. 의도했건 안 했건 '검은 남자'라는 말이 이 학생들의 마음에 상처를 낼 수 있다. 상어를 피하며 달릴 땐 누구도 상처받지 않는다. 하지만 아직도 '누가 검은 남자를 무서워하나'라는 이름을 그대로 쓰는 학교들이 많다. 놀이를 하면서 자연스럽게 흑인에 대한 두려움을 키울 수 있다는 위험을 굳이 무릅써가며 이 이름을 유지해야 할

43

명분은 무엇일까. 간단한 방법으로 즉시 해결할 수 있는 문제는 못 본 체하고 '더 중요하고 먼저 해결해야 할 문제들'을 강조하는 이유는 뭘까.

골리바와 콩기토스

모렌코프로 돌아가보자. 모렌코프 제조사인 두블러의 회장 로베르트 두블러는 언론 인터뷰에서 "흑인 차별이 걱정되면 아프리카의 기아 문제 해결에 기부라도 해라. 남의 제품 이름이나 바꾸라고 하는 건 돈 들이지 않고 쉽게 하는 일이다. 그런 사람들이 밤에 발 뻗고 자라고 제품 이름을 바꿀 생각은 없다"고 말했다. 가게에서 흔히 보는 과자 이름을 바꾸는 것과 아프리카 기아 문제 해결을 위해 돈을 기부하는 것 중 무엇이 인종차별 해소에 더 큰 영향을 미치는지에 대해선 정확한 연구가 필요하다. 설사 기부의 역할이 더 크다고 하더라도, 아프리카 기아 문제 해결에 기부하지 않은 사람은 일상적으로 보는 인종차별적 제품 이름을 바꾸라고 요구할 자격이 없는 걸까.

　　모렌코프라는 이름을 바꾸는 게 의미 있는 이유 중 하나는, 모렌코프 같은 경우가 스위스에만 있는 게 아니라서다. 아일랜드에서는 1957년부터 '골리바Golly Bar'라는 아이스크림이 판매됐다. 이 제품의 이름과 포장지 그림은 모두 흑인 비하의 의미를 지니고 있다. 골리바라는 이름은 '골리웍Golliwog'에서 왔는데, 골리웍은 19세기 아이들 동화책에 등장한 인형 캐릭터다. 곱슬머리와 붉은 입술, 새까만 피부 등 아프리카계 흑인의 특징을 우습고 과장되게 표현하고 있다. 골리웍에 대해 검색하면 '어릿광대 검둥

인종차별적 이름과 포장지로 비난받았던 아일랜드
아이스크림 골리바. (출처:《아이리시 타임스》)

흑인 비하 이미지를
이용한 스페인 과자
콩기토스. (출처: 아마존)

이'라는 설명이 나온다. 이 캐릭터에 대한 인종차별 논란이 끊이
지 않았고, 골리바는 결국 1992년 골리웍이 그려진 포장을 바꿨
다. 나중엔 골리웍을 연상시키는 아이스크림 이름도 '자이언트바
Giant Bar'로 고쳤다.

　스페인의 초콜릿 입힌 땅콩 과자 '콩기토스Conguitos' 역시 또
다른 모렌코프다. 30개가 넘는 나라에서 매년 3,000만 개 이상
팔리는 인기 제품인데, 콩기토스라는 이름은 '작은 콩고 아이'라
는 뜻이다. 포장지에 그려진 캐릭터는 까맣고 둥근 몸에 입술이
두껍고 빨간, 전형적인 아프리카계 흑인 아이를 연상시키는 모습
이다.

　영국 축구팀 맨체스터 시티가 콩기토스와 관련해 사고를 친
적이 있다. 이 팀 선수 베르나르도 실바가 2019년 9월 자신의 트
위터에 동료 흑인 선수인 뱅자맹 멘디의 어릴 적 사진과 콩기토
스 이미지를 나란히 올리며 "Guess who(누굴까)?" 라고 쓴 것이

45

Bernardo Silva ✔
@BernardoCSilva

Guess who? 😂😂

Happy Sunday

conguitos

축구 선수 베르나르도 실바가 동료
선수 뱅자맹 멘디와 콩기토스를
비교하며 올린 트윗. (출처: 실바
트위터)

다. 실바는 트위터 유저들에게 몰매를 맞고 축구 협회에서도 징
계를 받았다. 여기서 끝난 게 아니었다. 맨체스터 시티 감독인 펩
과르디올라가 실바를 감싼답시고 "실바는 흑인을 비하하려는 의
도가 아니었다. 멘디와 콩기토스는 꽤 비슷하게 생겼다"고 하는
바람에 사태가 더 악화됐다. 이 일 때문에 콩기토스는 전 세계에
'인종 비하 과자'라는 광고를 톡톡히 한 셈이 돼버렸다.

모렌코프나 골리바, 콩기토스 같은 사례는 한둘이 아니다.
끝없이 나온다. 과거 이 제품들의 광고나 포장을 보면 어떻게 이
게 가능했나 싶다. '과자가 실제로 흑인(무어인) 머리처럼 생겨서
모렌코프라고 부르는데 그게 뭐가 문제냐'라고 했던 E처럼, 아직
도 많은 사람이 우스꽝스러운 흑인 캐릭터가 그려진 상품의 문제
를 모르거나 모른 체한다.

흑인과 가까이 살거나 함께 일하는 걸 싫어하는 백인들에게
흑인 캐릭터를 이용한 과자 마케팅이 먹혔던, 그리고 여전히 먹

히는 이유는 뭘까. 근처에 사는 '이웃', 같은 직장에서 일하는 '동료'는 자신과 동등한 주체다. 시선이 공평하게 서로를 향한다. 두 주체 사이에 구체적 에피소드들이 생긴다. 내가 상대를 좋아하고 싫어하는 만큼 상대도 나를 좋아하거나 싫어할 수 있다. 하지만 과자 포장지의 이미지는 주체가 아니라 대상이다. 시선이 일방적으로 한쪽에서 다른 쪽을 향한다. 왜곡이나 오해가 일어나도 일방적 시선 앞에선 변명의 여지가 없다. 과자 이름이나 포장지 그림은 말을 할 수 없으니까. 기존의 차별적 인식이 포장지 그림 같은 대상화를 통해 강화된다.

한순간에 그동안 알아 온 세상이 완전히 뒤집어지는 경험도 있지만, 작은 습관이 자기도 모르는 사이에 삶을 장악해버리기도 한다. 아이들이 학교에서 매일 하는 놀이, 사람들이 자주 사 먹는 과자, 매년 크리스마스에 등장하는 캐릭터는 거부감 없이 쉽게, 또 끈질기게 영향을 미친다는 점에서 더 위험할 수 있다. 그럼에도 흔하다는 이유로 의심의 대상이 되기 어렵다.

"디 구테 알테 차이트(좋았던 옛날이여)!"
E는 "좋았던 옛날이여!"라며 주변에 외국인도 많이 없고 인종차별도 논란이 되지 않던 시절을 그리워했다. 그의 말마따나 세상이 많이 변했다. 더 좋은 일자리를 찾아 스위스로 오는 외국인 인구가 늘고 있다. 남편의 직장 때문에 스위스에 와서 사는 우리 가족도 거기 포함된다. 그런데 외국인이 늘어난 만큼 다른 문화에 대한 관용도 늘었는지는 의문이다.

2020년 1월, 스위스 수도 베른Bern 인근 도시 툰Thun에 있는

47

한 초등학교가 교사를 구하는 온라인 광고를 냈다. '스스로 업무량을 조절할 수 있음', '잘 조직된 혁신적인 교사진' 등 매력적인 근무 환경을 제시했는데, 그중 하나가 특히 눈길을 끌었다. '이민 가정 출신의 학생들이 스위스 평균보다 훨씬 적음'. 참고로 스위스 인구의 약 4분의 1이 이민자(외국인)다. 외국인 학생이 적은 학교라 가르치기가 더 수월할 것이라는 의미였다.[6]

교사들을 대상으로 한 이 광고 문구가 외부에 알려지면서 논란이 커지자, 학교 교장은 이렇게 말했다. "교사들은 자기가 지원하는 학교에 대해 알고 싶어 합니다. 학생들 구성은 어떤지, 동네 환경은 어떤지 말이에요. 이런 요소가 학교생활에 상당히 영향을 미치거든요." 교육계와 학계에서 거센 비판을 받은 뒤에야 이 학교는 '방향이 잘못된 것 같다'며 사과를 했다. 관련 기사에 붙은 댓글이 예상 밖이었다. '문제가 뭐지? 학교는 솔직히 말했을 뿐인데', '(외국인이 적은) 저 동네로 이사 가야겠다' 식의 내용이 줄을 이었다. 이 기사를 낸 언론사가 독자를 상대로 온라인 설문 조사를 했는데, 2만 명에 가까운 응답자의 약 80퍼센트가 '교사 구인 광고의 내용에 아무 문제가 없다'고 답했다. 16퍼센트만이 '용인될 수 없는 광고다'라고 답했다.

지원자에게 더 많은 정보를 주기 위해 '솔직한' 광고를 내는 건 문제가 없을까. 사실 이민 가정 아이의 학업 성취도는 집에서 부모가 현지 언어를 쓰지 않고, 현지 역사나 문화에 대한 배경지식이 부족하다는 점에서 영향받았을 수 있다. 공립 교육기관이 할 일은 이 아이들을 무시하는 대신 언어나 문화 보충수업을 통해 다른 아이들과 비슷한 조건을 갖도록 도움을 주는 것이다. 실제로

그런 보충수업 프로그램이 있고, 내 아이도 도움을 받은 뒤 학교
수업을 잘 따라가고 있다. 어떤 사람들은 '외국인들한테 그런 투
자를 해서 나라 재정이 축난다'고 한다. 외국인들도 스위스 국민
처럼 꼬박꼬박 세금을 낸다는 걸 모르고 하는 말인지 궁금하다.

교사 개인이 자신의 경험을 바탕으로 이민 가정의 학생을 가
르치기가 더 힘들다고 생각하는 건 이해한다. 교사들도 가치관이
나 자질이 제각각이니까. 하지만 신문에 '더 적은 외국인 학생=
더 좋은 학교'라는 내용의 광고를 내는 건 차원이 다른 얘기다. 외
국인과 직접 교류를 통한 경험이 없는 다수의 스위스인이 이 광
고를 보고 왜곡된 인식을 가질 수 있다. '저 동네로 이사 가야겠
다'는 댓글에서 알 수 있듯 분리 감정과 갈등을 부추긴다. 스위스
엔 '외국인 이민자들이 살기 좋은 스위스를 다 망친다'는 인식이
넓게 깔려 있다. 그 인식이 만들어지기까지 여러 사소한 편견이
작용했을 것이다. '학교 공부 잘 못하는 외국인 아이'라는 생각이,
'범죄 많이 저지르는 외국인'이라는 생각(스위스에 실제로 폭넓게
자리 잡은 편견이다)으로 이어지지 말란 법이 없다. 사소한 편견은
더 큰 편견으로, 그리고 차별로 이어진다.

20세기 이후, 유럽은 다양성을 존중하고 연대가 실현되는
이상적인 땅으로 평가됐다. 코로나19 사태는 그게 잠시 지속된
환상일 뿐이라는 걸, 나쁜 것은 언제든 다시 돌아올 수 있다는 걸
깨우쳐 줬다. 미국의 도널드 트럼프 전 대통령의 혐오 발언이 인
종차별에 영향을 미쳤다는 주장도 많다. 부분적으로만 맞는 말이
다. 트럼프는 원래 존재하던 혐오 감정에 기름을 부은 것일 뿐, 없
던 걸 새로 만들어낸 게 아니다. 발언(선전·선동)만으로 증오심과

49

폭력을 끌어내는 건 그리 쉽지 않다.

　미국의 사회철학자 에릭 호퍼Eric Hoffer는 1951년에 발표한 저서 《맹신자들》에서 이렇게 썼다.

　　선전·선동은 이미 열린 마음을 가진 이들에게 통할 뿐이다. 생각을 주입한다기보다는 이미 받아들인 사람들의 원래 있던 생각을 한번 더 표명하고 옹호할 뿐이다. 재능 있는 선동가는 청중의 마음속에서 부글거리던 생각과 열정을 폭발 직전으로 추어올린다. 그는 사람들 내면 가장 깊은 곳에 눌려 있던 감정이 메아리치게 만든다. 생각을 강요하지 않더라도 사람들에게 이미 '알고 있는' 것만 믿게 만들 수 있다.[7]

　호퍼는 선전·선동이 통하는 대상이 주로 '좌절한 사람들'이라고 했다. 트럼프의 열성 지지자였던 계층, 선거 결과에 불복해 2021년 1월 미국 국회의사당으로 난입한 사람들이 연상되는 부분이다. 많은 언론이 의사당 난입 사태나 미국의 아시안 차별의 원인이 트럼프의 선동 연설과 혐오 트윗 때문이라고 분석했다. 반쪽짜리 분석이다. 트럼프의 선동이 아니라, 그의 열성 지지자들과 의사당 난입 폭도들의 마음속 깊이 자리 잡은 좌절을 들여다봐야 한다. 그렇지 않으면 비슷한 일이 반복될 것이다. 이들에게 '외부로부터의 고난', 즉 선거 패배는 오히려 단결의 원동력이 된다.

　2020년 2월 초 영국 일간지 《가디언》에 실린 기사에서, 한 익명의 중국인 여성은 사람들이 자기를 피하기 때문에 대중교통

을 이용하기가 두렵다면서 이렇게 말했다. "이 바이러스는 공개
적으로 인종주의자가 될 수 있도록 무기화되고 있다."[8] 다른 인종
에 대한 혐오 감정은 늘 거기 있었다. 세월이 태평하면 마음 깊이
잠자코 묻혀 있는 것이고, 전쟁이나 전염병 같은 공동체적 위기
가 닥치면 그것을 무기 삼아 혐오가 설쳐댄다. 바이러스와 달리
혐오에는 백신도, 치료제도 없다.

3장
코로나 방역 조치에 반기를 들다

2020년 내내 고민했던 두 가지 질문이 있다. '자유란 무엇인가', '연대란 무엇인가'. 자유민주주의 사회의 구성원은 타인의 자유를 침해하지 않는 한 자신의 자유를 추구할 권리가 있고, 자유로운 개인들은 공동의 목표를 이루기 위해 연대한다. 다 알고 있다고 생각했다. 그런데 코로나19 시국에 이 간단한 원칙에 근본적 의문이 제기됐다. '마스크 안 쓸 자유', '봉쇄에 반대하는 시민 연대', '백신 맞지 않을 자유' 같은 구호 앞에서 그간 알아 온 자유와 연대의 개념이 흔들렸다.

스위스에서 코로나19 첫 확진자가 나온 것은 2020년 2월 25일이다. 그리고 스위스 연방 정부가 대중교통에서 마스크 착용을 의무화한 것은 같은 해 7월 6일이다. 바이러스가 퍼지기 시작한 뒤 마스크 의무화까지 넉 달이 넘게 걸렸다. 3월 이후 한동안 스위스의 인구당 코로나19 감염자 수는 세계 최고 수준이었지만 마스크 착용은 '대중교통에서 러시아워에 권고되는 사항'일 뿐이었다.

의무화 조치 첫날에 나는 트램에 탔다가 흥미로운 경험을 했다. 분명 전날까지도 90퍼센트 이상이 마스크를 쓰지 않았었는데, 이날은 승객 대다수가 마스크를 썼다. 극적인 변화였다. 한 역에서 20대로 보이는 백인 남성이 마스크 없이 트램에 오르자 사람들의 눈이 그에게로 쏠렸다. 내 맞은편에 앉은 마스크 쓴 백인 노인이 그 남성을 향해 힐끗 눈짓하더니 고개를 절레절레 흔들었다. 명백한 비난의 뜻이었다. 흥미롭다고 한 건, 비난의 대상이 몇 달 사이에 완전히 바뀌었기 때문이다.

마스크 착용을 의무화하기 전에 스위스의 공공장소에서 자발적으로 마스크를 쓰던 극소수의 사람 대부분은 아시아계였다. 처음에 마스크는 감염 예방책이나 타인을 위한 배려로 받아들여지지 않았다. 오히려 바이러스 전파의 상징으로 인식됐다. 마스크를 쓰고 기차나 트램에 타면 이목이 쏠렸다. 마스크를 쓰지 않은 사람이 마스크를 쓴 사람을 보고 멀찍이 피해 가는 웃지 못할 일이 일어났다. 아시아계는 인종 때문에 한번, 마스크를 쓴다는 이유로 또 한번 차별을 받았다.

궁금했던 건 1차 유행기 절정 때도 마스크를 쓰지 않던 사람들이, 객관적으로 상황이 나아진 여름에 정부 조치가 발표되자마자 기다렸다는 듯 마스크를 쓰는 심리였다. 스위스의 1차 유행기 때 일일 확진자가 가장 많았던 날은 3월 27일, 1,374명이었다. 당시에 취리히 대중교통에서 마스크를 쓰는 사람은 10퍼센트 미만이었다. 정부의 마스크 의무화 조치가 시작된 7월 6일 확진자 수는 81명이었다. 이때는 90퍼센트 이상이 마스크를 썼다. 사람들은 바이러스에 감염될 위험보다 정부 조치에 더 민감하게 반응한 것으로 보였다. 미착용 시 벌금이 부과되는 기차 안에서는 마스

53

크를 쓰면서, 똑같이 붐비는 역 플랫폼이나 슈퍼마켓에서는 의무가 아니니 쓰지 않는 것도 이를 뒷받침한다.

　　유럽 언론들은 그때까지만 해도 '아시아 사람들이 마스크를 쓰는 건 순종적이기 때문'이라는 기사를 자주 냈었다. 당시 아시아 여러 나라에서 마스크 착용이 의무가 아니었다는 점은 언급되지도 않았다. 실질적 위험이 아닌 정부 조치에 따라 수동적으로 행동한 건 내가 보기엔 아시아 사람들이 아니라 유럽 사람들이었다. '순종적'이라는 말은 이 사람들에게 더 어울려 보였다. 이제 유럽 사람들이 아시아 사람들보다 더 순종적이라고 해도 될까? 그러나 마스크 착용 논란은 좀 더 복잡한 문제다. 정부의 초기 대응과 마스크 수급 현황, 오랜 자유주의적 배경까지 고려해야 한다.

54 　마스크를 쓰지 않은 이유

마스크 무용론과 이를 부추기는 정부

마스크 의무화 6일째인 2020년 7월 11일, 스위스 취리히 시내 벨뷔 거리에서 한 남자가 행인들에게 인쇄물을 나눠주고 있었다. 앞면에 적힌 내용은 이랬다. '마스크 착용은 비합리적인 데다 위험한 일이다. 마스크는 바이러스로부터 우리 몸을 보호해주지 못한다. 오히려 산소 공급이 줄어들고, 습기 때문에 박테리아가 증식해 폐에 더 좋지 않다.' 뒷면에는 '현재 스위스에서 코로나 확진자 수가 증가하는 것처럼 보이는 것은 검사 수가 늘어났기 때문이지 상황이 나빠져서가 아니다'라고 쓰여 있었다. 홍보물, 단체 채팅방, 인터넷 등으로 퍼진 스위스의 수많은 '마스크 무용론' 중 하나였다.

다음 날 오후, 스위스 연방 공중보건청(BAG)의 디렉터인 파스칼 슈트루플러는 트위터에 이 인쇄물 사진을 올리며 '가짜 뉴스'라고 썼다. 정부의 코로나 태스크 포스 구성원인 전염병학 교수 마르셀 타너도 "(인쇄물은) 과학적 근거가 없는 잘못된 내용이다. 마스크 착용은 거리두기를 할 수 없는 상황에서 확실히 효과가 있다"고 말했다.

정부 대응을 보면서 헛웃음이 나왔다. 이 같은 비과학적 마스크 무용론의 책임이 상당 부분 정부에 있었기 때문이다. 팬데믹 초기만 해도 스위스 정부는 마스크의 실효성에 대해 유보적인 입장이었다. '의료 현장에서 일하는 게 아니라면 반드시 쓸 필요는 없다'고 했고, '코로나바이러스 입자가 마스크를 통과하기 때문에 써 봤자 효과가 거의 없다'는 정보도 널리 퍼졌다. 위에 언급했듯이 언론도 여기 장단을 맞췄다. 마스크 쓴 사람들로 가득한 아시아 사진을 보도하면서 그 이유가 코로나19 상황이 심각해서, 또는 사람들이 순종적이기 때문이라고 했다.

초두효과(primacy effect)란 처음 접한 정보가 나중에 습득한 정보보다 훨씬 큰 영향력을 발휘하는 현상을 뜻한다. 마스크에 대해 부정적인 첫인상을 가진 사람들이 그것을 극복하기란 쉽지 않았다. 마스크에 대한 스스로의 잘못된 초기 판단을 인정하지 않고 '가짜 뉴스'만 비난한 정부의 책임은 작지 않다.

마스크 품귀 현상

그러면 왜 정부는 그 심각한 상황에서 마스크를 쓸 필요가 없다고 했을까. 그건 팬데믹 초기에 마스크 공급이 절대적으로 부족

55

했기 때문이다. 2020년 4월 초까지 스위스에서 종류를 막론하고 마스크를 구하는 게 사실상 불가능했다. 그나마 얼마 안 되는 마스크는 일부 중국 출신 거주자들이 (아마도 고국에 있는 가족에게 보내기 위해) 전부 샀다. 정부는 '마스크가 꼭 필요하지만 당장은 공급이 부족하니 기다려달라'고 하는 대신 '꼭 쓸 필요는 없다'고 했다. 마스크 수입을 늘리고 생산 기계까지 들여와 공급을 늘리고 나서야 '러시아워에 쓸 것'을 권고하는 쪽으로 슬그머니 태도를 바꿨다. 그러다 바이러스 재확산 조짐이 일자 바로 마스크를 의무화했다.

스위스 일간지 《NZZ》는 이에 대해 다음과 같이 지적했다. '정부가 초기에 마스크의 효능을 부인한 것은 공급이 달려서였다고 많은 사람이 의심하고 있다. 처음부터 마스크가 부족하니 쓰는 걸 자제해달라고 요구했다면 합리적이라고 받아들여졌을 것이다. 하지만 일관성 없이 둘러대니 불신이 커졌다. 코로나에 맞선 싸움의 핵심은 방역 당국에 대한 신뢰다.'[9]

마스크 가격도 수요와 공급의 변화에 따라 널뛰듯 했다. 일부 스위스 회사들은 본업 대신 마스크 제조업에 뛰어들었다. 원래 신발 밑창을 주로 판매하던 회사 플라바, 방사선 차단용 앞치마를 만들던 회사 란츠 안리커 등이 마스크 생산에 나섰다. 프라다나 루이뷔통 같은 고급 브랜드 제품에 자수 넣는 일을 했던 회사 포스터 로너도 여기 합류했다. 일회용 덴탈 마스크 가격이 2020년 2월부터 7월 사이에 6분의 1로 내려가 1장에 1스위스프랑(약 1,300원)으로 자리를 잡았다. 2021년 4월에 이 마스크는 일부 소매점에서 '1+1' 행사 가격으로 팔렸다.

스위스, 그리고 유럽은 한국에 비하면 변화가 매우 느린 곳
이다. 새로운 상품, 서비스, 유행이 자리를 잡는 데 시간이 오래
걸린다. 그런 곳에서 몇 달도 안 되는 사이에 마스크를 쓰라느니
말라느니 하고 가격도 오르락내리락했으니 사람들이 스트레스
깨나 받았을 것이다. 무엇보다도 사람들이 변화에 잘 적응하도록
이끌어야 할 정부가 앞장서서 허둥댔으니 신뢰도가 흔들린 것도
당연한 일이다.

마스크 착용 경험의 부재

스페인 발렌시아에 사는 나의 시어머니 레메가 이웃 할머니 엘
리세타와 뒷마당에서 만나 나눈 얘기를 전화로 전해주었다. 평
생 이웃으로 살아온 두 분은 마스크를 한 채로 2미터 거리를 두
고 앉아 대화를 나눴다고 한다. 엘리세타가 말했다. "내 인생에
마스크를 쓰는 날이 올 줄은 상상도 못 했지." 레메가 맞받아쳤
다. "죽기 전에 진귀한 경험도 해 보고, 좋지 뭘."(엘리세타는 몇
달 뒤 코로나19에 감염돼 세상을 떠났다.)

    70대 레메에게나 90대 엘리세타에게나, 마스크를 쓰는 건
평생 처음 있는 일이었다. 유럽에서 '마스크 쓴 일반인'의 기록은
1918년 스페인 독감 때가 마지막이다. 이후 마스크 착용 습관은
사실상 사라졌다. 아시아와 유럽의 가장 큰 차이점이다. 아시아
에선 여러 이유로 마스크 착용이 낯설지 않다. 가장 큰 두 가지 요
인은 미세 먼지로 인한 대기오염, 그리고 2002년 겨울 발발한 사
스SARS(중증급성호흡기증후군)다. 한국에선 미세 먼지 차단에 어
떤 종류의 마스크가 효과적인지, 어떻게 착용해야 하는지에 대해

57

많은 정보가 알려져 있다. 홍콩에선 사스 유행 당시 인구의 70퍼센트가 공공장소에서 마스크를 썼다. 사스는 총 감염자 8,096명이 발생하고 774명이 사망한 뒤 2003년 7월 종식됐지만, 이후 아시아에선 마스크가 전염병 예방 조치로 확실히 자리 잡았다.

유럽은 다르다. 마스크는 결핵이나 폐암 같은 병에 걸린 환자가 쓰는 것이라는 인식이 퍼져 있다. 스페인 친구 하나는 이렇게 말했다. "유럽인이 마스크를 예방 목적으로 쓰기까지는 넘어야 할 '정신적 장벽(mental barrier)'이 존재한다."

개인의 눈치 보기

집단적 경험의 부재는 개인의 선택에도 영향을 미친다. 내 친구 K는 취리히에 사는 30대 남성인데, 그는 정부의 의무화 조치 전에 사람들이 마스크를 쓰지 않았던 가장 큰 이유가 '혼자 튀고 싶지 않아서'일 것이라고 했다. K는 "팬데믹 초기에 마스크를 쓴 적이 있는데, 길에서 사람들이 나를 계속 쳐다봐서 불편했다. 남들을 따라 하긴 쉽지만 혼자 새로운 걸 시작하긴 어렵다"고 말했다. 또 다른 40대 스위스 남성 H는 "마스크 착용이 꼭 필요하다고 생각하는 유럽 사람들도 많겠지만, 실제로 행동으로 옮기고 집단적인 문화가 되기까지는 시간이 걸릴 것"이라고 말했다.

생각과 행동의 괴리는 과도기적 현상을 만들어낸다. 독일은 스위스보다 앞서 마스크가 의무화됐지만 마스크를 쓰는 것이 조롱의 대상이 되기도 했다. 2020년 6월 말 독일의 한 트램에서 마스크를 쓴 여성에게 다른 승객이 "아픈 거냐, 아니면 늙은 거냐"고 시비를 걸었다. 이 여성은 《NZZ》와의 인터뷰에서 "독일에서 마스크를 쓴다는 건 대놓고 자신이 고위험군에 속하거나 아니면 히스테리컬한 사람이라고 시인하는 꼴"이라고 말했다.[10]

개인의 자유

위 네 가지 이유는 팬데믹 초기 유럽의 혼란상을 보여주기도 하고, 급변하는 환경에서 유럽 사회의 적응이 굼뜨다는 것을 시사하기도 한다. 어쨌거나 초기에 갈팡질팡하던 사람들 대개가 시간이 지나면서 마스크 착용에 익숙해졌다. 코로나19가 발발하고 1년쯤 지나자 마스크 착용이 의무가 아닌 길거리에서도 절반 정도가 마스크를 썼다. 놀라운 변화다. 하지만 바이러스와 관계없이 절대 마스크를 쓰지 않겠다는 사람들이 여전히 있다. 이들이 내세우는 것은 '마스크 안 쓸 자유'다. 마스크가 개인의 선택이 아닌 의무 사항이 되면 정부의 감시 기능이 강화되기 때문이라는 논리다.

마스크 착용을 강제할 것이냐, 자율에 맡겨야 할 것이냐를 놓고 해를 넘겨가며 논란이 이어졌다. 이와 관련해 스위스의 대표적인 언론사 두 곳이 상반된 태도를 보이며 갈등을 빚은 적이 있다. 우선 미디어 그룹《타미디어Tamedia》가 정부가 마스크 의무화 조치를 내리기 전 사람들이 붐비는 곳에 카메라를 설치하고 인공지능을 이용해 마스크 착용 비율을 조사했다. 베른, 로잔, 취리히 등 대도시의 대중교통에서 당시 마스크를 쓴 사람의 비중은 6퍼센트밖에 되지 않았다.《타미디어》는 이 내용을 보도하면서 마스크를 쓰지 않은 채 역내를 활보하는 사람들의 얼굴을 흐릿하게 처리해 실었다. 기사에 따르면 조사 과정에서 안면 인식 기능이

사용되지 않았으며 원본 데이터는 안전하게 보존된다고 했다.[11]

그런데 또 다른 일간지 《NZZ》가 이것이 윤락이나 도박 등의 행위를 단속하는 '풍속경찰(Sittenpolizei)'과 같은 행위라며 사설에서 강하게 비판했다. "이런 종류의 감시는 중국에서 행해져 많은 비난을 받는 방식이다. (마스크를 쓰지 않는 것을 비난하는) 이런 맥락에서 자신의 모습이 공개적으로 전시되는 것에 동의할 사람은 없다. 디지털 기술에 비판 없이 단순하게 빠져들면 이런 문제가 생긴다. 코로나19 이후 데이터 저널리즘의 영역에서 이것이 더 가시화하고 있다"[12]

바이러스가 마구 퍼지고 있는데 한가롭게 강제니 자율이니 감시니 하는 논란이나 벌이고 있다고, 그래서 유럽이 코로나19에 크게 당한 것이라고 할 수도 있다. 틀린 말은 아니다. 미적거리다 더 많은 사람이 감염되고 사망했다. 그러나 개인의 자유나 개인정보 보호에 대해 논의할 수 있는 최적의 시간이 따로 정해져 있는 것 또한 아니다. 이슈가 될 때마다 서로 부딪치고 토론하며 가이드라인을 만들어 갈 수밖에 없다. 팬데믹이라는 초유의 상황에 개인의 자유에 대한 첨예한 논쟁이 이뤄졌다는 점은 유럽의 한계이자 동시에 오랜 민주주의 역사에서 나오는 저력이기도 하다. 한계와 저력을 둘 다 봐야지, 한쪽만 보고 간단히 판단할 일은 아니다.

봉쇄 조치에 반대하다

중국을 비롯한 아시아 국가들이 코로나19 초기인 2020년 1~2월 확진자 급증으로 허둥대고 있을 때, 유럽은 이를 강 건너 불구경하듯 한가롭게 보고 있었다. 마스크나 소독제를 비축하고 거리 두기 등의 조치를 미리 준비할 결정적 기회였지만 이를 날려버렸다. 3월이 되자 유럽에서 아시아보다 훨씬 빠른 속도로 확진자가 늘어난 건 예상 가능한 결과였다. 제때 대비를 하지 못한 대가는 컸다. 학교, 식당, 상점 등 모든 시설이 문을 닫았고 많은 나라가 거리 통행까지 금지했다. 상상도 못 했던 초유의 봉쇄(록다운) 상황이 두어 달 지속하자, 5월부터는 각국에서 이에 항의하는 시위가 일어났다. 스위스 수도 베른의 집회 현장에 등장한 구호 중엔 'Diktatur ist nicht solidarisch(독재는 연대가 아니다)'처럼 제한된 자유에 항의하는 내용도 있었지만 'Corona fehlalarm(코로나 거짓 경보)'처럼 음모론을 주장하는 내용도 있었다.

독일의 봉쇄 조치 반대 시위에서 음모론이 좀 더 전면에 등장했다. 주말마다 수천 명이 베를린을 비롯한 독일 전역의 도시에 모였는데, 'an Corona verblödet(코로나 때문에 멍청해졌다)'라는 문구가 적힌 마스크를 쓴 사람들이 있었다. 집회 중에 '봉쇄 조치의 목적은 우리를 독재에 조금씩 길들게 하는 것', '5G 네트워크가 바이러스를 퍼뜨리는 데 이용된다', '빌 게이츠가 대중을 조종하려고 팬데믹을 이용하고 있다'는 음모론도 나왔다. 참가자 중엔 백신 반대론자들도 많았다. 이들은 '백신이 실제로 병을 더 퍼뜨리고, 정부가 국민을 통제하는 도구로 쓰인다'고 주장했다. 독일에선 관련 문구가 적힌 티셔츠를 판매하는 온라인 몰까지 생겨났다. 티셔츠에 적힌 문구 중엔 '당신들의 패닉이 바이러스보다 더 나쁘다', '코로나로 죽는 사람보다 바보가 되는 사람이 더 많

61

다'처럼 위험을 평가절하하는 내용이 많았다. 하지만 강력한 제한 조치에 대한 반발, 음모론 같은 것들이 봉쇄 반대 시위를 벌이는 이유의 전부는 아니었다.

팬데믹의 정치화

스페인 수도 마드리드Madrid의 살라망카Salamanca 지역에서 벌어진 봉쇄 조치 반대 시위는 다른 의미에서 흥미롭다. 살라망카는 마드리드의 21개 구역 중 하나로, 이곳 주민들의 평균 소득은 스페인 국민 전체 평균 소득의 두 배가 넘는다. 그 중심에 약 2km에 이르는 누네즈 데 발보아Nunez de Balboa 거리가 있다. 이 거리에 사는 사람들은 스페인 상위 1퍼센트의 부자들이다. 대부분 우파 또는 극우 정당에 투표하는 고소득자이자 특권층인 이들이 봉쇄 기간 중 '사회주의 정부'에 대항하는 시위를 벌였다. 시위 참가자들이 내세운 구호는 주로 'Libertad(자유)'였다. 스페인 국기를 몸에 두르거나 흔들면서 '정부는 물러나라', '공산주의 언론'을 외쳤다. 시위에 참여한 주민 마리아와 라파엘은 스페인 일간지 《엘 파이스El Pais》와의 인터뷰에서 "내가 이렇게 세금을 내는데 정부가 하는 일이 없다. 지금 낀 장갑과 마스크도 내 돈으로 다 샀다"고 말했다.[13]

살라망카 누네즈 데 발보아 거리의 시위가 흥미롭다고 한 건, 이것이 현재 스페인 정치 상황의 축소판이기 때문이다. 많은 나라에서 코로나19 대응 조치는 정부의 리더십을 시험하는 기회였다. 미국처럼 대통령(트럼프)이 앞장서서 위험을 과소평가하는 바람에 피해가 커진 지역도 있고, 중국처럼 권위주의 정부의 엄격한 통제 조치로 바이러스는 억제했으나 인권침해가 늘어난 지역도 있다. 코로나19가 장기화하면서 사람들은 자신의 정치적 입장과 코로나19 대응 조치를 연결 지어 판단했다. 과학적 근거가 아닌 정치 논리가 팬데믹을 지배하기 시작한 것이다. 스페인에선 현재 집권 중인 좌파 연립정부가 강력한 봉쇄 및 저소득층 보조금 지급 등을 코로나19 대응책으로 시행해왔다. 보수 정당 지지자들이 외치는 '봉쇄 반대'와 '자유'는, 그러니까 실은 '좌파 정권 물러가라'는 정치적 구호라고 할 수 있다. 한국에서도 보수 정당 지지자들이 문재인 정부의 대응책에 반발했다. 하지만 '팬데믹의 정치화'는 유럽이나 미국에서 훨씬 심했다.

스페인은 현재 유럽에서나 전 세계적으로나 정치적 양극화가 가장 심한 곳 중 하나다. 미국 중서부 정치과학학회(MPSA, MidWest Political Science Association)가 1996년부터 2015년까지 20개 국가를 대상으로 76차례의 총선거 여론조사를 분석한 결과에 따르면 그렇다. 자신이 지지하는 정당 외에 다른 정당을 얼마나 싫어하는지를 묻는 방식으로 조사했는데 스페인이 1위였고 그리스, 프랑스 등 유럽 국가가 그 뒤를 이었다.[14] 스페인 일간지 《엘 문도El Mundo》의 보도에 따르면, 2019년 말 현재 스페인인의 15퍼센트가 이념적으로 양극단에 존재한다. 이는 지난 30년 사이 두 배로 증가한 수치다.[15]

이 같은 정치적 양극화는 경제적 양극화와도 밀접한 관계가 있다. 위 MPSA 연구에 따르면, 결과에 가장 큰 영향을 미친 요소로 나라별 경제 상황(실업률)이 꼽혔다. 또 유럽연합 집행위원회가 2016년 유럽 국가들의 소득 불평등을 조사한 결과가 정치적

63

양극화 순위와 상당히 겹친다는 것도 그 근거다.[16] 유럽연합 국가에서 상위 20퍼센트는 하위 20퍼센트에 비해 평균 5.2배 소득이 높았는데, 이런 불평등은 주요 유럽연합 국가 중 스페인과 그리스가 가장 심했다.

경제적 양극화는 정치적 양극화로 이어지고, 정치적 양극화가 심한 곳에서는 정부의 코로나19 대응책에 대한 반대 진영의 반발도 컸다. 봉쇄 조치에 반대하는 움직임을 단순히 음모론이나 개인의 자유라는 키워드로만 볼 수 없는 이유다. 팬데믹으로 세상이 혼란해진 게 아니라, 이미 혼란스러운 세상이 팬데믹이라는 창을 통해 조금 더 뚜렷이 드러났을 뿐인지도 모르겠다.

봉쇄 조치를 국민에게 묻다

스위스는 유럽 다른 나라들에 비하면 코로나19 대응 조치가 매우 여유 있었던 편에 속한다. 아주 초기만 제외하면 학교 문도 내내 열었고, 거리 통행이 금지된 적도 없다. 마스크 착용도 유럽에서 가장 뒤늦게 의무화됐고, 겨울에 다른 나라가 스키장 문을 닫았을 때 나 홀로 대담하게 스키장을 개방하기도 했다. 유럽 한가운데 있지만 유럽연합에는 속하지 않은 나라, 대세를 따르지 않아서 얻는 것도 잃는 것도 많은 나라가 스위스다.

독특한 스위스의 행보 중 특히 두드러진 게 있다. 코로나19와 관련된 각종 제한 조치를 폐지하라는 내용의 국민투표를 하기로 한 것이다. '2020 COVID-19 법안(코로나법) 폐지' 안건이 그것이다. 지난해 9월 통과된 '코로나법'은 스위스 정부가 영업금지나 통행 제한 등의 명령을 내릴 수 있는 법적 근거를 제공한다. 그런데 '헌법의 친구들'이라는 단체가 이 법을 폐지하자고 주장하며 국민 8만6,000여 명의 동의 서명을 모아 정부에 제출했다. 투표 요건(서명 5만 건)을 충족시킴으로써 코로나법의 존폐 여부를 국민 손에 맡겼다.[17]

'헌법의 친구들' 회원인 크리스토프 플루거는 《파이낸셜 타임스Financial Times》와의 인터뷰에서 이렇게 말했다. "정부가 팬데믹을 계기로 통제를 강화하고 있다. 민주주의를 억압하는 것이다. (팬데믹) 위기관리는 국민의 의지 없이 이뤄져서는 안 된다. 국민 없이 통치할 수는 없다. 스위스는 코로나19 제한 조치에 대해 국민이 직접 투표를 하는 최초의, 그리고 아마 단 하나의 국가가 될 것이다."

2021년 6월 13일의 투표 결과는 어땠을까. 현 제한 조치에 대해 투표자 60퍼센트 이상이 찬성함으로써 코로나법은 존속하게 됐다. '안티 코로나'를 외치며 시위하는 사람들의 목소리가 아무리 커도, 실제로는 일정 부분 자유를 제한하는 게 타당하다고 생각하는 사람들이 더 많다는 의미다. 그러나 한편 이 결과는 약 40퍼센트의 투표자가 현 제한 조치에 반대한다는 것도 보여준다. 사실 이 같은 안건이 제출되고 국민 수만 명이 서명해 투표에까지 부쳐진다는 건 분명 이를 뒷받침하는 여론이 있어서다. 스위스 여론조사 기관(Sotomo)이 2020년 11월 진행한 설문조사에 따르면, 스위스인의 약 55퍼센트가 정부 조치 때문에 개인의 자유가 제한된다고 우려했다. 응답자의 3분의 1은 밤 11시 이후 식당이나 바의 문을 닫으라는 명령이 지나치다고 답했다.

스위스에서는 개인의 권리가 거의 신성불가침한 것으로 여겨진다. 정부의 권한은 각종 법으로 까다롭게 제한돼 있다. 국민투표는 이를 뒷받침하는 제도적 장치고, 이 때문에 스위스는 직접민주주의의 상징으로 여겨진다. 하지만 바이러스 억제 조치를 여론에 맡겨도 되는 걸까. 다수의 의견은 늘 옳은가. 팬데믹이라는 특수 상황에서도 개인의 권리는 양보할 수 없는 가치일까. 그렇다면 대체 연대란 무엇일까. 철저히 다수결의원리로 작동하는 국민투표와 포퓰리즘의 차이는 뭘까. 눈에 보이지 않는 바이러스를 저지하기 위해서는 정치적 협상, 경제적 지원, 시민 의식 등 모든 방면의 협력이 필요하다. 자신의 이익이나 정치적 입장에 충실한 개인들의 투표 결과가 민주주의라는 이름으로 절대적인 것인 양 신성시돼선 안 된다(스위스 국민투표에 대해서는 뒤에서 자세히 다루기로 한다).

여기까지는 유럽 사람들이 익숙하지 않았던 마스크와 봉쇄 얘기다. 잡음이 많았지만, 아무래도 '뉴 노멀new normal'이 만들어지는 과정에서 진통이 없을 수는 없다고 이해할 수도 있다. 그런데 백신은 다르다. 전염병에 대항하는 예방접종이 처음 탄생한 곳이 유럽(영국)이다. 백신은 '뉴 노멀'이 아니라 현재 서구 사회가 번성하는 기반이 된 과학과 합리주의의 상징이다. 인류 역사상 최고의 발명품 중 하나인 백신을 만들어낸 곳에서 21세기에 안티 백신 논쟁이 격렬하게 벌어졌다는 건 어떤 의미일까. 다음 장에서는 유럽의 안티 백신 논쟁을 들여다본다.

4장
백신 논쟁

스위스 정부는 2020년 12월 19일 화이자-바이오엔테크 백신을 승인했다. 12월 23일 오전에 루체른Luzern에 사는 90세 여성이 스위스에서 처음으로 백신을 맞았다. 12월 24일에는 91세 남성이 요양원에서 백신을 맞았는데, 이 남성은 5일 뒤 사망했다.

한 온라인 매거진이 이 남성의 사망과 백신 접종 사이에 명백한 인과관계가 있는 것처럼 보도했다. 매거진 웹사이트에 가보니 스위스의 대표적인 백신 반대 단체가 광고를 하고 있었다. 백신 반대 단체가 광고를 하는 사이트에 실린 백신 관련 기사가 과학적 근거를 바탕으로 객관적으로 쓰였다고 보긴 어렵다. 스위스 의료제품청(Swissmedic)은 이 남성이 전부터 심각한 다발성 질환에 시달리고 있었다고, 조사 결과 접종과 죽음 사이에는 인과관계가 나타나지 않았다고 밝혔다. 하지만 '스위스에서 백신 맞은 남성이 부작용으로 사망했다'는 음모론은 스위스뿐 아니라 한국의 소셜 미디어에서도 빠르게 퍼져나갔다.

스페인에서도 비슷한 일이 있었다. 2020년 12월 27일, 아라셀리라는 96세 여성이 스페인에서 처음으로 코로나19 백신 접종

67

을 받았다. 그 직후 메신저 왓츠앱을 통해 파일 하나가 급속도로 퍼졌다. 스페인의 대표 일간지인 《엘 문도》의 기사를 캡처한 이미지로, '스페인 첫 코로나19 백신 접종자인 아라셀리, 접종 24시간 뒤 사망'이라는 내용이었다. 이 이미지는 가짜였다. 포토샵으로 《엘 문도》 로고를 붙여 조작한 것이다. 아라셀리는 멀쩡히 살아있다. 《엘 문도》는 당장 진화에 나섰다. '아라셀리는 사망하지 않았다'는 제목으로 기사를 내고 경고했다. '왓츠앱으로 백신 첫 접종자가 사망했다는 《엘 문도》의 기사 이미지를 받았다면, 더 이상 퍼뜨리지 말고 지우기 바란다. 그건 우리 기사가 아니다. 가짜 뉴스다.' 인터넷으로 퍼지는 자사 가짜 뉴스에 대한 해명을 진짜 신문이 기사로 쓰는 상황이다.

백신과 관련된 가짜 뉴스가 빠르게 퍼지고 받아들여지는 건 백신을 거부하는 문화가 어느 정도 자리 잡고 있어서다. 사람들은 백신, 특히 코로나19 백신을 어떻게 받아들일까. 접종이 시작되기 직전인 2020년 12월에 스위스 여론조사 기관(Marketagent)이 14~74세 1,000명을 대상으로 한 설문조사에 따르면, '나는 일반적으로 백신을 지지하지만 코로나19 백신은 쌓인 자료가 너무 적어 맞지 않겠다'고 답한 사람이 전체 응답자의 절반 이상(53퍼센트)이었다. 2020년 10월 실시된 여론조사 결과는 더 심했다. '코로나19 백신이 이용 가능해지면 바로 맞겠다'고 답한 사람이 전체 응답자(약 4만 명)의 16퍼센트에 불과했다.[18] 사실 이는 예견된 시나리오였다. 2020년 내내 유럽 곳곳에서 이어진 안티 코로나 시위의 핵심적인 주장 중 하나가 백신 반대론이었다. 내 스위스 친구 하나는 농담 반 진담 반으로 "코로나로 죽는 사람이 많은지,

백신으로 죽는 사람이 많은지 두고 보면 알겠지"라고 했다.

안티 백신의 역사

두 세기쯤 전인 1798년, 영국의 시골 의사 에드워드 제너Edward
Jenner는 당시 만연했던 천연두에 대해 연구하던 중 소에게 주목
했다. 소에게 일어나는 비슷한 병인 우두牛痘 바이러스에 감염됐
던 사람은 천연두에 걸리지 않는다는 걸 알고 그는 실험을 한다.
8살 소년에게 우두 고름을 접종하고 6주 뒤 천연두 고름을 접종
한 결과, 소년은 천연두에 걸리지 않았다. 우두 바이러스에 대
항하며 생긴 면역이 나중에 들어온 천연두 바이러스에 맞서 작
동했기 때문이다. 최초의 예방접종, 종두법의 탄생이었다. 이 기
법은 당시 제너가 우두를 불렀던 이름인 '바리올라이 바키나이
Variolae Vaccinae'로 널리 알려졌다. 라틴어 소(vacca, 바카)가 예방
접종에 제 이름을 남기게 된 사연이다. 예방접종을 뜻하는 현대
스페인어(vacuna, 바쿠나)와 영어(vaccine, 백신)에도 흔적이 남아
있다.

69

인류의 역사를 바꾼 이 발명품이 탄생한 지 한 세기쯤 지난
1882년, 스위스 정부는 천연두 백신 접종 의무화를 추진한다. 그
런데 예상 못 한 난관에 부딪혔다. 백신 반대 단체가 지지자 서명
약 8만 건을 모은 뒤 백신 의무 접종을 국민투표에 부친 것이다.
당시 백신 반대론자들이 벌인 캠페인에서는 '백신을 맞은 뒤 고
통받는 아이'라며 선정적 사진이 돌았다. '백신은 동물 배설물로
몸을 오염시키는 것이다', '의사들의 폭력으로부터 우리 몸을 지
켜야 한다'는 황당한 주장이 퍼지기도 했었다. 투표 결과 의무 접

종 반대가 압도적(79퍼센트)으로 높았다.[19] 정부의 의무 접종 안은 부결됐다. 스위스에선 지금도 일반 백신 접종이 국민의 의무가 아니다. 현재 감염병법은 병원이나 요양원 직원 등 일부 고위험군만 백신을 접종하게 돼 있다. 거부해도 처벌할 규정은 없다.

코로나19 백신이 공급되자 스위스의 백신 반대론자들은 조직적 행동을 시작했다. '스위스자유운동'이라는 이름의 단체가 '백신 거부할 권리'를 아예 스위스 헌법에 못박으려 준비 중이다.[20] 이 단체는 "현 상황은 우리가 정부나 정치인, 전문가 들을 신뢰할 수 없다는 걸 보여준다. 코로나 백신을 거부해도 사회적 불이익이 없도록 헌법으로 보장받아야 한다"고 주장한다. 헌법 개정을 국민투표에 부치려면 요건에 따라 2022년 중순까지 지지자들 10만 명의 서명을 받으면 되는데, 2021년 9월 30일 기준으로 이미 14만 건 이상의 서명을 확보했다. 정부가 1882년 천연두 백신 의무 접종을 추진하던 당시 상황이 되풀이되고 있는 것이다. 가정해보자. 국민투표가 시행되고 이 안건이 통과될 경우, 요양원 직원이나 중환자실 간호사가 코로나19 백신을 맞지 않은 상태로 계속 고위험군과 접촉하며 근무해도 이를 막을 방법이 없다.

이처럼 백신을 둘러싼 갈등은 코로나19로 첨예화됐을 뿐이지 새로운 게 아니다. 인류는 백신을 개발해 감염병을 하나씩 정복해 나갔지만, 동시에 '안티 백신'을 외치는 사람들이 여전히 다수 존재한다. 코로나19 전까지 그 딜레마를 가장 잘 보여준 게 홍역이다. 홍역은 전염성이 아주 강해서 집단면역에 도달하려면 인구의 95퍼센트가 두 차례에 걸쳐 백신을 맞아야 한다. 그런데 음모론이 돌면서 접종률이 계속 떨어졌고, 2019년엔 전 세계 홍역

발생 건수가 23년 만에 최대치를 기록했다. 2019년 홍역으로 인한 사망자는 20만7,500명. 대부분이 5세 이하 아동이었다. 현재 '백신으로 예방 가능한 질병으로 인한 사망' 2위가 홍역이다(1위는 결핵).

백신 무용론의 등장

코로나19도 문제지만, 그로 인한 봉쇄 조치나 의료 시설 과부하 때문에 홍역을 비롯한 필수 백신 접종이 지연되고 있는 점도 큰 문제다. 세계보건기구(WHO)에 따르면 2020년 11월 현재 전 세계 9,400만 명 이상이 백신 접종 시기를 놓치고 있다. 당장은 많은 사람이 활동을 자제하고 있어 구멍 뚫린 백신으로 인한 감염병 유행이 드러나지 않는다. 하지만 코로나19가 통제되고 일상이 회복됐을 때, 구시대의 감염병 중 어떤 것이 수면 위로 떠오를지 장담할 수 없다.

백신에 대한 저항이 유럽만의 문제는 아니다. 한국이 다른 나라에 비해 비교적 백신 접종률이 높긴 하지만 최근 상황은 좀 다르다. 의학 저널 《란셋The Lancet》은 2015년부터 2019년까지 149개국에서 백신 신뢰도를 조사한 결과를 2020년 9월 발표했다.[21] 이 《란셋》 논문에는 한국이 여러 번 등장한다. 백신의 중요성, 안전성, 효율성에 대한 신뢰가 떨어진 나라로 한국이 꼽힌다(함께 꼽힌 나라들은 인도네시아, 파키스탄, 필리핀이다). 논문은 한국의 인터넷 커뮤니티 '안아키'를 언급한다. '안아키'가 '약 안 쓰고 아이 키우기'의 줄임말이며, 어린 시절의 예방접종에 강력하게 반대하는 단체라는 설명도 들어가 있다.

왜 잘 사는 유럽 선진국에서, 또 백신으로 수많은 전염병을 통제하는 데 성공한 나라들에서 안티 백신 풍조가 퍼질까. 가설 중 하나는 이른바 '망각 효과'다. 백신이 없던 시절 전염병이 돌면 그 전파력이나 피해가 뚜렷이 눈에 보였다. 주변 사람들이 전염병으로 사망하거나 후유증을 안고 살아가는 모습은 그 자체로 경고 표지판 기능을 했다. 질병에 대한 두려움은 백신 후유증에 대한 두려움과 비교도 안 되게 컸다. 그러나 예방접종으로 많은 질병이 통제되면서 경고 표지판이 사라졌다. 전염병으로 피해를 보는 사람들이 눈에 보이지 않으니, 굳이 '부작용을 무릅쓰고' 백신을 맞아야 하느냐는 질문이 나오는 건 자연스러울 수 있다.

소아마비 백신이 나온 건 1952년이다. 지금 노년층이 어릴 때만 해도 소아마비는 드물지 않은 병이었다. 회복 후 후유증이 몸에 남는 경우도 흔했다. 백신이 있다고 해도 보편 접종으로 이 질병을 근절하는 데는 시간이 걸렸다. 세계보건기구가 1988년 소아마비 퇴치를 위한 글로벌 이니셔티브를 시행한 뒤 상황은 극적으로 개선됐다. 1988년에 125개국 이상에서 35만 건 발생했던 소아마비가, 2019년 175건으로 줄어들었다. 소아마비 바이러스의 세 가지 유형 중 제2형과 제3형은 사실상 사라졌고, 제1형은 2020년 현재 전 세계에서 두 나라(파키스탄, 아프가니스탄)에서만 유행한다.[22] 소아마비는 천연두에 이어 인류가 백신으로 근절할 두 번째 질병이 될 가능성이 크다. 그런데 소아마비 발병이 줄어들면서 다리를 저는 등의 소아마비 후유증이 덜 목격되자, 그 과정에 지대한 공을 세운 백신의 역할이 잊힌 것이다. 백신 덕에 소아마비 발생이 줄어들자 백신이 왜 필요하냐며 접종을 거부하는

이들이 생긴다. 접종률이 떨어지면 소아마비 발생률은 다시 올라
갈 것이다. 역사는 돌고 돈다.

백신으로 연대한다는 것

백신을 통한 소아마비 근절이 특히 의미 있는 이유가 있다. 소아
마비는 감염됐다고 해서 전부 증상을 보이는 병이 아니다. 천연
두와 다른 점이다. 감염자 다수는 증상 없이 바이러스를 보유하
고 있다가 남에게 전파한다. 코로나19와 소아마비는 이 점에서
닮았다. 모두가 증상을 보이지도, 후유증을 겪지도 않는다는 점
은 보편적 예방접종을 더 어렵게 한다. 내가 다리를 절 확률이
낮은데도 백신을 맞는 건 나를 위한 것이 아니라 다리를 절지도
모르는 남을 위한 것이기 때문이다. '남을 위한 접종'의 의미를
나는 풍진과 관련된 개인적 경험을 통해 깨달았다.

73

풍진(Rubella)은 홍역과 비슷한 감염병이다. 주로 비말(침)로
전파된다. 림프절이 붓고 피부에 붉은 반점이 퍼지는데, 대부분
자연적으로 회복되고 큰 후유증도 없다. 문제는 임신부다. 임신
초기에 풍진에 감염되면 태아의 90퍼센트가 선천성 풍진 증후군
에 걸린다. 이 경우 태아에게 심장 기형, 뇌성마비 등이 생기거나
자궁 내에서 태아가 사망할 수도 있다. 풍진은 예방접종에 의한
항체 생성률이 95퍼센트에 이른다. 다른 말로 하면, 접종자의 5퍼
센트는 항체를 못 만든다는 거다.

내가 그 5퍼센트에 포함된다. 나는 임신 전 풍진 예방접종을
세 번 받았지만 항체가 생기지 않았다. 의사는 "어쩔 수 없으니 임
신 중에 걸리지 않도록 조심하라"고 했다. 임신 초기 스위스에 이

민을 온 뒤 마스크를 쓰고 다녔는데 사람들이 다 이상하게 쳐다봤다. 유럽에서 아무도 마스크를 쓰지 않던 2011년의 일이다. 다행히 나는 임신 중 풍진에 걸리지 않았고 아이는 건강하게 태어났다. 내가 풍진에 걸리지 않은 건 마스크 때문만은 아니다. 그때 내 주변에 있었던 많은 사람이 이미 풍진 항체를 갖고 있어서다. MMR(홍역, 볼거리, 풍진) 접종으로 대부분의 사람이 면역된 덕분에 풍진이 크게 유행하지 않았고, 그것이 '풍진 위험군'이던 나를 보호했다. 몸 안의 항체가 자신뿐 아니라 타인을 보호하는 방패 역할을 하는 것, 그것이 백신의 핵심적 미덕이다.

집단면역은 여러 이유로 백신 접종을 못(안) 받거나, 받아도 항체를 못 만드는 사람까지 보호할 수 있다. 그러려면 인구의 일정 비율 이상이 면역되어야 하는데 그 비율은 질병마다 다르다. 홍역은 95퍼센트, 소아마비는 80퍼센트, 계절 독감은 30~40퍼센트다. 코로나19의 경우 여전히 불명확한 부분이 많다. 초기엔 전문가들이 인구의 70~80퍼센트가 집단면역에 필요한 수치라고 판단했으나 델타 변이 확산 이후 이 가설도 무너졌다. 백신 접종률이 70퍼센트를 웃도는 국가에서도 여전히 감염이 수그러들지 않고 있어서다. 접종률이 70퍼센트를 넘어도 감염이 통제되지 않는 상황은 백신 반대론자들의 '백신 무용론'에 그럴듯한 근거를 제공했다. 한편으로는 높은 접종률을 바탕으로 일상으로 복귀를 하되 여전히 거리두기와 마스크 착용이 필요하다는 '위드 코로나' 논의를 확장시켰다. '위드 코로나'에 대해서는 이 책의 에필로그에서 다시 다루기로 하고, 일단 코로나19 백신 접종 초기에 등장했던 문제를 짚고 넘어가기로 한다.

초기 접종 속도가 느렸던 가장 큰 이유는 백신 물량이 제한적이었기 때문이다. 여기서 중요한 질문이 제기된다. 누가 먼저 백신을 맞을 것인가. 이것은 '누가 누구를 보호할 것인가'의 문제이기도 하다. 대부분의 나라는 고령자와 기저 질환 보유자를 접종 우선순위에 두고 있다. 약자를 보호하며 집단면역에 도달한다는 원칙이다. 하지만 원칙은 대개 뒷구멍을 동반한다.

스페인에서는 공주 두 명이 2021년 2월 아랍에미리트에서 백신을 맞은 것이 언론 보도로 알려져 큰 논란이 됐다. 당시 스페인에서 공주 엘레나(57세)와 크리스티나(55세)는 나이 때문에 접종 대상이 아니었다. 현재 아랍에미리트에 거주 중인 아버지(스페인 전 국왕 후안 카를로스 1세로, 경제 비리 혐의 때문에 아부다비로 망명했다)를 만나러 갔다는 게 이들의 변명이었다. 하지만 국민 대부분이 접종 순서만 기다리고 있는데 왕실 사람이 돈만 내면 접종받을 수 있는 나라에 가서 우선 접종을 받은 건 비난받기 충분하다. 이들뿐 아니라 정치인, 의료 종사자의 가족 등 수백 명이 스페인에서 순위를 무시하고 백신을 맞았다. 스위스에서는 2021년 1월에 연방 정부 관료들이 비공개로 우선 접종을 받은 사실이 언론 보도로 드러나 비난을 받았다. 이들 중 스위스가 정한 위험군(65세 이상)에 속해 당시 접종 대상에 포함된 건 단 한 명뿐이었다.

미국에서 천연두가 마지막으로 유행하던 19세기 말, 백신 접종은 파상풍 감염 같은 위험을 감수하는 일이라 다들 기피했다. 천연두 백신 접종 후 사망 위험률이 1퍼센트에 달한다는 통계도 있었다. 그때 백인들은 이민자 중에서도 최하위층에 속했던 이탈리아와 아일랜드 출신을 강제로 먼저 접종시켰고, 흑인들에게는 머리에 총을 겨누고 접종을 강요했다. 약자를 희생시켜 얻은 집단면역으로 특권층을 보호한 셈이다. 한 세기가 훌쩍 지난 지금은 먼저 접종을 받는 게 특권이다. 선진국이, 왕족이, 정치인이 새치기를 한다. 거울처럼 반대되는 상황이지만 접종이 '힘의 관계'를 보여준다는 점은 같다.

　미국 언론인 율라 비스Eula Biss는 저서 《면역에 관하여》에서 "면역은 사적인 계좌인 동시에 공동의 신탁"이라고 썼다. '내 몸은 내 것'이라며 백신을 거부하든 '나부터 살고 보자'며 접종 새치기를 하든, 면역을 '사적 계좌'로만 보는 건 마찬가지다. '공동 신탁'에 기댈 수밖에 없는 사람들, 예컨대 현재 접종 선택권조차 없는 16세 이하 영유아와 청소년, 건강상의 이유로 백신을 맞을 수 없는 사람들을 위해 나머지 사람들이 방패가 되어야 한다. 백신 접종은 발코니에서 냄비를 두드리며 의료진을 응원하는 것보다 훨씬 더 의미 있는 연대 행위다.

2부

유럽의 민낯

5장
스위스 국민투표

늘대가 나타났다

"엄마가 시장 다녀오는 동안 집 잘 지키고 있어라. 아무나 문 열어주면 안 된다. 특히 늑대를 조심해야 해. 목소리가 거칠고 몸이 시커메서 구별하기 쉬울 거야." 엄마 염소는 신신당부를 하고 떠나지만, 걱정했던 일은 벌어지고야 만다. 목소리를 바꾸고 몸에 밀가루 칠을 한 늑대에게 아기 염소들은 속아 넘어갔다. 벽시계 속에 숨었던 막내 염소만 빼고 다 잡아먹혔다. 돌아온 엄마는 막내의 얘기를 듣고는 사태를 파악한다. 엄마 염소는 낮잠 자고 있던 늑대의 배를 갈라 아기 염소들을 꺼내고 나서 그 안에 돌을 채워 넣고 꿰매 버린다. 잠에서 깨어난 늑대는 물을 마시러 갔다가 무거운 배 때문에 우물 속에 빠져 죽는다.

독일의 그림 형제는 구전되던 〈늑대와 일곱 마리 아기 염소〉 이야기를 1812년 책으로 펴냈다. 200년 넘게 지난 지금, 스위스에서 이 이야기의 현대적 버전이 부유하고 있다. 한동안 스위스 땅에서 사라졌던 늑대가 1995년 이후 여기저기서 목격되더니, 현재 약 80마리로 늘어났다. 이 늑대들은 알프스 산악 지대에서 매년 300~500마리의 양과 염소를 잡아먹는다. 울타리를 세워도, 경비견이 지켜도 소용이 없단다. 어떻게든 침입할 틈을 찾아내 양을 물고 간다는 늑대는, 목소리를 바꾸고 밀가루 칠을 한 저 이야기 속 나쁜 늑대와 겹쳐진다.

이야기 속에서 늑대 배를 갈라 복수했던 용감하고 정의로운 엄마 염소 역할은, 현실에서 스위스 연방의회가 맡았다. 의회가 2019년 9월에 사냥법 개정안을 통과시켰는데, '필요할 경우 늑대 개체 수를 조절할 수 있다'는 내용이다. 보호종이라 불법이었던 늑대 사냥을 사실상 허용하기로 한 것이다. 사냥 대상에는 늑대뿐 아니라 스라소니, 비버, 도요새 등의 야생동물도 포함된다.

만약 다른 나라에서였다면 의회에서 법이 통과된 후 바로 늑대 사냥이 시작됐을 것이다. 하지만 스위스에선 일이 다르게 진행됐다. 사회민주당과 녹색당 등 좌파 정당과 환경 단체, 동물권 운동가들이 법을 이대로 시행하면 안 된다며 국민 전체의 뜻을 묻자고 한 것이다. 이들은 사냥법 개정안이 공포된 뒤 이에 반대하는 사람들 5만 명 이상의 서명을 받았다. 국민투표 성립 요건을 충족시키기 위해서다. 언론 기고문 등을 통해 자신들의 주장을 알리는 일도 시작했다. 야생동물이 실질적 해를 입히기 전에 죽이는 건 도덕적으로 정당하지 않고, 인간은 멸종 위기의 야생동물과 함께 사는 걸 배워야 한다는 거다. 거리에는 동물에 총구가 겨눠진 그림과 함께 'NEIN(아니오)!'이라고 쓰인 국민투표 홍보 포스터가 붙었다.

그러자 사냥법 개정안에 찬성하는 측, 그러니까 우파 정당과 농부 연합, 산악 지역 거주민들이 이에 반박하고 나섰다. 이들의

79

논거도 만만찮다. 늑대의 위협 때문에 스위스 농업과 관광업이 타격을 받고 있고, 다 죽여 없애자는 게 아니라 겁을 줘서 멀어지게 만드는 것이 장기적으로 인간과 늑대의 공존을 위해 더 낫다는 주장이다.

양측이 팽팽히 대립하는 가운데, 평생 늑대를 본 적 없는 나 같은 사람들도 늑대에 대해 생각하기 시작했다. 언제 사라졌다가 왜 돌아왔는지, 서식지는 어디인지, 사람을 공격하는지, 생물 종 다양성이란 뭔지, 그리고 늑대를 향해 총을 쏘는 것이 옳은지 아닌지에 대해서 말이다. 자신에게 주어진 한 표에 늑대의 목숨이 달려 있다고 생각하면, 취리히 도심에 사는 유권자도 알프스 산악 지대의 농부 못지않게 진지하게 고민할 수밖에 없다.

사냥법 개정안에 대한 찬반 국민투표는 2020년 9월 27일 치러졌다. 결과는 반대 52퍼센트. 늑대에게 총을 쏘아선 안 된다는 국민이 좀 더 많았다. 이제 산악 지대 농부들은 늑대를 쏘는 대신

사냥법 개정안 찬성 측 포스터. "9월 27일 투표에서 개정된 사냥법에 찬성을"이라고 쓰여 있다. (출처: 스위스농부조합(sbv-usp.ch))

사냥법 개정안 반대 측 포스터. "2020년 9월 27일 투표에서 '나쁜 발사 법안'에 반대를"이라고 쓰여 있다. (출처: jagdgesetz-nein.ch)

더 튼튼한 철책을 세워야 한다. 동물 보호론자들은 두 손 들고 이 결과를 환영했지만, 어쩌면 수백 년 전의 무서운 늑대 이야기가 다시 아이들 동화 속에 등장하진 않을지 궁금해진다.

늑대 이야기로 글을 시작한 이유는 이것이 세계적으로 잘 알려진 스위스 국민투표의 특징을 잘 보여주는 사례라서다. 정치의 생활화, 혹은 생활의 정치화라고 할 수 있는 시스템이 국민투표다. 일상의 문제를 대리인에게 맡기지 않고 스스로 결정하는 직접민주주의 제도하에서, 국민 하나하나는 다 입법자의 지위를 갖고 있다.

반直접민주주의가 탄생한 배경

어쩌다 유럽 한가운데에 있는 이 작은 나라는 이렇게 독특한 제도를 만들게 됐을까. 왜 스위스 국민은 알프스 절경이나 세계 최고 수준의 경제력보다도 국민투표를 더 자랑스러워할까. 알려지지 않은 단점은 없을까.

먼저 스위스 정치 시스템을 이해할 필요가 있다. 스위스는 26개 칸톤으로 이뤄져 있는 연방 국가다. 원래 각 칸톤은 독립된 나라였는데 외세에 대항하기 위해 힘을 합치기로 했다. 13세기에 칸톤 3개가 처음 연맹을 맺은 것을 시작으로 점점 규모를 키워가다, 1848년 연방헌법을 제정하며 지금의 스위스가 탄생했다. 국가의 공식 언어만 4개(독일어, 프랑스어, 이탈리아어, 로망슈Romansh어)고, 각 칸톤이 독립적인 입법, 사법, 행정 시스템을 갖추고 있는 것도 이런 배경 때문이다. 그렇게 힘을 합쳤는데도 스위스는 국토가 대한민국의 절반이 안 되고 인구는 6분의 1에 불과할 만

81

큼 작은 나라다. 이 작은 나라에서 '한배를 타긴 했지만 우리의 뿌리는 다르다'는 생각이 굳건히 자리 잡은 건 놀랍다. 칸톤 티치노 Ticino(이탈리아어권) 출신은 칸톤 취리히(독일어권)에서 사실상 외국인 취급을 받는다. 취리히 출신이 칸톤 제네바Geneva(프랑스어권)에 가도 마찬가지다.

각기 따로 노는 칸톤들을 조화로운 하나의 국가로 묶는 게 연방 시스템이다. 상·하원으로 구성된 연방의회에는 각 칸톤에서 고루 뽑힌 의원들이 들어가 있다. 여기에서 선출된 7인의 연방 각료가 연방 내각을 이룬다. 이 7인은 외교부부터 환경부까지 7개 부서의 장관(임기 4년)을 맡고, 이들이 돌아가며 차례로 1년씩 대통령직을 수행한다. 그래서 스위스 정치 기사를 보면 툭하면 대통령 이름이 바뀌어 있다. 정치에 그토록 관심 많은 국민이 대통령 이름을 잘 기억하지 못한다는 것도 일리가 있다. 권력을 한 사람에게 독점적으로 주지 않고 분산한다는 점에서 이것은 '합의 민주주의' 또는 '회의체 정부'라고 불린다.

이 같은 연방 체제는 분명 대의 민주주의적 요소로 이뤄져 있다. 하지만 독립성을 중시하는 스위스인들은 스스로 결정할 권리를 포기하지 않았다. 오히려 사소하고 덜 중요한 사안은 의회와 내각에서 처리하게 내버려 두고, 중대하고 결정적인 사안은 국민이 스스로 결정을 내리는 시스템을 만들었다. 흔히 국민투표라고 뭉뚱그려 부르는 이 제도는 사실 두 가지로 나뉜다. 하나는 '국민제안(Popular Initiative)'이고, 다른 하나가 '국민투표(Referendum)'다. 대리인을 두되 중요한 건 스스로 결정하는, 반¥직접민주주의가 이렇게 탄생했다.

국민제안과 국민투표

국민이 직접 정책을 결정하는 방식에 대해 좀 더 자세히 알아보자. 첫째, 국민제안[1]은 말 그대로 국민이 직접 법안을 내놓는다는 건데, 일반 법률이 아니라 헌법 개정안만 여기 해당한다. 헌법 개정을 원하는 유권자들이 위원회(7~20인)를 꾸린 뒤, 개정안을 작성해 제출하고 18개월 동안 10만 명의 동의 서명을 얻으면 국민투표에 부쳐진다.[2]

연방의회나 연방 정부가 국민이 제안한 안건에 동의하지 않을 수도 있다. 이 경우 '역 제안'을 하는 것도 가능하다. 그러면 원래의 투표 안건과 의회나 정부 측의 역 제안 안건이 함께 국민투표에 부쳐진다. 헌법 개정안이 통과하려면 '이중적 다수'의 동의를 얻어야 한다. 이중적 다수란 국민 다수, 그리고 칸톤 다수를 뜻한다.[3]

83

둘째, 국민투표는 이미 결정된 법안에 대한 찬반을 묻는 것이다. 이것은 다시 두 가지로 나뉜다. 의무적 국민투표와 선택적 국민투표가 있다. 의무적 국민투표란 정부가 헌법 개정이나 국제 조직 가입처럼 중요한 결정을 내릴 때 반드시 국민투표를 거쳐야 하기 때문에 붙은 이름이다. 역시 이중적 다수의 지지를 받아야 통과된다. 선택적 국민투표란 의회에서 통과된 법률에 대해 국민이 반대 의견을 내고 투표에 부쳐 전체 국민의 의견을 묻는 것이다. 사실 의회를 통과한 법은 대부분 별도의 국민투표 없이 시행된다. 하지만 새 법에 동의하지 않는 국민이 법률 공포 100일 이내에 5만 명의 서명을 모아 제출하면 법 시행은 국민 손에 달리게 된다. 투표자 다수가 찬성하면 다 만들어진 법안도 없던 일이 되

[표 1]

	발의 주체	목적	성립 요건	통과 요건
국민제안	국민	헌법 개정	18개월 동안 10만 명 이상의 서명	이중적 다수
의무적 국민투표	정부	헌법 개정, 특정 국제기구 가입	-	이중적 다수
선택적 국민투표	국민	이미 통과된 법안이나 정책을 바꾸는 것	100일 동안 5만 명 이상의 서명	다수 (칸톤 다수 필요 없음)

는 것이다. 간단히 정리하면 [표 1]과 같다.

　의무적 국민투표와 선택적 국민투표는 대의민주제에서 입법자들의 결정을 견제하기 위한 장치라고 할 수 있다. 국민제안은 국민이 주체가 되어 직접 헌법 개정안을 상정하고 투표에 부치는 것이므로 사전적 의미의 직접민주주의에 더 가깝다고 할 수 있다.

　지금까지의 설명은 전체 국민을 대상으로 한 연방 차원의 투표고, 이런 제도가 칸톤 단위에서, 또 그보다 작은 게마인데 Gemeinde(시市) 단위에서 각기 시행된다. '전 세계에서 투표를 제일 많이 하는 스위스인'이란 표현은 과장이 아니다. 돌아서면 투표다. 투표는 몇 가지 안건을 모아 한 번에 하는데 1년에 네 번, 그러니까 3개월에 한 번씩 실시된다. 투표 날짜라는 건 엄밀히 말하면 '투표 종료 날짜'다. 그 전부터 우편과 인터넷 등으로 투표를 할 수 있다.

　투표율은 생각보다 높지 않다. 너무 자주 돌아오기도 하고, 국민이 모든 사안에 일일이 관심을 가질 수 없어서이기도 하다. 지난 5년간의 평균 투표율은 45퍼센트를 약간 넘는다. 투표율이 낮아도 투표 결과는 유효하다. 투표 성립을 위한 정족수가 없기 때문이다. 한 번 부결된 안건이라도 이론적으로는 다시 투표에 부쳐질 수 있다. 하지만 서명 개수 등의 요건을 맞추는 게 까다로워 그런 일은 거의 일어나지 않는다.

2020년 봄 코로나19가 한창 기승을 부릴 땐 5월 예정이던 국민투표가 연기되는 초유의 사태가 벌어지기도 했다. 학교와 상업 시설이 다 문을 닫았는데 정치 행사만 예외일 순 없었다. 같은 해 9월이 돼서야 밀린 안건을 한꺼번에 모아 국민투표를 진행했다. 내가 사는 취리히 지역에선 유권자들이 연방, 칸톤, 게마인데 차원에서 총 13가지 안건에 대해 결정을 내려야 했다. 대체 스위스 국민투표란 어떤 사안을 두고 하는 것인지, 당시 투표 내용과 결과를 통해 들여다보자.

85

국민투표로 들여다보는 스위스 사회

2020년 9월 열린 국민투표에서 스위스 전국의 유권자가 표를 던질 수 있는 연방 차원의 안건은 다음과 같다.

①유럽연합 국가로부터의 이민을 제한하는 법안
②늑대 등 야생동물 사냥을 허용하도록 개정된 사냥법
③자녀가 있는 가족에 세금 혜택을 늘리는 법안
④남성에게 유급 출산휴가를 2주 주는 법안
⑤새로운 공군 전투기 구입 법안

첫 번째 것은 국민제안, 나머지 넷은 선택적 국민투표 안건

이다. 나도 이민자이다 보니, 가장 관심이 간 건 이민자 제한 법안
이었다. 이른바 '스위스판 브렉시트'라고 불리는 이 안건은 유럽
연합 시민이 스위스에 이민 오는 걸 제한하자는 내용이다. 극우
정당인 스위스국민당(SVP)이 이 법을 지지하면서 만든 포스터를
보고 깜짝 놀랐다. 유럽연합을 상징하는 노란 별이 그려진 벨트
를 찬 사람이 스위스 땅 위에 앉아 땅을 조각내는 그림이다. 유럽
연합이 스위스를 망가뜨린다는 메시지가 분명하다. 스위스는 유
럽연합 회원국이 아니지만 유럽연합과 '노동의 자유로운 이동에
대한 협정'을 비롯해 7개 협정을 패키지로 맺고 있다. 이 안건이
통과되면 무역, 연구, 교통 등 다른 6개 분야에서의 협약도 영향
을 받는다.

스위스 법무부 장관 카린 켈러-주터는 이 발의안이 '미지의
세계로 뛰어드는 완전한 도박'이라고 경고했다. 투표 전만 해도
이민제한법이 통과될 거라는 우려가 컸지만, 다행히 반대 62퍼
센트로 부결됐다. 스위스가 영국의 전철을 밟게 될 우려는 일단
사라졌다. 하지만 이탈리아와 국경을 접한 스위스 티치노 지방에
서 특히 이민제한법에 찬성하는 의견이 많았다는 점에 주목할 필
요가 있다. 티치노 지방에는 이탈리아에서 국경을 넘어 출퇴근하
며 일하는 사람들이 많다. 스위스 임금이 이탈리아보다 훨씬 높
아서다. 이는 외국인에게 일자리를 빼앗길 거라는 우려가 사라지
지 않는 한 반反이민 정서가 언제든 부활할 수 있다는 점을 시사
한다(이민과 관련된 이슈는 뒤에서 자세히 다루기로 한다).

어떻게 국민투표에 부쳐졌는지 이해가 안 되는 안건도 있
다. 새 전투기 구매 법안이 그것이다. 2030년까지 60억 스위스프

이민제한법 찬성 측 포스터. "너무 많은 건 너무 많은 거다!"라고 쓰여 있다. 유럽연합을 상징하는 무늬(파란 바탕에 노란 별)의 벨트를 찬 사람이 스위스 영토를 깔고 앉아 뭉개버리는 그림은, 유럽 각국의 이민자 때문에 스위스가 망가진다는 걸 나타낸다. (출처: 스위스국민당)

이민제한법 반대 측 포스터. "독주에 반대하라. 스위스를 고립시키지 말라"라고 쓰여 있다. 이민을 막는 것은 주위에 벽을 쌓고 스스로를 고립시키는 행위임을 지적하고 있다. (출처: swissvotes.ch)

이민제한법 반대 측 포스터. "그는 당신의 차를 수리할 수 있지만 그렇게 못할 것이다. 이탈리아 출신의 자동차 정비공인 프란체스코는 더 이상 스위스에서 일할 수 없게 된다"고 쓰여 있다. 스위스인이 기피하는 일자리 중 상당수를 다른 유럽 국가에서 온 이민자들이 맡는 현실을 보여준다. (출처: begrenzung-nein.ch)

랑(약 7조6,180억 원)을 들여 전투기를 최대 40대 구매하자는 내용이다. 의회에서 2019년 12월 이 법이 통과됐는데, 전투기 구매에 반대하는 사람들이 약 6만6,000명의 서명을 모아 제출했고 최종 결정은 국민 손에 맡겨졌다. 반대자들은 전투기 유지비까지 고려하면 정부가 말하는 60억 스위스프랑이 아니라 그 4배의 예산이 들어갈 것이라고 지적했다. 전쟁 대비가 아니라 전염병 확산 방지에 집중해야 하는 팬데믹 상황이며, 같은 돈을 기후 위기 대비나 교육, 연금에 쓰는 게 더 낫다는 주장은 일리 있어 보인다. 반면 전투기 구매를 지지하는 쪽에선 중립국 스위스가 독립을 지키려면 무기를 현대화해야 한다고, 현재 중추가 되는 공군 무기는 군사적 억지력이 없다고 말한다.

결과는 어땠을까. 개표 과정에서 큰 주목을 받았던 이 안건은 찬성 50.1퍼센트로 가까스로 통과됐다. 약 8,700표 차이 때문에 스위스 공군이 7조 원을 넘게 들여 새 전투기를 마련하게 된 것이다. 무기 구매는 여러 이해관계가 얽힌 복잡한 이슈다. 국가의 외교, 국방, 재정 상황에 따라 치밀한 검토가 필요하다. 물론 국민 여론도 중요하고 가치판단의 문제이기도 하다. 하지만 이런 사안에 대한 마지막 결정을 국민투표로 내리는 게 합리적인지는 의문이다.

국방 관련 결정을 국민에게 맡기는 건 이번이 처음이 아니었다. 국가 안보에 관련된 안건은 스위스 국민투표 역사상 총 45건 있었다. 새 공군 전투기를 사자는 국민투표는 최근 30년간 이번을 포함해 세 번 있었다. 2014년엔 스웨덴 사브SAAB사에서 31억 스위스프랑(약 3조9,370억 원)어치의 그리펜 전투기 22대를 사자

▲ 전투기 구입 찬성 측 포스터. "모든 상황에 알맞은 방어를. 새 전투기 공급에 찬성을"이라고 쓰여 있다. (출처: swissvotes.ch)

◀ 전투기 구입 반대 측 포스터. 하늘로 치솟는 전투기 그림에 투표 날짜와 함께 '반대'라고 쓰여 있다. (출처: kampfjets-nein.ch)

는 내용의 국민투표가 시행됐다. 당시 반대 53퍼센트, 찬성 47퍼센트라는 적은 차로 부결됐다. 심지어 1989년에는 스위스 군대를 없애자는 국민제안이 투표에 부쳐졌는데, 부결되긴 했지만 찬성률 36퍼센트라는 충격적 결과가 나오기도 했다. 이는 군사 개혁을 촉진하는 결과로 이어졌다.

 남성에게 유급 출산휴가를 2주 주는 법안을 국민투표에 부치는 것도 이해하기가 쉽지 않다. 스위스는 여성의 유급 출산휴가가 1985년이 돼서야 통과됐을 정도로 복지 수준이 낮다. 유럽 대부분의 나라가 보장하는 남성 출산휴가(스웨덴은 1974년 도입)

를 이제야 겨우 의회가 합의했는데, 국민이 반대하고 나선 것이다. 주된 이유는 두 가지다. 첫째는 비용이다. 이 제도를 도입하면 연간 2억 3,000만 스위스프랑(약 2,900억 원)의 예산이 들 것으로 추정된다. 기업은 아이를 낳는 건 개인의 선택이니 경제적 부담도 개인이 져야 한다는 입장이다. 둘째는 스위스의 전통적 가족상 때문이다. 남성은 일하고 여성은 집에서 아이를 본다는 성 역할이 지배적인 사회다. 과거보다 일하는 여성이 늘어나긴 했지만, 많은 여성이 출산 후 육아 때문에 파트타임으로 근무한다.

한마디로 이 국민투표의 취지는 '아이가 태어나면 여성이 집에서 돌보면 되지 왜 국민 세금까지 써가며 남성에게 유급 출산휴가를 주느냐'는 것이다. 다행히 투표 결과는 유권자의 인식이 예전 같지 않다는 걸 증명했다. 남성 출산휴가 법안은 찬성 60퍼센트로 통과됐다. 스위스는 유럽에서 유일하게 남성 출산휴가가 없는 나라라는 오명을 벗고 양성평등이라는 가치에 향해 한 걸음 더 다가가게 됐다.

하지만 자녀 세액공제 법안은 반대 63퍼센트로 부결됐다. 이 법안이 실제로 도움이 필요한 가정이 아니라 부유한 가정에 더 많은 혜택을 준다는 반대 측 논거가 주효했는데, 실제로 그런지는 논란이 있다. 자녀 양육과 관련된 복지 법안이 하나는 통과됐고 하나는 부결됐다는 것이 '스위스는 아이 키우기 좋은 나라인가'에 대한 설명을 부분적으로 해줬다고 생각한다.

나는 이곳에서 투표권이 없는 외국인이다. 그런데도 국민투표 안건을 자세히 살펴보는 건, 안건들이 작금의 스위스 사회를 비추는 거울이기 때문이다. 미국계 스위스인 정치학자 다니엘 워너는 지금까지 설명한 2020년 9월 국민투표의 키워드가 '공포'라고 말한다. 그것은 양을 물어 죽이는 늑대가 사람도 공격할 거라는 공포, 외국인이 스위스인의 일자리를 빼앗고 스위스 복지 시스템을 남용할 거란 공포다. 합리적인 공포는 나의 안전을 위해 꼭 필요하다. 하지만 근거 없는 두려움이나 누군가 옆에서 부채질한 공포는 혐오로 발전해 사회를 좀먹는다. 스위스 사회가 품고 있는 공포의 본질이 궁금하다.

스위스 국민투표 연대기

발전적으로든 퇴보적으로든, 스위스 국민투표는 스위스인들의 삶을 바꾸는 결정적인 역할을 해 왔다. 이 제도가 최초로 실시된 건 1848년 6월 6일, 스위스 연방헌법에 관한 의무적 국민투표로, 연방국 스위스의 헌법적 기틀을 마련한 투표였다. 스위스의 탄생 자체가 국민투표로 이뤄졌다는 의미다. 이후 지금까지 실제로 투표에 부쳐진 안건은 몇 개나 되고 그 결과는 어땠을까.

    앞서 국민투표의 종류가 총 세 가지라고 설명했다. 국민제안, 의무적 국민투표, 선택적 국민투표가 그것이다. 1848년 6월 6일 최초의 국민투표부터 2021년 11월 28일로 예정된 국민투표까지, 지난 173년 동안 이뤄진 국민투표는 모두 624건이다. 그중에서도 국민이 직접 헌법 개정안을 내놓은, 따라서 직접민주주의에 의미적으로 가장 가깝다고 할 수 있는 국민제안을 보자. 지금까지 총 224회 투표가 이뤄졌고 그중 23건이 통과됐다. 국민이 주체가 된 개헌 성공률이 약 10퍼센트라는 뜻이다.

    정부가 개헌을 주도하면서 국민에게 의견을 묻는 '의무적 국민투표'의 경우, 1848년 이후 실시된 198건 중 148건이 통과됐다. 국민이 정부의 뜻에 따른 게 75퍼센트에 이르는 셈이다. 의회가 통과시킨 법안에 대한 찬반을 묻는 '선택적 국민투표'는 지금까지 총 199건 있었고 그중 115건만 가결됐다. 의회가 만든 법안의 약 42퍼센트는 국민 반발로 빛을 못 봤다는 의미다.

스위스 국민투표의 역사를 보면 이 나라 국민의 정치적 성향이나 관심사가 드러난다. 그중 흥미로운 것 몇 가지를 골라 아래에 소개한다.[4]

이 중에서 배아줄기세포 연구 허용 법안은 사상 최초로 과학연구 분야의 결정을 국민투표가 좌우한 사례다. 이 법은 2003년 말 의회를 통과했으나 녹색당과 낙태 반대론자들의 반발로 시행

[표 2]

내용	투표 날짜	결과	투표 종류
동성 결혼 허용	2021년 9월 26일	가결(찬성 64퍼센트)	선택적 국민투표
성적 지향에 의한 차별 금지	2020년 2월 9일	가결(찬성 63퍼센트)	국민제안
소뿔 제거 안 하면 주인에게 보조금 지급	2018년 11월 25일	부결(반대 55퍼센트)	국민제안
무조건적 기본 소득 지급	2016년 6월 5일	부결(반대 77퍼센트)	국민제안
최저임금을 시간당 22스위스프랑으로 인상	2014년 5월 18일	부결(반대 76퍼센트)	국민제안
소아 성애자가 아동 관련 직종에서 일하는 것 금지	2014년 5월 18일	가결(찬성 64퍼센트)	국민제안
이민자 수 제한	2014년 2월 9일	가결(찬성 50.3퍼센트)	국민제안
배아줄기세포 연구 허용	2004년 11월 28일	가결(찬성 66퍼센트)	선택적 국민투표
선거 연령을 만18세로 변경	1991년 3월 3일	가결(찬성 73퍼센트)	의무적 국민투표
여성에 투표권 부여	1971년 2월 7일	가결(찬성 66퍼센트)	의무적 국민투표
여성에 투표권 부여	1959년 2월 1일	부결(반대 67퍼센트)	의무적 국민투표

이 보류되다가 국민투표에 부쳐져 가결됐다.

2018년 있었던 소뿔 제거 금지 국민제안은 언뜻 들으면 황당한 안건이라 당시 큰 화제가 됐었다. 이 법안의 정식 명칭은 '농장 동물의 존엄을 위한 소뿔법'이다. 한마디로 소의 존엄한 삶을 위해 뿔을 제거하지 말고 놔두자는 법안이다. 축산 농가에선 대개 송아지의 뿔을 제거한다. 그 이유는 축사에서 뿔 없는 소가 자리를 덜 차지하고 관리하기도 더 쉽기 때문이다. 하지만 뿔 뽑는 과정이 고통스럽고 뿔을 제거한 다음엔 우유 품질이 낮아지며 소들 사이의 소통에도 문제가 생긴다는 이유로 한 농부가 홀로 이 국민제안을 발의했다. 단순히 반대하면 축산업자들이 따를 리 없으니, 소뿔을 뽑지 않는 업자에게 보조금을 지급하자는 게 법안 내용이었다. 그는 동물 보호 단체와 환경 단체 등으로부터 서명을 모으고 개인 돈 5만5,000스위스프랑(약 6,800만 원)을 들여 캠

소뿔 제거 금지법 찬성 측 포스터. "뿔이 있는 소들을 위해, 동물 복지를 위해 찬성을"이라고 쓰여 있다. (출처: hornkuh.ch)

페인을 벌였다. 부결되긴 했지만 전국적으로 소뿔이 주목받았던 인상적인 케이스였다. 지금도 이 사례는 스위스 국민투표 안건에 오르지 못할 게 없다는 사실을 나타내는 근거로 자주 회자된다.

2014년의 소아 성애자 관련 투표를 보자. 아동을 상대로 한 성범죄 전력이 있는 사람이 아동 관련 직종에서 근무하는 것을 금지하자는 헌법 개정안이다. 이 안건은 국민 64퍼센트와 칸톤 전체의 찬성으로 통과됐다. 아동 성범죄자가 관련 직종에서 근무하지 못 하게 하자는 내용은 논쟁의 여지 없이 당연하게 들린다. 뭐 이런 일로 투표까지 하나 싶은데, 결과적으로 36퍼센트가 이 안건에 반대했다니 더 놀랍다. 그런데 내용을 좀 더 들여다보면 생각보다 복잡하다.

기존의 법은 아동 성범죄자라도 아동과 관련된 근무지에서 범죄를 저질렀을 때만 해고를 하고 재취업을 막도록 했다. 직장이 아닌 가정이나 취미 활동, 봉사 활동의 영역에서 아동 성범죄를 저질렀다면 해고 사유가 되지 않았다. 예를 들어 유치원 교사가 자신이 일하는 유치원에서 아동 성범죄를 저지르면 쫓겨나지만, 자기 동네 이웃 아이를 상대로 성범죄를 저질렀다면 유치원에서 계속 일할 수 있었다는 말이다.

투표에 부쳐진 헌법 개정안은 어디에서 아동 성범죄를 저지르건 그 사람이 아동 관련 직종에 발붙이지 못하게 하자는 내용이다. 기존 법에서 취업 금지에 5년 상한선을 둔 것도 없애자고 했다. 정치권과 법조계에선 여기에 반대하는 의견을 냈다. 몇 가지 이유 중 하나는 5년 상한선을 없애는 게 비례의 원칙[5]에 어긋난다는 거였다. 국민투표가 아니라 기존 형법 개정을 통해 해결할 수 있는 문제라고도 했다. 이 같은 세부적인 내용을 알면 투표권을 쥔 개인의 결정이 달라질 수도 있다. 하지만 '소아성애' 같은 선정적 키워드 때문에 성급한 판단을 하는 경우도 많을 것이다.

국민투표가 있을 때마다 정부에서 관련 내용을 설명하는 홍보물이 집으로 배달된다. 거리에는 찬성 측과 반대 측의 주장이 실린 포스터가 붙는다. 제대로 투표하기 위해선 이런 홍보물을 꼼꼼하게 읽고 기존 법과의 관계, 안건이 나온 맥락, 부작용을 고루 살펴야 한다. 전문가가 아닌 일반 국민이 평균 3개월에 한 번씩 여러 안건을 놓고 판단하는 게 가능한지 잘 모르겠다. 이 얘기를 스위스인 친구에게 했더니 그가 말했다. "그럼 국회의원은 세부 내용을 다 아나? 그들도 쌓인 서류 더미 속에서 허우적대다 결국 자기들 이익에 따라 결정해. 똑똑하면 더 나은 결정을 내릴 수 있다는 생각에도 동의하지 않아. 나와 다른 생각을 가진 사람은 뭘 잘 몰라서 그렇다고들 하는데, 자기가 더 잘 안다는 것도 착각이야."

국민투표, '감정의 인형극'?

나는 친구 의견에 일부 동의하면서도, 그렇기 때문에 국민투표의 한계를 인식하는 게 중요하다고 생각한다. 국민투표가 소수 정치인이나 특권층의 결정으로부터 국민 다수 의견이 소외되는 건 막을 수 있다. 하지만 국민의 소수 의견은 보호하지 않는다. 다른 나라에선 다수의 반대에도 파격적인 법안을 밀어붙여 사회 전반의 고정관념을 바꾸기도 하는데, 스위스에서는 국민 다수의 고정관념이 법을 과거에 붙들어 놓는 일이 간혹 생기는 게

95

그 때문이다. 대중의 손에 모든 걸 맡기는 직접민주주의의 어두운 일면이다. 국민투표 제도의 약점을 잘 보여주는 사례가 있다. 스위스 여성이 투표권을 갖기까지의 과정이다.

스위스 연방의회는 1958년 여성에게 투표권을 부여하는 헌법 개정안을 발의했다. 유럽 국가 대부분에서 2차 세계대전 이후 여성들이 투표권을 획득했으니 이미 한참 늦은 것이었다. 남성만 투표권을 갖는다는 기존 헌법을 정부 주도로 개정하는 것이므로 의무적 국민투표를 거쳐야 했다. 문제는 여성에게 투표권을 줄지 말지 결정하는 국민투표의 유권자가 100퍼센트 남성이었다는 거다. 1959년 2월 1일, 스위스 남성들은 여성에게 참정권을 주자는 헌법 개정안을 반대 67퍼센트로 부결시켰다.

1959년 투표 때 캠페인용으로 쓰인 포스터들을 보면 아무리 그 시대라 해도 믿기 어려울 정도다. 여성 투표권에 반대하는 쪽의 포스터엔 긴 치마 입은 여성 위로 커다란 검은 손들이 덮치고 있다. 손 위에는 'Partei(정당)'이라고 쓰여있다. 투표 가능한 여성에게 어두운 정치 세력이 접근하는 걸 성폭력처럼 묘사한다고 말하면 지나친 해석일까. 여성 투표권에 찬성하는 쪽도 딱히 나았던 건 아니다. 'Ja(찬성)'라고 쓰인 용지를 투표함에 넣는 남성 유권자의 볼에는 빨간 립스틱 자국이 있다. 여성의 키스를 받아 기분 좋아진 남성이 마치 은혜를 베풀듯 여성 투표권을 허락해 준다는 뜻으로 읽힌다.

12년 뒤인 1971년 2월 7일, 이 안건은 다시 한번 의무적 국민투표에 부쳐진다. 그사이 남성들의 인식이 바뀌었기 때문일까. 이번엔 찬성 66퍼센트로 통과된다(이는 여전히 34퍼센트의 남성이 여

1959년 스위스 여성 투표권 부여 헌법 개정안 찬성 측 포스터. 여성에 투표권을 부여하는 데 찬성표를 넣는 남성의 얼굴에 립스틱 자국이 나 있다. (출처: eMuseum.ch)

1959년 스위스 여성 투표권 부여 헌법 개정안 반대 측 포스터. "여성 투표권, 반대"라고 쓰여 있고, 검은색 여성 실루엣 주변으로 'Partei(정당)'라고 쓰인 손이 접근하고 있다. (출처: eMuseum.ch)

1971년 스위스 여성 투표권 부여 헌법 개정안 찬성 측 포스터. 1971년 2월 6일과 7일이라는 투표 날짜 아래에 '찬성'이라고 쓰여 있고, 여성이 투표용지를 내보이고 있다. (출처: swissvotes.ch)

성 투표권에 반대했다는 뜻이기도 하다). 유럽뿐 아니라 전 세계적으로도 가장 늦게 여성이 투표권을 획득한 나라 중 하나가 스위스다. 한국은 1948년 제정된 헌법에 의해 여성 투표권이 보장됐다.

여성의 정치 참여가 이렇게 늦어진 건 이후 다른 문제와도 연결된다. 앞에서 말했듯이 스위스는 출산휴가, 양육 수당 같은 아동 관련 복지 제도가 시대에 매우 뒤떨어져 있다. 여성의 출산휴가가 법으로 보장된 게 2005년이다. 아이가 태어난 뒤 남성은 계속 풀타임으로 일하고 여성만 파트타임으로 바꿔 일하는 건 지금도 아주 흔하다. 여성이 정치적 목소리를 낸 지 얼마 되지 않았다는 점이 이 같은 문화에 영향을 미쳤을 것이다.

직접민주주의는 이상적인 단어지만, 그에 속한 구성원에 따라 많은 것이 좌우된다. '국민이 직접 결정한다'는 것과 포퓰리즘은 어쩌면 종이 한 장 차이일 수도 있다. 국민투표라는 제도는 '다수결'과 '소수 의견 존중'이라는 민주주의의 두 원칙 중 어느 것에 더 무게가 실려야 하는지 생각하게 만든다. 역사학자 유발 하라리Yuval Harari는 국민투표와 선거가 언제나 인간의 느낌에 관한 것이지 이성적 판단에 관한 것이 아니라며, 국민투표를 '감정의 인형극'에 비유했다. 생물학자 리처드 도킨스Richard Dawkins도 영국이 브렉시트 결정을 국민투표에 맡겨서는 안 됐다고 말했다. 더 많은 사람의 의견이 늘 옳다는 생각은 철인정치나 과두정치 못지않게 위험할 수도 있다. 심사숙고의 과정이 생략된 채 선동만이 난무하는 선거 과정은 낯설지 않다. 많은 활동이 디지털 플랫폼 안에서 이뤄지고 인공지능(AI)이 인간의 일상에 더 깊이 침투하면서, 투표하는 우리의 마음이 기술에 의해 조작되지 말란 법이 없다. 민주정치에서 감정을 배제하는 것이 불가능하다면, 그 감정을 건강하게 보호하고 다스리는 법을 계속 고민해야 한다.

6장

유럽의 교육 시스템

스위스 알프스산맥에서 8,000년 된 빙하가 녹은 물이 흘러서 만들어진 게 취리히 호수다. 남동쪽에서부터 북서쪽으로 길게 뻗어 있는 이 호수 끝에 스위스 최대 도시이자 경제 수도인 취리히시市가 자리 잡고 있다. 호수를 중심으로 생겨난 마을이 총 162개에 이르는데, 취리히시와 이 마을들을 모두 묶어 칸톤 취리히라고 한다. 스위스연방을 구성하는 26개 칸톤 중 하나다. 날씨 좋은 여름에는 어른 아이 할 것 없이 호수에 뛰어들어 수영을 한다. 코로나19가 잠시 주춤했던 2020년 여름에도 별다를 것 없었다. 스위스 사람들의 호수 사랑은 대단하다. 유서 깊은 스위스 일간지《NZZ》건물과 오페라하우스도 취리히 호숫가에 있다. 내가 아는 한《NZZ》기자는 아침 출근 전에 호수에서 수영을 하고 하루 업무를 시작한다고 했다. 헤엄치다 호숫물을 마셔도 아무 문제 없을 정도로 깨끗하다고 그는 자랑스럽게 말했었다.

　이 맑고 아름다운 호수의 양쪽 연안을 스위스 사람들은 특별한 이름으로 부른다. 기다란 호수 동쪽은 '골트퀴스테Goldküste(금

빛 연안)', 서쪽은 '질버퀴스테Silberküste(은빛 연안)'다. 스위스 기후
는 햇빛이 귀한데 질버퀴스테 쪽은 산 때문에 해가 더 일찍 진다.
조금이라도 햇빛이 더 많이 드는 쪽이 골트, 그늘진 쪽이 질버가
된 것이다. 당연히 골트퀴스테의 집값이 더 비싸고, 고소득층이
더 많이 거주한다.

골트퀴스테와 질버퀴스테의 차이는 일조량과 집값에서 그
치지 않는다. 학생들의 김나지움 진학률도 뚜렷한 차이점이다.
2019년 통계에 따르면 칸톤 취리히의 장기(6년제) 김나지움 진학
률 평균은 15퍼센트인데, 골트퀴스테의 진학률은 21퍼센트였다.
단기(4년제) 김나지움까지 포함하면 차이는 더 커진다. 칸톤 취
리히 평균은 27퍼센트인데 골트퀴스테의 진학률은 50퍼센트다.
골트퀴스테에서 대학에 가려고 장단기 김나지움에 진학하는 학
생 수가 지역 전체 평균의 두 배쯤 된다는 게 무슨 의미일까.

많은 한국인이 '유럽식 교육'을 이상적으로 바라본다. 경쟁
이 없어 아이들이 스트레스받지 않고, 원하면 누구나 대학 교육
을 받을 수 있으며, 직장에서 학력 때문에 차별받는 일도 없다고
생각한다. 이것은 사실이 아니다. 경쟁도 차별도 없다면 왜 대학
진학 과정의 일부인 김나지움 진학률이 동네 소득수준에 따라 달
라질까. 왜 김나지움 입시에 대비하는 학원이며 개인 교습이 성
황일까. 왜 '취리히연방공과대학(ETH)을 졸업하면 스위스 상위
5퍼센트'라는 말을 아무렇지 않게들 할까.

한국에서 일부 사람들이 말하는 '유럽식 교육'은 구체적 실
체 없이 그저 문제 있는 한국 교육의 반대편에 있는 개념일 때가
많다. 유럽만 따라 하면 경쟁은 줄이면서 실력은 더 기를 수 있을

거라고 믿는 듯하다. 그러나 유럽에서도 나라별로 교육 시스템이 다르고 시대에 따라 바뀐 세부 사항도 많다. 그런데 특정 시기에 시스템의 일부분만을 경험한 사람들이 한국에 돌아가 자신의 경험을 이상적으로 설파하는 과정에서 유럽 교육의 내용이 편파적으로, 또는 과장되게 전달된 면이 있다고 본다. 유럽식 교육을 이상화하는 주장의 문제는 장점만 부각하고 그 시스템에서 희생되는 부분에 대한 고민이 부족하다는 점이다. 그 장점이란 것도 한국이라는 전혀 다른 사회에 가져다 놓는 순간 장점이 아닌 게 된다. 강남의 귤이 강북에서 탱자가 되는 것이다.[6]

　나는 여기서 아이 둘을 키우면서 유럽 교육에 대한 환상이 사라졌다. '경쟁이 적고 아이들이 행복한 교육'이라는 오해는 둘째 치고, 나는 스위스 교육의 궁극적 목적이 '자유롭고 책임감 있는 성숙한 시민'을 키우기 위한 것인지, 아니면 '국가를 효율적으로 운영하는데 필요한 일 잘하는 시민'을 만들기 위한 것인지 의문을 품고 있다. 몇 가지 키워드를 중심으로 그 의문의 이유를 설명해보려고 한다. 앞에서 말했듯이 유럽도 나라별로, 시대별로 교육 시스템이 다르다는 점을 전제로 하고, 현재의 스위스(특히 칸톤 취리히) 교육에 대해 알아보자.

경쟁과 사교육

칸톤 취리히의 의무교육 기간은 유치원 2년, 초등학교 6년, 중학교 3년 등 총 11년이다. 공립 유치원 교육의 특징 중 하나는 '학업 부재'라고 할 수 있다. 읽고 쓰는 것을 가르치지 않는다. 대신 어른의 도움 없이 혼자 걸어 통학하는 법, 안전하게 횡단보도

건너는 법, 자기 물건 잘 챙기는 법 등을 배운다. 그림 그리기와 가위질 등도 연습하는데, 이게 잘 안되면 전문가에게 별도로 손가락 소근육小筋肉을 강화하는 훈련을 받아야 한다. 그 비용은 칸톤 정부가 댄다. 스스로 공부할 수 있도록 하는 준비 과정, 독립적인 생활에 무게를 두는 게 스위스 저학년 교육이다. 학습을 일찍 시작하는 건 중요하지 않다. 초등학교 1학년이 되어서야 처음으로 철자와 20까지의 숫자를 익힌다.

그렇다고 스위스 교육이 '널널하다'고 착각해선 안 된다. 학습이나 생활 태도에 있어 뒤떨어지는 아이들은 진급하지 못하고 같은 학년을 되풀이해야 하는데, 이런 유급이 유치원에서부터 생긴다. 내 딸이 초등학교 2학년에 올라갈 때, 같은 반 친구들 중 두 명은 1학년에 그대로 남아야 했다. 20명 정원의 10퍼센트다. 그때 처음으로 스위스 학교가 시키는 건 별로 없어도 평가는 가혹하다고 생각했다. 초등학교 2학년부터는 성적표가 나온다. 예고 없이 치른 온갖 시험의 결과다.

커리큘럼이나 평가 방식 외에, 실제 수업 내용은 어떨까. 한국과 비교하면 상당히 단조롭다. 한국에서 아이들을 초등학교 4학년까지 키우며 살다 스위스로 이민 온 한국인 여성을 만난 적이 있다. 이 여성 말이, 아이들이 스위스 학교가 한국 학교보다 훨씬 지루하다고 한단다. 한국에선 자연(과학) 시간에 다양한 재료로 실습을 많이 했는데 스위스에선 그런 것이 부족하다는 것이다. 체육 시간에 운동하는 방식도 한국이 훨씬 다양하다고 했다. 두 나라의 교과서, 학습지만 비교해봐도 한국 것이 훨씬 생생하고 재미있다.

스위스 학생들에게 진짜 '헬'이 찾아오는 건 초등학교 5학년 무렵이다. 그때까지의 내신 성적을 바탕으로 김나지움 진학 시험을 볼지 말지 결정하기 때문이다. 김나지움은 한국의 인문계 고등학교와 비슷하지만 그보다 더 무거운 의미가 있다. 중학교 졸업 후 인문계와 실업계가 나뉘는 한국과 달리, 스위스에선 초등학교 졸업 후 처음 갈라진다('처음'이라고 한 건 나중에 계열을 옮길 기회가 있기 때문이다). 전체 초등학생의 약 20퍼센트 정도만이 중·고등학교가 합쳐진 6년제 장기 김나지움에 진학할 수 있다.

일단 진학을 결정하면 6학년 2학기에 있을 시험 준비를 해야 한다. 시험 과목은 수학과 독일어인데, 학교 수업만으로 이 시험에 대비할 수 있다고 생각하는 사람은 거의 없다. 각 초등학교 내에 김나지움 대비반이 있고, 한국의 학원 같은 사교육 업체도 있다. 개인 과외 교사를 고용하는 사람도 많다. 서점에 가면 김나지움 대비 교재 구역이 따로 있다.

한국과 워낙 다른 시스템이라 미리 좀 알아둬야겠다 싶어서 '외국인을 위한 스위스 교육 시스템 설명회'에 참가한 적이 있다. 주최자인 교육 전문가는 스위스 교육 시장에 불문율이 하나 있다고 말했다. "김나지움에 아이가 합격하길 바란다면 반드시 사교육을 따로 시켜야 합니다. 아무도 대놓고 말하지 않지만, 모두가 아는 사실이죠." 사교육이 합격의 주요 변수라는 건, 소득이 높아서 사교육비를 댈 수 있는 집 아이가 더 유리하다는 뜻이다. 앞에서 얘기한 골트퀴스테와 질버퀴스테의 김나지움 진학률 차이가 바로 그 결과다. 정부도 이 점을 모르는 게 아니다. 칸톤 취리히의 고등교육 정책 담당자인 니콜라우스 샤츠만은 《NZZ》와의 인터뷰에서 "김나지움 진학에선 부모가 중요한 역할을 한다. 어떤 지역에선 부모들이 아이들의 김나지움 진학 여부에 관심이 없다"고 말했다.[7] 이 진학률 격차를 줄이기 위해 공교육 시스템을 보완해야 한다는 주장이 10여 년 전부터 나오고 있지만 여전히 특별한 변화는 없다.

스위스 언론에 '어느 김나지움 학생 아빠의 고백'이라는 기사가 실린 적이 있다. 딸의 김나지움 진학 과정을 솔직히 쓴 글인데 마치 한국의 고3 부모가 쓴 글 같았다. 긴장한 아이가 잠을 못 잘까 봐 수면제를 알아보고, 기출 문제를 전부 찾아 풀고, 경쟁자인 다른 아이의 부모와는 입시 정보를 나누지 않고, 합격 발표가 나는 날 우편함 앞에서 초조하게 기다리는 부모. 게다가 경쟁을 뚫고 시험에 붙는다고 다 끝난 게 아니다. 입학 후 6개월 정도 수습 기간이 있는데, 수습 기간의 시험 성적에 따라 일정 비율의 학생들은 김나지움 합격이 취소된다. 이게 만 12세가 겪는 일이다. 스위스 교육은 꽤 경쟁적이다. 한국과의 차이라면 그것이 몇 년 더 일찍 시작된다는 점이다.

세대 간 계급 이동

부모의 교육 수준, 재력이 자녀의 진학을 결정짓는다는 점은 장기적으로 계급 세습이라는 사회적 문제를 낳는다. 한국과 스위스 중 부모의 계급이 성인이 된 자녀의 사회 계급에 더 큰 영향을 미치는 나라는 어디일까. 2018년 세계은행이 낸 〈세대 간 교육 및 경제 이동성(Intergenerational educational and economic mobility)〉 보고서에 따르면, 계급 사다리 이동이 더 자유로운 나라는 한국

[표 3]

1. 키프로스	22.8퍼센트
2. 덴마크	21.1퍼센트
5. 스웨덴	18.5퍼센트
6. 일본	18.1퍼센트
10. 한국	17.0퍼센트
16. 호주	16.1퍼센트
20. 핀란드	15.6퍼센트
24. 스페인	15.0퍼센트
25. 스위스	14.9퍼센트
30. 이탈리아	13.0퍼센트

이다.[8] 이 보고서는 1980년대에 하위 50퍼센트의 가정에서 태어나서 성인이 된 후 상위 25퍼센트에 속하게 된 아이들의 비율을 조사했다. 수치가 클수록 계급 이동이 더 쉽다는 뜻이다. 한국은 17퍼센트, 스위스는 14.9퍼센트다. [표 3]은 다른 주요국들의 순위와 수치다.

[표 3]에 따르면 스위스는 북유럽 국가들은 물론 한국, 일본 등 동아시아 국가보다도 세대 간 계급 이동의 가능성이 작다. 스위스에서 김나지움 진학에 영향을 미치는 요소는 부모의 교육 수준이나 경제력 외에 하나 더 있다. 국적이다. 여권상의 국적이라기보다는, 국적과 밀접한 관련이 있는 언어가 중요한 역할을 한다. 스위스의 전체 인구 중 외국인은 약 25퍼센트인데 김나지움 입학생 중 외국인은 7퍼센트에 그친다. 김나지움 시험에서 독일어가 중요한 비중을 차지하기 때문에 부모가 독일어를 쓰는 가정에서 자란 아이들이 유리할 수밖에 없다. 25퍼센트와 7퍼센트의

차이는, 다문화 사회에서 문화적 배경이 사회 계급에 영향을 미칠 수 있음을 보여준다. 다문화 사회로 막 진입한 한국이 미래 교육 정책을 수립할 때 참고할 부분이기도 하다.

물론 이민자라 해도 직업이나 배경에 따라 놓인 처지가 저마다 다르다. 중산층 이상의 이민 가정 아이가 언어 문제로 어려움을 겪을 때, 저소득층 이민자는 언어와 경제력이라는 복합적 걸림돌을 앞에 두고 진학 경주를 시작하는 셈이다. 정부도 이 문제를 인지하고 몇 가지 시도를 했다. 예를 들어 '퓨쳐 키즈Future Kids'라는 칸톤 취리히의 프로젝트는 부모의 교육 수준이 낮은 이민 가정의 아이들에게 멘토를 지정해주고 학습 자료 등을 무상으로 제공하는 내용이다. 멘토가 일주일에 한 번 아이의 집을 한 시간 정도 방문해 학습 상황을 점검한다.[9] 좋은 시도지만 김나지움 진학률에 별다른 영향을 미치지 못하고 있고 궁극적 해결책도 아니다.

107

이중 트랙

독일과 오스트리아 등 유럽의 다른 독어권 국가와 마찬가지로, 스위스의 교육 시스템도 '이중 트랙(duales system)'으로 구성돼 있다. 김나지움에서 대입 준비를 하는 '학업 계열'과 대학 대신 직업교육을 받는 '직업 계열'로 크게 양분된다. 이 이중 트랙은 유럽 교육 시스템의 가장 큰 강점으로 종종 거론된다.

김나지움은 장기(6년제)와 단기(4년제)로 나뉜다. 초등학교 6학년 때 입학 시험에 합격하면 6년제 장기 김나지움에 가고, 떨어지더라도 일반 중학교에 다니다가 다시 시험을 봐서 2년 뒤에 4년제 단기 김나지움에 갈 수 있다. 이 둘을 합친 비율이 전체 학생의 약 30퍼센트쯤 된다. 김나지움에 진학하지 않은 학생들 대부분은 3년제 일반 중학교(Sekundarschule)를 마친 뒤 직업교육(Berufliche Grundbildung) 루트를 택한다. 편의상 이를 '직업 고등학교(직업고)'라고 부르겠다. 박근혜 정부가 벤치마킹하려고 했던 '도제 교육' 시스템이 이것이다.

직업고 학생들은 일주일에 하루만 학교에서 수업을 받고 나머지는 중소기업 현장에서 실습생으로 업무를 배운다. 자동차 정비공에서 정원사까지, 훈련받을 수 있는 직업의 종류가 200여 개에 이른다. 실습생에겐 급료도 주어지는데, 고용주 마음이 아니라 가이드라인이 있다. 예를 들어 제빵사 실습생은 1학년 때 월급이 800스위스프랑(약 104만 원)이다. 실력이 쌓이면 월급도 늘어나서, 3~4학년 졸업(분야에 따라 학습과 실습 기간이 달라진다) 즈음엔 1,100스위스프랑(143만 원)을 받을 수 있다. 학교에 다니면서 돈을 받고 일 배우는 이 제도에 학생들의 만족도가 높다.

[표 4]에서 볼 수 있다시피 농업, 제분업 분야 실습생이 받는 임금이 전체적으로 비교해봐도 높은 편이다. 공부하면서 적지 않은 월급을 받고, 또 졸업 후 바로 취직할 확률도 높다. 임금 등 근무 환경이 좋으니 기피 이유가 적고, 굳이 대학에 가야 할 필요성도 줄어든다. 한국에서는 쉽게 상상하기 힘든 현실이다. 스위스의 청년(15~24세) 고용률이 유독 높은 이유다. ([표 5] 참고)

책상 앞에 앉아 문법 규칙을 외우는 대신 현장에서 실용적인 기술을 배우고 그것이 안정적인 일자리와 연결된다는 점은 매력적이다. 하지만 그것을 한국 현실에 대입하는 건 말처럼 쉬운 일이 아니다. 우선 양질의 직업교육을 할 수 있는 다양한 중소기업

[표 4] 분야별 실습생이 받는 임금 가이드라인(스위스프랑)

	1학년	3~4학년
농업	1,100(137만 원)	1,525(190만 원)
자동차 조립	550(67만 원)	1,200(150만 원)
의류 디자인	440(55만 원)	880(110만 원)
소형 선박 제조	600(75만 원)	1,400(175만 원)
제약	750(94만 원)	1,200(150만 원)
제분업	800(100만 원)	1,600(200만 원)
자동차 정비	550(67만 원)	1,100(137만 원)
석고 세공	600(75만 원)	1,700(212만 원)
냉방 시스템 설비	750(94만 원)	1,300(162만 원)
농기계 정비	600(75만 원)	1,300(162만 원)

출처: berufsberatung.ch, 2020

[표 5] 2019년 15~24세 청년 고용률

한국	26.5퍼센트
스위스	61.1퍼센트
OECD 평균	42.2퍼센트

출처: OECD

이 스위스만큼 충분하지 않다. 스위스의 직업교육 루트에 해당하는 것이 이명박 정권 때 만들어진 마이스터고다. 마이스터Meister(장인)라는 이름에서 알 수 있듯, 독일이나 스위스의 시스템을 본뜬 것이다. 하지만 한국에서는 본래 취지와 달리 실제로는 경제 형편이 어려운 학생들이 주로 마이스터고에 진학하고, 실습생으로 적정 임금을 받기는커녕 안전장치도 없이 위험한 현장에 투입된다. 한국의 산재율은 OECD 국가 중 최고 수준인데, 이 중에 고교 실습생들도 포함돼 있다. 중소기업의 교육 역량과 안전한 작업 환경, 실습생 임금 지급 등의 문제는 건드리지 않은 채 모두 대학에 갈 필요는 없다는 둥, 유럽처럼 직업교육을 강화하자는 둥 주장하는 건 빈 깡통 두드리듯 실체 없이 요란한 소음에 불과하다. 피해는 직업교육을 받는 학생에게 고스란히 돌아간다.

실용성 vs 기초 교육

유럽 교육의 이중 트랙을 칭송하는 사람들은 이 시스템이 얼마나 '유동적(durchlässig)'인지 강조한다. 학업 계열과 직업 계열이라는 두 트랙 사이를 원하면 얼마든지 오갈 수 있다는 것이다. 직업고에 다니다가도 원하면 나중에 대학에 진학하는 게 가능한 것은 사실이다. 그러나 가능하다는 것과 보편적이라는 건 전혀 다른 얘기다.

110   사춘기도 안 된 12살 아이들에게 두 트랙 중 하나를 고르게 하고, 가정적 배경이 그 과정에 큰 영향을 미치는 교육 시스템에서, '나중에 원하면 대학에 갈 수 있다'고 하는 건 불평등한 구조를 가리려는 변명에 불과하다. 유동성을 강조하는 정부 교육 정책 담당자들의 말과는 별개로, 스위스 언론은 유동성이 '이론에 불과하다'고 지적한다.[10] 스위스에서 고학력 부모를 둔 아이들이 김나지움을 거쳐 대학에 진학할 확률은 부모가 저학력인 아이들보다 4배 더 높다. 이런 경향을 두고 '아이들이 스스로 결정한 진로일 뿐'이라는 사람들이 있다. 구조적 문제에는 일부러 눈을 감고 사회적 불평등을 재생산하는 데 기여하는 태도다.

모든 시민이 대학 교육을 받을 필요는 없다. 적성에 따라 질 좋은 직업교육을 받고 각 분야의 전문가가 되어 걱정 없이 살 수 있는 환경은 이상적이다. 문제는 현재의 교육 시스템이 공부가 적성인 아이들이 김나지움에 가고, 훌륭한 직업인을 꿈꾸는 아이들이 직업학교에 가는 결과로 이어지지 않는다는 것이다. 정비공이 되고 싶은데 고등교육을 받은 부모가 과외까지 시켜가며 밀어붙여 김나지움에 가는 아이들, 수학에 출중한 재능이 있는데 가난한 이민자 부모가 도와주지 못해 관심 없는 직업교육을 받는 아이들은 스위스에도 많다. '누구나 원하는 걸 하며 행복하게 사는 사회'라면, 왜 교수 자식은 대학에 가고 제빵사 자식은 직업학교에 가는가.

이중 트랙의 또 다른 문제는 직업고 교육 내용이다. 스위스 직업고 학생들은 일주일에 하루만 학교에 가기 때문에 직업훈련 외 다른 내용을 배우는 시간이 절대적으로 적다. 내용도 주로 언어와 일반사회 과목으로 한정돼 있다. 김나지움에서 3개 국어와 수학, 자연과학(생물학, 화학, 물리학), 역사, 지리 등을 고루 배우는 것과 큰 차이다. 3년간 직업고에서 배운 내용으로 구할 수 있는 일자리가 많긴 하지만, 이보다 더 깊이 있는 지식이 요구되는 직책이나 다른 종류의 직업을 구하려면 추가 교육이 필수적이다. 이 때문에 스위스에선 뒤늦게 대학에 가거나 평생교육(Weiterbildung)을 받는 사람들이 많다. 고교 졸업 후 바로 대학에 가는 비율은 한국이 훨씬 높지만, 25세 이후 추가 교육을 받는 비율은 스위스가 더 높다. 다음 쪽 [표 6]은 나이별로 고등교육(종합대학, 전문대학, 고교 졸업 후 직업교육을 모두 합친 것)을 받는 비율이다.

직장인이 필요성을 느껴 추가 교육을 받는 경우 문학이나 철학, 기초과학보다 일자리와 연관된 실용 학문을 선택할 가능

111

[표 6] 나이에 따른 고등교육 프로그램 등록 비율(tertiary enrolment rate at ages, 퍼센트)

	19-20세	21-22세	23-24세	25-26세	27-28세	30-39세
한국	71	58	32	14	6	0
스위스	16	29	28	20	13	4
OECD 평균	37	37	26	16	11	5

출처: OECD

성이 크다. 국민의 70~80퍼센트가 중학교 졸업 후 실용 학문만 배운다는 게 어떤 의미일까. 당장 5년 뒤만 해도 인공지능의 발달이나 기후변화, 전염병 때문에 세상이 어떻게 바뀔지 알 수 없다. 현장 실습 위주의 직업교육이 이런 미래에 대비할 수 있을까.

스위스는 전 교육 기간에 걸쳐 일관되게 언어와 수학에 집중한다. 전체 커리큘럼의 70퍼센트가 언어와 수학이다. 국가 공용어가 4개나 되고 수업 시수도 많다 보니 대부분의 사람이 두세 개 언어는 기본적으로 한다. 아이들은 초등학교 3학년부터 영어를, 5학년부터 프랑스어를 배운다. 하지만 이것은 언어 스킬 얘기고, 텍스트를 깊이 있게 이해하는 능력과 연결되는 건 아니다. 스위스의 직업고 커리큘럼에 문학은 아예 없다. 2018년 피사PISA 읽기 영역에서 스위스는 484점을 받아 OECD 국가 중 28위, 평균(487점) 이하였다. 한국은 514점으로 9위를 기록했다. ([표 7] 참고) 스위스의 언어 교육 방식은 업무나 생활에 필요한 도구로서 분명 효율적이다. 그러나 이런 방식이 우리가 장기적으로 지향해야 할 것인지는 고민해야 한다.

스위스의 인구당 노벨상 수상자 수가 세계 최고라며 이 방식을 스위스 교육과 연관시키는 시각도 있는데, 노벨상은 전 국

[표 7] 2018 PISA 결과

	읽기	수학	과학
스위스	484	515	495
한국	514	526	519
OECD 평균	487	489	489

출처: OECD

민에 대한 보통 교육의 수준과는 별 관련이 없다. 차라리 스위스
는 '될성부른' 소수에 집중한다고 보는 점이 더 정확할 것이다. 노
벨상 수상자 숫자가 세계 1, 2위인 미국과 영국에서 공립학교보
다 사립학교의 경쟁력이 더 강하다는 점도 시사하는 바가 있다.
스위스의 도제식 교육은 직업훈련 면에서 매우 효율적이고 국가
경제에 기여하는 바도 크지만, 한국의 현실이나 교육정책의 목적
을 고려한다면 무조건 본받고 볼 시스템은 아니다.

113

코로나와 교육

2021년 5월 《NZZ》에 흥미로운 기사가 나왔다. 칸톤 취리히를
동네별로 나눠서 소득 및 교육 수준과 그간의 코로나19 확진자
및 사망자 수의 연관성을 조사한 내용이다. 조사 결과 소득과 교
육 수준이 낮은 지역일수록 코로나19 사망률이 높았다.[11] 칸톤
취리히에서 인구당 코로나19 확진자 수가 가장 적었던 곳은 소
득이 가장 높은 매네도르프Männedorf 지역이었다. 반대로 확진자
수가 가장 많았던 곳은 소득이 가장 낮은 디에티콘Dietikon이었
다. 저소득층은 재택근무가 어려운 환경에서 일하는 경우가 많
고 대중교통을 많이 이용한다는 점에서 바이러스에 더 쉽게 노

출된다는 점은 짐작이 가능하다. 그런데 기사는 그런 이유 외에도 '소득과 교육 수준이 높은 사람들이 자신을 보호하는 방법을 더 잘 알고 정부의 방역 지침을 잘 따른다'고 썼다.

인구당 코로나19 발생 비율에 따라 지역을 세 그룹으로 나누고, 각 그룹에서 외국인 비율, 마투라Matura(고등학교 졸업 시험, 대입 자격증) 합격 비율, 정부 보조금 수령자 비율 등 더 구체적인 요소를 조사하니 일관된 경향이 나타났다. ([표 8] 참고)

소득이 낮을수록, 교육 수준(마투라 합격 비율)이 낮을수록, 대가족일수록, 외국인이 많을수록, 정부 보조금 수령자가 많을수록 코로나19 발생 건수도 더 많았다. 스위스 극우 정당인 스위스국민당(SVP) 지지율과도 관련이 있는 것으로 보인다. 기사는 SVP 지지자들의 교육 수준이 낮으며(교육 수준과 SVP 지지의 상관관계는 그동안 여러 연구를 통해 확인됐다), 극우 포퓰리스트 정치인들이 줄곧 '안티 코로나' 선동을 하면서 정부의 방역 지침에 반대해왔음을 지적한다.

이런 현상은 스위스에서만 나타나는 게 아니다. 독일을 보자. 독일 코로나19 2차 유행의 정점은 2020년 12월과 2021년 1월

[표 8]

코로나19 발생 비율에 따른 지역 분류	중위 소득 (스위스프랑)	마투라 합격 비율 (퍼센트)	6인 이상 가족 비율 (퍼센트)	외국인 비율 (퍼센트)	정부 보조금 수령자 비율 (퍼센트)	스위스국민당 (SVP) 지지율 (퍼센트)
높은 지역	5만213	13.7	1.7	29.2	3.1	33.1
평균 지역	5만3,628	19.1	1.4	28.1	2.8	30.3
낮은 지역	5만7,044	24.5	1.2	27	2.6	27.5

이었다. 당시 독일에서 4만2,000명 이상이 코로나19로 사망했다. 독일 로버트 코흐 인스티튜트Robert Koch Institute, RKI가 이 사망자들을 지역별로 조사한 결과, 사회경제적으로 소외된 지역의 사망률이 다른 지역에 비해 50~70퍼센트 더 높은 것으로 나타났다.[12] 코로나19가 가장 심하게 유행한 나라 중 하나인 미국에서도 교육 및 소득 수준이 낮은 흑인의 사망률이 더 높았다. 바이러스는 사람을 가리지 않지만, 바이러스에 대처하는 태도는 저마다 다르다. 그 태도는 개인의 경험이나 가치관, 문화적 배경에서 비롯되기도 하고, 당연히 교육의 영향도 있다. 유럽 여러 지역에서 팬데믹 기간 내내 기승을 부렸던 안티 백신, 마스크 반대 운동의 배경에는 정치적 목적 말고도 대중의 기초과학 지식이 부족하다는 점이 작용했을 수 있다.

범위를 좀 더 넓혀보자. 코로나19 팬데믹은 유럽이 아시아를 다시 보는 계기가 되기도 했다. 전염병에 대처하는 방식이 현저히 달랐고, 그에 따라 확진자와 사망자 수치로 드러난 결과도 달랐다. 한번은 동아시아 여러 나라의 팬데믹 대응을 소개하는 스위스 신문 기사에서 이런 문장을 봤다. "구구단을 완전히 마스터하면 어떻게 되는지 타이완의 사례가 보여준다(Was passiert, wenn man dieses Einmaleins perfekt beherrscht, zeigt der Fall von Taiwan)." 농반진반일 테지만, 의미심장한 부분이다. 아시아인에 대해 많은 유럽인이 가진 고정관념 중 하나가 창의성은 없는데 열심히 외워 공부를 잘한다는 것이다. 구구단은 그런 고정관념의 상징이다. 잘한다고 하지만 칭찬이라곤 할 수 없다. 그런데 스위스의 정론지 기사에서 '구구단을 잘 외우더니 팬데믹 대처도 잘

한다'는 문장을 보면서 판이 살짝 뒤집어지는 느낌을 받았다. 그 전까지 구구단은 '무식한 동양식 암기 교육'이었지만, 코로나19 대처에 성공하는 걸 보면서 그 '무식한 교육'을 새로 보게 됐달까.

미국이나 유럽에 사는 한국인들이 그 나라 교육에 대해 쓴 걸 보면, 대개 한국이 주입식·암기식 교육인 데 비해 선진국은 구구단 하나도 몇 년 동안 가르치면서 원리를 완벽히 이해시킨다는 설명이 흔히 등장한다. 그런데 구구단 원리를 이해하는 데 정말 몇 년씩 걸리는 게 사실이라면 어딘가 잘못된 게 아닌가. 만 9살짜리가 더하기와 곱하기의 관계를 이해하는 게 그렇게 어려운 일인가. 막상 내 아이가 3학년에 올라가면서 곱하기를 배우는 걸 보니, 선진국식의 대단한 '원리' 교육이란 건 없었다. '무식한 반복'으로 구구단을 암기하는 건 스위스 학교도 마찬가지였다. 다른 점이 있다면 한국엔 구구단 노래가 있고 여긴 없다는 것뿐이다. 서양 아이들이 구구단 외우는 데 시간이 더 걸리는 건 수학적 원리를 독파하기 위해서라기보단 구구단 노래가 없어서가 아닐까 싶다.

한국어로 '구구단'은 '9×9'라는 뜻이다. 독일어로 구구단은 '아인말아인스Einmaleins', 즉 '1×1'이란 의미다. 한국은 목표 지향적이고 끝까지 빨리 가는 게 중요한 문화, 독일이나 스위스는 기본부터 차근차근 밟는 게 중요한 문화라는 뜻인가? 말장난이다. 말하는 사람 의도에 맞게 끌어 쓴 해석이다. 유럽식 교육이 이렇다, 저렇다 하는 말의 상당수는 이런 말장난으로 이뤄져 있다. 하려면 얼마든지 할 수 있지만 정확한 통계자료와 현실, 숨겨진 맥락까지 고려한 주장은 쉽게 찾기 어렵다.

한국 교육정책엔 개선해야 할 점이 많다. 경쟁적 사교육, 높은 대학 등록금, 대학 서열화부터 첩첩산중이다. 하지만 유럽식 교육을 옹호하는 일부 지식인의 주장대로 한국이 '제대로 된 교육을 해본 적이 없다'거나, '사회적 정의가 유린당하는 교육'이라는 건 잘못되거나 과장된 주장이다.[13] 더구나 '유럽 대다수 나라가 하는 대로 정의로운 교육을 실천하면 된다'며 그것을 따라야 할 지표로 삼는 건 위험하기까지 한 결론이다. '백년대계'라는 교육정책을 제대로 세우려면, 제대로 된 질문을 던져야 한다. 교육의 목적은 효율적인 일꾼을 기르는 것인가, 성숙한 시민을 키우는 것인가. 누구나 교육의 혜택을 볼 수 있는가. 우리의 교육은 급변하는 미래 사회를 대비할 수 있는가.

7장
스위스 조력 자살 제도
— 좋은 죽음인가, 좋은 삶인가

스페인에 있는 시어머니가 전화로 나쁜 소식을 전했다. 옆집 엘리세타 할머니가 코로나19 확진을 받아 병원으로 옮겨졌다고 했다. 엘리세타 할머니는 우리 가족이 스페인 시댁에 갈 때마다 잘 왔다며 커다란 케이크를 구워 갖다주는 분이다. 자식들에 손주들까지 열 명이 넘는 아이들을 직접 키운 분이라 볼 때마다 육아 관련 잔소리가 넘쳤다. 너무 오냐오냐하지 마라, 잘 안 먹는 아이는 굶기면 된다, 같은 말들. 오지랖이라고 흘려듣기엔 애정이 가득했다. 아흔 나이가 믿기지 않게 정정했던 그분이 산소 호흡기를 대고 누워 있다니.

엘리세타 할머니는 코로나19 초기부터 외출을 삼가며 극도로 조심스러운 생활을 했다. 가까이 사는 딸 둘이 번갈아 가며 음식을 해 날랐다. 딸 하나는 교사, 하나는 간호사였다. 스페인 코로나19 2차 유행기 때 딸들이 먼저 확진을 받았고, 곧 엘리세타 할머니도 감염됐다. 할머니는 확진 판정을 받은 지 정확히 2주 뒤 사망했다. 가족이 인생의 가장 큰 의미이던 분이 병원에서 가족 없이 홀로 돌아가셨다. 90년 사셨으니 이른 죽음은 아니지만, 마지막 순간을 그렇게 맞이하리라곤 할머니나 가족 그 누구도 예상치 못했을 것이다. 그 점이 가장 마음 아팠다.

2020년 내내 죽음에 대해 생각했다. 날마다 발표되는 '코로나로 인한 사망자 수 현황' 때문이다. 피할 수 없었다. 뉴스 화면에는 세계 각지에서 제때 처리되지 못하고 쌓여가는 시신이 등장했다. 임종은커녕 마지막에 손 한 번 못 잡고 가족을 떠나보낸 사연이 줄을 이었다. 죽음 앞에서 인간은 평등하다지만, 팬데믹 사망 통계는 질문을 낳았다. 내가 다른 나라에 산다면 죽을 확률도 달라질까. 나를 둘러싼 환경이 내 죽음의 방식도 결정할까. 이민자의 삶이라는 건 떠나온 나라와 살아가는 나라의 차이를 매 순간 비교하고 또 비교당하는 과정이다. 정확한 숫자로 표시되는 팬데믹 통계는 적나라한 비교를 부추겼다. 코로나19로 인한 인구당 사망자 수는 스위스가 한국의 40배에 이른다. 내 한국 여권과 스위스 거주증 사이의 혼란도 40배로 커졌다.

수치뿐만이 아니다. 죽음을 대하는 태도에서 이질감을 느낀다. 코로나19 사망자에 대한 한 정치인의 발언을 접하고 놀랐다. 스위스 수도 베른의 보건 디렉터이자 극우 정당인 스위스국민당 소속 피에르 슈넥이 2021년 1월 20일 《NZZ》와 한 인터뷰에서였다. 스위스의 코로나19 사망률이 높다는 기자의 말에 슈넥은 이렇게 대답했다. "베른에서 지금까지 나온 사망자 850여 명의 절반인 400명 정도가 요양원 거주자다. 이 400명은 요양원에서 매년 죽는 사람들의 작은 일부분일 뿐이다. 요양원 평균 거주 기간은 사망 전 2년 정도다. 지금 요양원에 거주하는 1만 4,000명 정도의 사람들은, 코로나19에 걸리건 안 걸리건 몇 년 뒤 거기 없을 것이다. 모든 사람은 죽게 돼 있다. 팬데믹은 우리에게 이걸 다시 절실하게 깨닫게 해줬다."

한마디로 코로나19 사망자 절반이 어차피 죽을 고령층이니 큰 의미를 두지 말라는 거다. 이 발언이 그저 '팩트'일 뿐이라고, 또는 외면하고 싶은 진실을 말한 것이라고 볼 수도 있겠다. 그러나 한국이었다면 어땠을까. 스위스인 친구에게 한국에서 공직자의 그런 공개적 발언은 파장이 클 거라고 했더니 그가 오히려 놀랐다. "이 정도 얘기를 하는 게 문제가 된다고?" 팩트나 진실을 넘어선 가치의 간극이다.

죽음을 대하는 태도의 차이

문화 차이는 팬데믹을 계기로 두드러져 보이는 것일 뿐 원래 존재했다. 문화권별로 죽음을 대하는 다른 태도를 극적으로 보여주는 것 중 하나가 안락사 규정이다. 현재 전 세계적으로 적극적 안락사가 합법적으로 시행되는 여섯 나라는 벨기에, 네덜란드, 룩셈부르크, 캐나다, 콜롬비아, 스페인이다. 절반 이상이 유럽에 있다.

스페인은 2021년 3월 18일 안락사와 조력 자살 허용법을 통과시킴으로써 유럽연합 회원국 중 안락사를 합법화한 네 번째 국가가 됐다. 2021년 6월부터 시행된 이 법에 따라 '회복 가능성이 없고 참을 수 없는 고통을 받는 환자가 자발적으로 확실한 의사를 보일 때'에 한해서 의사가 약물을 주입하거나(안락사), 처방받은 약물을 환자 스스로 투여(조력 자살)하는 게 가능해진다.[14]

안락사를 합법화한 국가 리스트에는 곧 몇 나라가 더 추가될 것으로 보인다. 뉴질랜드에서 2020년 10월 안락사를 합법화하는 '삶의 마지막 선택 법안(End of Life Choice Act)'이 통과돼 2021년 11월 발효될 예정이다. 포르투갈에서는 2021년 1월 29일 안락사를 합법화하는 법안이 국회를 통과했으나 마르셀루 헤벨루Marce-lo Rebelo 대통령이 법안 내용이 모호하다며 헌법재판소의 판단을 요청했다. 헌법재판소는 '안락사 허용 상황에 대한 정의가 부정확하다'며 7대 5로 위헌 결정을 내렸다. 당장은 보류됐지만 인구 대다수가 카톨릭 신자인 나라에서 안락사 법안이 국회를 통과하는 단계까지 간 것 자체가 큰 변화다.

안락사를 말할 때 빠짐없이 등장하는 나라가 스위스다. 그런데 정확히 말하면 스위스에서 허용되는 건 위 국가들에서와 같은 적극적 안락사(euthanasia)가 아니라 조력 자살(assisted suicide) 이다. 우선 용어부터 정리해보자. 적극적 안락사와 조력 자살의 차이는 '마지막 행위'의 주체, 즉 치명적 약물을 누가 주입하는지다. 의사가 직접 주입하면 적극적 안락사, 의사의 처방을 받아 환자 본인이 주입하면 조력 자살이다. 스위스뿐 아니라 미국의 일부 주, 호주의 일부 주 등에서도 조력 자살은 합법이다. 안락사도 방식에 따라 적극적 안락사와 수동적 안락사로 나뉜다. 약물을 주입하는 것이 아니라 연명 치료를 중지함으로써 환자가 자연스럽게 사망하도록 하는 것은 수동적 안락사다. 이것은 한국에서도 2016년 1월 통과돼 2018년부터 시행됐다(연명의료결정법). 현재 나라별로 허용되는 행위와 조건을 [표 9]로 정리해 보았다.

[표 9]

	적극적 안락사	조력 자살	나이 제한	필요 조건
스위스	불법	합법	규정 없음	없음
네덜란드	합법	합법	12세 (16세 이하 부모동의 필요)	개선의 여지가 없는, 참을 수 없는 고통
벨기에	합법	합법	제한 없음 (미성년자 부모 동의 필요)	의학적 희망이 없는, 참을 수 없는 정신적·육체적 고통
룩셈부르크	합법	합법	18세	개선의 여지가 없는, 끊임없이 참을 수 없는 고통을 동반하는 불치병
캐나다	합법	합법	18세	장기간의 참을 수 없는 고통을 동반하는, 극심한 불치병
콜롬비아	합법	합법	6세	병의 말기

죽음에 급진적인 스위스

안락사법과 관련해 가장 급진적인 나라를 꼽자면, 2002년에 세계 최초로 안락사를 합법화한 네덜란드나 나이 제한 없이 미성년자도 안락사가 가능한 벨기에가 최전선에 놓일 것이다. 그런데 스위스가 늘 화제가 되는 이유는 뭘까. 스위스의 제도는 좀독특하다. '이기적인 동기로 다른 사람의 자살을 돕는 건 위법'이라는 규정이 1940년대에 만들어졌다. 유산을 받으려는 목적으로 부모의 자살을 돕거나 자신에게 경제적으로 의존하고 있는 누군가의 자살을 부추기는 건 불법이다. 거꾸로 말하면 이기적 동기 없이 타인의 자살을 돕는 건 불법이 아니라는 뜻이다. 그 결과로 1980년대부터 등장한 것이 조력 자살을 체계적으로 돕는 업체들이다. 이 업체들은 고객(자살을 원하는 사람)이 마지막으로 약물을 주입할 때까지 모든 절차가 순조롭게 진행되도록 돕는다. 의사-업체-환자가 이른바 '삼각 구도'를 이루는 것이다. 이런 업체가 스위스에 네 곳 있는데, 그중 두 곳은 외국인도 고객으로 받는다. 일명 '자살 관광'이 그렇게 생겨났다.

세 가지 특징, 즉 ①불치병으로 고통받는 상태가 아니라도 의사에게 치명적 약물을 처방받을 수 있다는 점 ②의사와 환자 사이에 제3의 업체가 개입해 일을 순조롭게 한다는 점 ③외국인도 가능하다는 점 때문에 스위스는 '전위적 죽음'의 상징이 됐다. 적극적 안락사를 허용하는 다른 나라들은 모두 '참을 수 없는 고통을 동반하는 불치병'이라는 법적 제한조건을 두고 있다. 네덜란드의 경우 외국인 조력 자살이 가능하긴 하지만, 의사가 반드시 환자와 상담을 해서 조건을 확인해야 하므로 실질적으로 외국인에겐 쉽지 않은 구조다. 스위스는 죽음을 결정하는 것도, 실천에 옮기는 과정도 상대적으로 쉽다. 스위스 조력 자살 업체 중 두 번째로 큰 곳이자 외국인도 받는 '디그니타스Dignitas'에 따르면, 2018년에 자살을 목적으로 이 업체를 찾은 외국인이 221명이었다. 독일(87명), 프랑스(31명), 영국(24명) 등 조력 자살이 불법인 주변 국가에서 온 사람들이 많았다.

스위스 조력 자살 업체 중 규모가 가장 큰 곳은 '엑시트EXIT'다. 외국인 관광객은 받지 않고 스위스 국적자 및 영주권자에게만 서비스를 제공한다. 엑시트에 따르면 조력 자살을 원하는 가장 흔한 이유(약 40퍼센트)는 암이라고 한다. 엑시트에는 자살을 원하는 사람을 방문하고 병원과 연결해 주는 일을 하는 직원들이 약 40명 있는데, 이들의 직함은 '자살 조력자'다. 자살 조력자는 아무나 할 수 없고 여러 조건(커뮤니케이션 지식, 공감력과 인내력, 나이는 40대 이상 등)을 충족해야 한다. 조건이 맞으면 1년 동안 트레이닝 프로그램에 참여해 조력 자살과 관련된 법적, 의학적, 심리학적 지식을 습득한 뒤 업무를 시작할 수 있다.

스위스의 조력 자살 사망자는 대개 불치병 환자나 병의 말기로 고통받는 사람, 병이 없어도 나이가 많고 삶의 의미를 잃었다는 사람들이다. 이 숫자는 갈수록 증가하는 추세다. 2018년에 조력 자살로 사망한 사람은 총 1,176명으로, 스위스 전체 사망자 50명 중 1명에 해당한다(연방통계청).[15] 2003년(187명)에 비하면 6배 이상 늘어난 수치다. 이런 추세는 다른 나라에서도 마찬가지다. 네덜란드에선 안락사와 조력 자살로 인한 사망자가 2007년(2,210명)부터 2017년(6,585명) 사이 세 배로 늘었다(의학저널 《란셋》).[16]

조력 자살에 대한 스위스 국민의 일반적인 인식은 어떨까. 이를 짐작할 수 있는 일이 2014년에 있었다. 티즈 예니This Jenny라는 스위스의 원로 정치인이 위암 말기 진단을 받은 뒤 엑시트에서 조력 자살로 생을 마감하기로 했다. 진보 좌파 정치인이 아니라 극우 정당인 스위스국민당 소속 정치인이었다. 스위스 공영방송 SRF는 티즈 예니의 마지막 몇 주를 동행하며 촬영했다. 그가 2014년 11월 15일 62세로 사망하기까지의 내용이 TV로 방영됐다. 스스로 죽음을 선택한 보수 정치인의 마지막 날들을 공영방송으로 전 국민에게 알리다니. 조력 자살 광고라고 해도 무방할 일이었지만, 당시 이에 대한 시청자의 비난은 없었다. 동정, 감탄이 주된 반응이었다.

의료진의 입장은 어떨까. 크게 둘로 갈린다. 스위스의학아

카데미(The Swiss Academy of Medical Science)는 자살에 대한 의사의 개입을 확대하는 것에 찬성한다. 반면 스위스의사협회(Association of Swiss Doctors)는 여기에 반대한다. 의사의 본업은 병으로 고통받는 사람들을 돕는 일인데, 치료가 아니라 자살을 돕는다면 의사가 직업적으로 소외된다고 말한다. 스위스의사협회의 주장은 의미심장하다. 불치병이건 아니건, 스스로 삶의 의미를 느끼건 못 느끼건, 대체 '돕는다'는 건 무엇을 뜻하는가. 살아가도록 돕는 것과 죽을 수 있도록 돕는 것은 같은 도움인가. 어쩌면 살아가도록 돕는 데 실패해서 죽을 수 있도록 돕는 건 아닌가. 그 답을 찾자면 스위스 의료 시스템의 특징을 더 자세히 봐야 한다.

좋은 죽음인가, 좋은 삶인가

다른 부문에서는 상당히 보수적인 스위스가 어쩌다 죽음에 대해선 이처럼 급진적 태도를 보이게 됐을까. 개인의 선택을 중시해서? 죽음도 삶의 일부로 받아들이는 문화라서? 일부 맞는 얘기지만, 이 현상의 이면엔 다른 제도적 문제가 있다. 스위스 의료 시스템의 부분적 결함이다. 스위스의 의료 기술이 세계 최고 수준이라고는 하나(다들 그렇다고 하지만 과연 그게 사실인지는 좀 더 꼼꼼하게 살필 필요가 있다), 그 기술은 병을 치료하는 쪽에 치우쳐 있다. 고통 완화 치료나 호스피스 케어에는 투자가 거의 이뤄지지 않았다. 스위스 정부가 국가 차원의 완화 치료 시스템을 만들기 시작한 건 겨우 2010년 들어서다.

　　2012년부터 스위스 베른대학병원의 완화치료센터를 이끌고 있는 독일 출신 의사 슈테판 아이흐뮐러 교수는 이 같은 스위스 의료 시스템이 '파편적'이라고 지적한다. "스위스는 그동안 '병과 함께 사는 것'에 포커스를 맞추지 않았다. 병원이 국가적 보건 시스템의 일부가 아니라 경제적 실체다. 국제적 완화 치료 수준과 비교하면 스위스는 여전히 개발도상국이다"라는 게 그의 말이다.[17]

영국 경제지 《이코노미스트》가 2015년 발표한 '죽음의 질 지수'가 있다. 완화 치료 환경, 인력, 이용자 부담 등을 종합해 전 세계 80개국을 비교한 조사다. 스위스는 여기서 15위를 했다. 인구당 GDP 세계 2위, 의료비 지출 세계 2위인 나라에 걸맞지 않은 성적이다. 1위는 영국, 2위는 호주였다. 상위 20개국 안에 아시아 국가 네 곳(타이완 6위, 싱가포르 12위, 일본 14위, 한국 18위)이 들어간 점은 인상적이다. 아이흐뮐러 교수도 "아시아에선 삶의 마지막 단계를 사는 노인들이 존경을 받는데 스위스에선 노인들의 가치나 위엄이 떨어진다"며 문화 차이를 언급했다. 한국 사회에서 노인들이 실제로 사회적 존경을 받는지는 논란의 여지가 있겠다. 하지만 부모를 요양원에 보낸 뒤 불효자라고 자책하는 자녀가 드물지 않은 게 사실이다. 자식들의 노인 공경이건, 잘 마련된 국가적 완화 치료 시스템이건, 삶의 마지막 단계를 맞이하는 사람들에게는 기댈 곳이 필요하다. 기댈 곳이 부족하기 때문에 조력 자살이 널리 받아들여지는 문화가 형성됐다는 것은, 비록 소수 의견이나마 생각해볼 만한 가치가 있다.

미국 의사 아툴 가완디Atul Gawande의 역작 《어떻게 죽을 것인가》에서도 이 문제가 언급된다. 가완디는 안락사를 선택하는 사람이 계속 늘어나는 현실을 긍정적으로 볼 수 없다고 썼다.

2012년 현재 네덜란드인 사망자 35명 중 1명이 안락사를 선택한다는 사실이 성공을 가늠하는 척도가 될 수는 없다. 그것은 실패의 척도다. 결국 우리의 궁극적인 목표는 '좋은 죽음'이 아니라 마지막 순간까지 '좋은 삶'을 사는 것이다. 네덜란드는 다른 나라에 비해 마지막까지 좋은 삶을 확보해줄 가능성이 있는 완화 치료 프로그램을 개발하는 데 뒤처져 있다. 어쩌면 안락사 시스템이 정착돼 있는 탓에 장애가 생기거나 심각한 질병에 걸렸을 경우 다른 방법으로 고통을 줄이거나 삶을 개선시키는 게 불가능하다는 믿음이 강화됐을 수도 있다.[18]

우연의 일치인지, 유럽에서 안락사나 조력 자살을 허용하는 나라(벨기에, 네덜란드, 스위스)들이 코로나19 대응 성적도 더 나빴던 나라들이다. 어쩌면 바이러스보다 더 심각한 문제가 있는지도 모르겠다. 팬데믹은 사회의 근본적 체계에 의문을 제기하게 만들었다. 안락사나 조력 자살은 '좋은 죽음'일까, 아니면 '좋은 삶에의 실패'일까. 물론 완벽에 가까운 완화 치료 시스템이 있는 곳에서도 안락사를 필요로 하는 사람들이 있다. 옵션이 있다는 건 좋은 일이다. 개인적으로도 나는 내 삶의 마지막을 스스로 결정할 수 있기를 바란다. 그러나 다른 선택의 여지가 없어서 죽음을 택하는 건 다른 얘기다. 가완디의 말을 보자.

안락사를 선택할 여지를 마련했다고 해서 환자들의 삶을 개선하는 문제에 대해 눈을 돌려버리게 된다면 사회 전체적으로 크나큰 해를 끼치게 될 것이다. '어시스티드 리빙(조력 삶)'은 '어시

127

스티드 데스(조력 죽음)'보다 훨씬 어려운 일이다. 그러나 그만큼 훨씬 더 큰 가능성을 갖고 있기도 하다.[19]

8장
값비싼 보편적 보장, 스위스 의료 시스템

좋은 죽음은 중요하다. 그러나 좋은 삶은 더 중요하다. 좋은 죽음을 논할 때 고려해야 할 지표가 완화 치료 환경, 안락사 및 조력 자살 법안 등이라면, 좋은 삶을 논할 때 고려할 지표 중 하나는 의료보험과 의료 기술이다. 아플 때 돈 걱정 없이 필요한 치료를 받을 수 있고 접근 가능한 의료 기술의 수준이 충분히 높은 곳에서 사는 것은 대단한 행운이다. 이러한 사회보장과 의료 기술의 수준은 지역에 따라 큰 차이를 보인다. 어느 곳에서는 당연한 것이 다른 곳에서는 꿈도 못 꾸는 것일 수 있다.

129

스위스의 의료보험 제도 및 의료 기술은 '세계 최고' 수준으로 알려져 있다. 미국이 벤치마킹하고, 다른 유럽 국가도 자국의 '돈 먹는 하마'가 된 시스템을 비판하는 데 스위스 사례를 종종 인용한다. 스티브 잡스는 암에 걸렸을 때 스위스로 치료받으러 오기도 했다. 스위스의 의료 환경이 대체 어떻길래 다들 스위스를 배워야 한다고 할까.

스위스 의료보험

우선 독특한 스위스 의료보험 제도부터 살펴보자. 우리 집을 예로 들어 설명하겠다. 부부와 아이 둘로 이뤄진 4인 가족으로서 우리가 내는 의료보험료는 한 달에 1,150스위스프랑(약 150만 원)이다. 한국의 피부양자 제도와 달리, 스위스에선 개개인이 보험에 가입해야 한다(가족 중 한 명만 돈을 벌고 소득도 적다면, 또 딸린 식구가 많다면 부담이 큰 구조다). 우리 집에선 남편이 406스위스프랑(약 53만 원), 내가 467스위스프랑(약 61만 원), 9살 딸과 5살 아들이 각각 139스위스프랑(약 18만 원)씩 낸다. 이렇게 보험료를 내도 병원에 갈 때마다 또 돈을 낸다. 만약 우리 가족이 한국에 살고 있다면 보험료가 얼마일까. 국민건강보험공단 통계에 따르면, 2018년 가구당 부담액은 10만4,000원이다. 약 14배 차이다. 굳이 한국과 비교하지 않더라도 피보험자가 이 정도의 부담을 지는 나라는 유럽에서 스위스밖에 없다. 대체 어찌 된 시스템인지 좀 더 자세히 들여다보자.

유럽 다른 나라들처럼 스위스에서도 누구나 의무적으로 의료보험에 가입한다. 외국인이라도 3개월 이상 거주하면 무조건 들어야 한다. 분명 '보편적' 제도인데, 특이한 건 정부가 아닌 민영 보험사가 그 업무를 담당한다는 점이다. 사람들은 80개가 넘는 보험사가 제공하는 수많은 상품 중에서 자신에게 맞는 것을 선택해야 한다. 의무 사항인 기본(베이직) 보험에만 들 수도 있고, 돈을 좀 더 내고 옵션(세미 프라이빗, 프라이빗)을 더할 수도 있다. 입원 시 1인실을 쓴다든지, 매번 주치의를 거치지 않고 바로 전문의에게 진료를 받는다든지 하는 것이 옵션이다. 치과 진료도 옵션에 해당한다. 이 제도에서 '공영'의 냄새가 조금이라도 나는 부분은, 보험사가 과거 병력을 이유로 기본 보험 가입을 거절할 수 없으며 하위 10퍼센트 저소득층에는 정부 보조금이 주어진다는 점이다.

보험 상품을 고를 때 넘어야 하는 큰 산이 하나 있다. '공제 한도'를 설정하는 것인데, 먼저 '프랜차이즈franchise 공제' 방식을 이해해야 한다. 이것은 공제 한도로 설정한 금액까지는 가입자가 전액을 부담하는 제도다. 스위스 의료보험의 공제 한도는 최소 300스위스프랑(약 39만 원)에서 최대 2,500스위스프랑(약 325만 원)까지다. 낸 의료비가 공제 한도를 넘어서는 부분부터는 가입자가 청구 금액의 10퍼센트만 부담한다. 물론 여기에도 상한선(700스위스프랑)이 있긴 하다. 공제 한도가 낮으면 매달 내는 보험료가 올라가고, 한도가 높으면 보험료가 내려가는 방식이다.

예를 들어보자. 내 의료보험의 공제 한도는 최대치인 2,500스위스프랑이다. 매년 의료비가 이 금액에 도달할 때까지는 내 주머니에서 돈이 빠져나간다. 그다음부터는 10퍼센트만 낸다. 내가 한도를 최대치로 설정한 건, 평소 병원에 잘 안 가기 때문에 의료비를 돌려받는 것보다 보험료를 낮추는 게 더 유리하기 때문이다. 만약 지병이 있거나 병원에 자주 가는 사람이라면 매달 내는 보험료가 높더라도 최대한 빨리 한도 금액을 벗어나 청구된 의료비의 10퍼센트만 내는 게 유리할 것이다. 이 시스템하에서 내가 실제로 1년에 내는 의료비의 최대치를 계산해보면, 1년 보험료(467x12=5,604스위스프랑)+공제 한도(2,500스위스프랑)+의료비의 10퍼센트(최대 700스위스프랑)=8,804스위스프랑(약 1,145만

131

원)이다. 앞에서 말했듯이 피부양자 제도가 아니라 개인이 모두 별도로 가입해야 하는 시스템이므로, 이 금액은 우리 가족 중 나 하나에만 해당하는 액수다. 그리고 보험이 적용되지 않는 의료 서비스도 꽤 많다.

프랜차이즈 공제에 대해 자세히 설명한 이유는 이것이 타 유럽 국가와 구분되는 스위스 시스템의 핵심 두 가지를 보여주기 때문이다. 첫째는 가입자에게 상당한 부담을 지움으로써 시스템을 '남용'하지 못하게 하려는 의도이고, 둘째는 가입자가 자신에게 최적화된 공제 한도를 설정하게 함으로써 비용 효율성을 높이려는 목적이다.

'남용 방지', 그러니까 병원에 덜 가게 하려는 의도는 확실히 효과가 있다. 나도 몇 번 스위스 진료비에 데인 적이 있다. 지난해 산부인과 검진을 갔다가 의사와 피임법에 대한 얘기를 30분 넘게 하게 됐다. '기꺼이 시간을 내주는 친절한 의사'라는 생각은, 진료 금액 청구서를 받아본 뒤 싹 사라졌다. 250스위스프랑(약 33만 원)이 찍혀 있었다. 얼마 전엔 첫째 아이가 피부에 문제가 있는 것 같아 소아과에 갔다. 의사가 아이를 살펴보고 문제없으니 걱정 말라고 말하기까지는 딱 3분이 걸렸다. 거기에 청구된 금액은 59스위스프랑(약 8만 원). 이런 일을 몇 번 겪으면 어지간해선 병원에 안 가게 된다.

"스위스의 위협"―고비용 복지 시스템
누구나 의료보험을 갖고 있는데, 마음 편하게 병원 가기는 어려운 구조, 한마디로 '값비싼 보편적 시스템'이다. 이 시스템에 대해서는 스위스 안팎에서 계속 지적이 나온다. 경제학자 폴 크루그먼Paul Krugman이 2009년 8월 《뉴욕 타임스》에 '스위스의 위협(The Swiss Menace)'라는 제목으로 쓴 칼럼이 있다. 당시는 미국에서 '오바마케어Obamacare' 시행을 앞두고 논란이 한창일 때였다. 크루그먼은 이렇게 주장했다. "오바마케어에 반대하는 많은 미국인은 이 법안이 미국을 소련으로 바꿔 놓을 거라고 생각하지만 틀렸다. 이 개혁안은 미국 의료 시스템을 '사회주의적 지옥'이 아니라 '스위스화(Swissify)'하려는 것이다."

민영 보험을 이용하되 규제와 보조금으로 수혜 대상을 넓히려는 오바마케어가 스위스 시스템과 유사하다는 것이다. 크루그먼은 그것을 칼럼 제목('위협')에서처럼 최선의 선택이 아니라고 봤다. "우리가 무無에서 시작한다면 아마 스위스 모델을 선택하지 않았을 것이다. 진정한 '사회적 의료' 제도는 비용이 덜 들어야 한다. 하지만 스위스식의 보편적 보장 시스템은 지금 우리(미국)가 가진 것보다는 훨씬 앞선 것이다"라고 그는 지적했다. 차악이라는 거다. 그의 포인트는 '비용'이다.

스위스의 의료비(health spending)는 미국에 이어 세계에서 두 번째로 높다. 지난 2018년 처음으로 스위스에서 1인당 연간 평균 의료비가 1만 스위스프랑(약 1,300만 원)을 넘어섰다. GDP에서 의료비가 차지하는 비중은 12퍼센트(2019년 OECD 통계. 한국은 8퍼센트)다. 높은 의료비의 가장 큰 원인은 보험료다. 현행 스위스 의료 시스템이 시작된 건 1996년인데, 그 이후 보험료가 연평균 4퍼센트씩 꾸준히 올랐다. 글로벌 회계법인 언스트앤영Ernst & Young이 2017년에 발간한 보고서에 따르면 2030년이 되면

133

스위스 가구 소득의 11퍼센트가 의료보험료로 나갈 것이라고 한다. 보고서의 공동 저자인 야민 그뢰닝어는 "보험료가 너무 비싸서 극소수만 추가 옵션을 구매할 수 있고 대다수는 (보장이 제한적인) 기본 보험에 기대야 할 것"이라고 지적했다.

보편적 보험이 제구실을 못한다는 얘기다. 그래도 기본 의료보험이 있으니 큰 걱정은 없지 않냐고 할 수 있는데, 스위스의 기본 의료보험의 보장 내용은 한국에 비해 훨씬 제한적이다. 대표적인 예가 치과 진료다. 취리히에서 가까운 독일 도시인 콘스탄츠 Konstanz에는 스위스인들을 대상으로 한 치과가 수십 곳 있다. 스위스에서 옵션에 해당하는 치과 보험에 드는 대신, 저렴한 독일 병원에서 진료받는 사람이 많기 때문이다. 거기선 치아 전체를 덧씌우는 크라운 치료 비용이 스위스(약 1,800스위스프랑, 234만 원)의 반값이다. 몇 달 전 나는 가족 보험사를 바꿔보려고 몇 군데 회사에서 상담을 받았는데, '보험료가 높아지니 치과 옵션은 빼고 독일에 가서 진료를 받으라'는 황당한 조언을 들었다. 정부를 대신해 보편적 보장을 담당한 민영 보험사가, 더 합리적인 상품을 내놓긴커녕 국경을 넘어가서 치과 진료를 받으라고 추천하는 상황이다. '보편적이면서도 효율적'이라고 강조하는 시스템 뒤에는 이런 꼼수가 숨어 있다.

국가 안보로서의 의료

외국에 기대는 건 치과 진료 말고도 또 있다. 의료 인력이다. 인력 부족은 스위스 병원과 요양원에서 만성적인 문제다. 2018년 현재 스위스에 부족한 간호 인력이 1만1,000명이라고 하는데, 스위스 간호협회는 2030년까지 부족한 인력이 6만5,000명에 달할 것으로 보고 있다. 병원 개수도 점점 줄고 있다. 1998년 378개에서 2017년 281개로 약 20년 만에 100개 가까운 병원이 사라졌다. 남아 있는 병원도 돈 안 되고 골치 아픈 서비스는 줄이는 게 추세다. 내가 첫째 딸을 낳을 즈음 집 근처 걸어갈 거리에 있던 종합병원이 출산 업무를 중단하는 바람에 1시간 걸리는 병원에서 출산해야 했다. 이런 변화의 주된 이유는 '비용 효율성'이다.

인력이 부족하다 보니 외국 출신의 의사, 간호사들이 많다. 2019년 기준으로 스위스 전체 의사 중 약 35퍼센트(1만3,266명)가 외국에서 의대를 마친 사람들이다. 대부분 독일, 프랑스, 이탈리아 등 주변국 출신이고 최근에는 동유럽 출신도 늘고 있다. 외국 출신 의사 비중이 높은 것을 두고 스위스 지역보건이사회연맹은 '특히 위기 상황에서 국내 의료 시스템을 취약하게 만든다. 20년 전부터 이 문제를 지적했는데 정부가 방관했다'고 말했다. '자국 출신의 의료진=국가 안보'라는 인식에서 나온 지적이다. 유럽연합과 스위스 사이에 노동의 자유로운 이동에 대한 협정이 맺어져 있다는 걸 생각해보자. 의료 인력의 국적을 따지는 게 지나치게 폐쇄적이고 반反유럽연합적이라고 느낄 수도 있다. 그러나 코로나19 때 이런 우려가 현실화됐다.

코로나19가 한창이던 2020년 봄에 프랑스에서 '우리나라 의사가 스위스에서 일하는 걸 막아야 한다'는 주장이 나왔었다. 여러 나라와 국경을 접하고 있는 스위스의 지리적 특성상, 이웃 나라에서 국경을 넘나들며 일하는 노동 인력이 많아 비롯된 문제다. 프랑스와 가까운 제네바의 병원에는 프랑스에서 출퇴근하는 의사와 간호사들이 많다. 마찬가지로 이탈리아와 접경한 스위스 티치노 지역에선 당시 국경이 봉쇄됐을 때도 매일 2,000명 이상의 이탈리아인 의사들과 간병인들이 국경을 넘어 출퇴근했다. 다행히 의료진이 국경을 넘는 것을 막는 사태까지는 가지 않았다. 하지만 만약 프랑스 일부 정치인들의 뜻대로 프랑스인이 스위스 병원에서 일하는 게 금지됐더라면 제네바 대학 병원은 간호사의 절반, 의사의 17퍼센트를 잃을 수도 있었다. 평상시라면 노동력의 자유로운 이동과 경쟁이 더 나은 의료 서비스에 기여하는 면이 있었겠지만 위기 상황에서는 강점이 치명적 약점으로 변할 수 있다. ([표 10] 참고)

이러한 문제의식 때문에 스위스는 2025년부터 스위스 출신 의사를 매년 1,300명 배출(현재 1,100명)한다는 목표를 세웠다. 여기에 1억 스위스프랑(약 1,300억 원)의 예산을 투입할 계획이다. 한국은 어떨까. OECD 통계에 따르면 2018년에 배출된 한국 의사 중 외국 출신은 25명이었다. 그것도 오랫동안 한 자릿수이다가 그해에 갑자기 늘어난 수치다. 외국 출신이 너무 적어서 전체

[표 10] 외국에서 교육받은(foreign-trained) 의료 인력이 전체 의료 인력에서 차지하는 비중

	외국 출신 의사	외국 출신 간호사
스위스	35퍼센트	25퍼센트
독일	13퍼센트	9퍼센트
프랑스	11퍼센트	3퍼센트
이탈리아	0.9퍼센트	5퍼센트
노르웨이	41퍼센트	6퍼센트
영국	30퍼센트	15퍼센트

자료: OECD, 2018년 또는 최신 통계[20]

인력 중 차지하는 비중(퍼센트)이 자료에 따로 나오지도 않는다.

스위스식 시스템을 지지하는 쪽의 근거는 주로 '비싸지만 서비스 품질이 높다'는 것이다. 일면 타당하다. 예를 들어 전문의에게 진료를 받기 위해 4주 이상 대기해야 하는 환자 비율을 보면, 스위스는 27.5퍼센트로 유럽 다른 나라(스페인 59.3퍼센트, 영국 46.4퍼센트)들에 비해 훨씬 적다(OECD 2016년 통계). 수술도 마찬가지다.

스위스에 거주하는 핀란드인 친구 A는 아들이 다섯 살 때 사시 진단을 받고 가능하면 빨리 교정 수술을 받는 게 좋다는 소견을 들었다. 핀란드 병원에 문의해보니 반년 이상 기다렸다가 정부가 지정하는 의사에게 수술을 받아야 한다고 했고, 스위스에선 두 달 뒤 자신이 원하는 의사를 골라 수술을 받을 수 있다고 했다. A는 "스위스 보험료가 높긴 하지만 아들이 수술을 빨리 받을 수 있어 아주 만족한다"며 핀란드식 시스템보다 스위스식 시스템이 더 낫다고 했다. 전문직에 종사하는 A에게 사시 수술 비용은 큰 부담이 되지 않았고, 수술을 빨리할 수 있느냐가 가장 중요했다. 하지만 수술비가 부담되는 사람에게는 시기보다 비용이 더 결정적일 수 있다. 즉 의료 시스템이 좋다, 나쁘다 평가가 나올 땐 누가 어디에서 그런 평가를 하는지 잘 봐야 한다는 얘기다. 내가 보기엔 교정 수술을 '겨우 두 달 만에'가 아니라 '두 달이나 걸려서' 받는 게 전혀 '효율적'이지 않고, 그런 '효율성'을 위해 매달 이렇게 높은 보험료를 내는 것도 합리적이지 않다. 나는 그보다 훨씬 저렴하고 효율적인 의료 시스템이 갖춰진 한국 출신이기 때문이다.

스위스 시스템은 미국인인 크루그먼이 보기엔 비싸지만 보편적 보장이라 나쁘지 않고, 내 핀란드인 친구에겐 비싸지만 효율적이라 만족스럽고, 한국인인 나에겐 비싸고 비효율적이라 별로고, 스위스인들 입장에선 품질은 높지만 비싼 데다 외국 의존성이 커서 불안하다. 변화의 소용돌이에 휩싸인 한국의 의료 시스템을 평가할 때도 여러 잣대가 필요할 것이다. 인구구조가 변하고 어떤 낯선 전염병이 돌지 모르는 미래에 대비할 수 있는 시스템은 새로운 기준으로 만들어야 한다. 오래된 '밥그릇 싸움'이나 '전교 1등 의사냐, 성적 모자란 공공 의대 의사냐' 따위의 젖비린내 나는 질문으로는 대비할 수 없다.[21]

3부

논쟁으로 보는 유럽 사회

9장

유럽의 불평등 1 ─ 연대는 가능한가

포스트 코로나─더 벌어지는 격차

'코로나 이후'를 말할 때 가장 중요한 키워드 중 하나는 불평등이다. 생산 설비 자동화와 인공지능 발달 등으로 인한 일자리 감소는 소득 격차를 꾸준히 강화해왔다. 코로나19는 여기에 기름을 부었다. 대면 업무를 주로 하는 서비스직은 거리두기로 직격탄을 맞았다. 반면 그렇지 않아도 잘 나가던 IT 직군은 아무 문제 없이 재택근무로 전환할 수 있었다. 팬데믹이 부른 경제 위기는 약한 고리를 먼저 끊어냈다. 저소득층, 비정규직, 여성, 이제 막 사회생활을 시작하는 청년층이 희생됐다.

취리히연방공과대학(ETH) 산하 기관인 경제연구소(KOF)가 코로나19 이후 고소득층과 저소득층의 소득 및 저축 변동을 연구한 결과가 있다. 2020년 3월 이후 총 6차례에 걸쳐 20만2,516명을 대상으로 벌인 설문조사를 분석한 내용이다.[1] 이 자료에 따르면 팬데믹으로 인한 경기 침체에 모두가 영향을 받았지만 피해의 크기는 계층별로 달랐다. 월 소득이 4,000스위스프랑(약 503만 원) 이하인 저소득 가구는 코로나19 이후 가계 소득이 평균 20퍼센트 줄었다. 반면 월 소득이 1만6,000프랑(약 2,011만 원) 이상인 고소득 가구는 평균 8퍼센트 감소하는 데 그쳤다.[2]

팬데믹 이후 1년 동안의 소비와 저축도 다른 양상을 보였다. 고소득층은 소비를 평균 16퍼센트 줄였는데 그 이유가 '돈을 쓸 기회가 없고 필요를 느끼지 못해서'였다. 관광길이 막히고 외식할 일이 없으니 관련 소비가 줄어든 것이다. 줄어든 소비는 저축액 증가로 이어졌다. 반면 저소득층의 소비는 12퍼센트 정도 줄었는데, '써야 했지만 쓸 돈이 없어서'라는 게 이유였다. 저소득층의 39퍼센트는 기존의 저축액을 덜어 생활비로 써야 했다고 답했다. 소비를 덜 하면서도 저축했던 돈을 써야 했다는 건 수입이 그만큼 줄었기 때문이다.

정치, 경제가 세계 어느 곳보다 높은 수준으로 발달하고 복지 체계도 잘 갖춰져 있다고 알려진 유럽에서도 불평등은 민감한 이슈다. 일부가 많은 부를 독점하고, 재분배를 위한 정치적, 법적 장치는 한계를 보인다. 어제오늘 일이 아니다. 코로나19가 그것을 가시화했을 뿐이다. 한 국가에서 상위 10퍼센트에 속하는 부자가 소유하고 있는 자국 내 부의 비율을 보자(다음 쪽 [표 11] 참고). 부의 소유에 따른 불평등은 미국이나 동아시아보다는 유럽이 조금 나은 편이다. 여러 나라에서 불평등은 시간이 흐르며 증가하는 추세다.

이 자료는 현재 2019년까지만 나와 있다. 코로나19가 휩쓸고 지나간 2020년 이후에 이 수치가 얼마나 변할지는 좀 더 기다려봐야 한다. 문제는 그래서 어떻게 할 것이냐다. 가진 사람들은 더 쉽게 벌고 못 가진 사람들은 더 구석으로 몰리는 상황에서, 다

141

[표 11] 상위 10퍼센트 부자가 소유한 국내 부의 비율[3]

	2000년	2010년	2019년
미국	43퍼센트	44퍼센트	45퍼센트
스위스	32퍼센트	34퍼센트	32퍼센트
스페인	34퍼센트	34퍼센트	35퍼센트
독일	32퍼센트	37퍼센트	38퍼센트
프랑스	33퍼센트	33퍼센트	32퍼센트
핀란드	34퍼센트	32퍼센트	33퍼센트
호주	31퍼센트	31퍼센트	34퍼센트
뉴질랜드	33퍼센트	31퍼센트	35퍼센트
한국	38퍼센트	44퍼센트	45퍼센트
중국	36퍼센트	43퍼센트	42퍼센트
일본	40퍼센트	43퍼센트	43퍼센트

자료: 세계불평등데이터베이스

142 들 연대를 얘기하지만 대체 그 연대를 어떻게 한단 말인가. 위에서 언급한 취리히연방공과대학 경제연구소의 얀-에그버트 슈툼 Jan-Egbert Sturm 소장은 '팬데믹연대세(pandemic solidarity tax)'를 제안했다. 2020년 10월 한 언론과의 인터뷰에서 주장한 것으로, 팬데믹 때 더 잘 나간 기업들에 특별 세금을 부과하자는 내용이다.[4] "모든 기업이 똑같이 상황이 나빠진 게 아니다. 일부 식품점이나 온라인 쇼핑몰, 제약회사 등은 위기 전보다 더 많이 벌었다. '위기의 위너들'에게 이익에 대한 세금을 더 높이 매기고, 그 돈을 '위기의 루저들'을 위해 사용하는 걸 고려해볼 수 있다"는 게 그의 말이다.

국가 위기 시에 이득을 본 사람들에게 세금을 더 물리자는 아이디어는 새로운 것이 아니다. 20세기 유럽 최대 위기였던 두 차례의 세계대전 때 이를 실행한 나라들이 여럿 있었다. 대표적인 게 영국이다. 1차 세계대전 당시 군수품이나 식료품을 취급하는 회사들이 수익을 많이 내자 영국 정부는 이들에 초과이득세(excess profits duty)를 매긴다. 전쟁 전의 평균 수익과 비교해 전쟁 중에 초과 수익을 올렸을 경우, 그에 대해 50퍼센트의 세금을 물렸다. 이 세제는 상황에 따라 40퍼센트에서 80퍼센트까지 세율을 변동시키며 1921년까지 성공적으로 운영됐다. 전쟁에 참여하지 않은 스위스도 비슷한 제도를 한시적으로 운영했다. 스위스 연방정부가 1차 세계대전 때 초과이득세로 올린 세수는 6억 7,000만 스위스프랑에 달했다. 2차 세계대전 때는 특별부유세(1940년, 1942년), 국방세(1941년), 판매세(1941년) 등을 부과했다.

한국에서도 유사한 아이디어가 나왔다. 2020년 11월 정의당 장혜영 의원이 '특별재난연대세' 도입을 위해 조례특례제한법 개정안을 발의했다. 향후 2년 동안 한시적으로 전년보다 소득이나 영업이익이 크게 늘어난 개인, 법인 등에 세금을 5퍼센트 더 부과하자는 것이다. 2021년 5월에는 더불어민주당 이상민 의원이 '사회연대특별세' 법안을 대표 발의했다. 3년 동안 한시적으로 소득세와 법인세를 7.5퍼센트 더 걷어서 코로나19로 타격을 입은 소상공인과 중소기업 노동자를 지원하자는 내용이다.

빈부 격차 해소 법안을 국민이 결정한다면

초과이득세, 팬데믹연대세, 위기이득세, 이름이 뭐가 됐든 증세를 통해 위기를 극복하자는 주장이 여러 나라에서 힘을 얻고 있다. 하지만 증세가 쉽지는 않을 것이다. 자신이 증세 대상에 포함이 되든 안 되든 대중은 정부의 증세 정책에 격렬히 반발한다. 증세뿐 아니라 최저임금, 기본 소득 같은 정책도 마찬가지다. 격차를 줄이기 위한 다양한 정책이 고안되지만 그에 대한 국민의 생각은 실제로 어떤지, 그것이 현장에서 실행 가능한지는 또 다른 얘기다.

그런 의미에서 최근 약 10년 동안 스위스에서 실시된 빈부 격차 해소 관련 국민투표 내용은 시사점이 크다. 우선 이런 파격적 안건이 국민투표에 부쳐지는 게 가능하다는 사실이 신기하고, 일면 포퓰리즘으로 보이는 안건들이 실제 투표에서 부결된 경우

[표 12]

투표 날짜	법안 이름	내용	결과
2013년 3월 3일	①천정부지 고액 연봉에 반대 (gegen die Abzockerei)	기업 임원 연봉을 결정할 때 주주들의 영향력 강화	가결 (찬성 68퍼센트)
2013년 11월 24일	②1:12-정의로운 임금을 위해 (1:12-Für gerechte Löhne)	한 회사 안에서 최고 임금을 최저임금의 12배까지로 제한	부결 (반대 65퍼센트)
2014년 5월 18일	③더 공정한 임금을 지키기 위해 (Für den Schutz fairer Löhne)	법정 최저임금을 시간당 22스위스프랑으로 설정	부결 (반대 76퍼센트)
2014년 11월 30일	④백만장자를 위한 세금 특혜 중지 (Schluss mit den Steuerprivilegien für Millionäre)	부유한 외국인을 위한 세금 우대 조치(정액세) 중단	부결 (반대 59퍼센트)
2015년 6월 14일	⑤수백만 유산을 우리의 노령연금으로 (Millionen-Erbschaften besteuern für unsere AHV)	200만 스위스프랑 이상의 상속 재산에 대해 20퍼센트 상속세 부과하고 세수를 국민 노령연금 펀드에 투자	부결 (반대 71퍼센트)
2016년 6월 5일	⑥무조건적 기본 소득을 위하여 (Für ein bedingungsloses Grundeinkommen)	매월 성인 2,500스위스프랑, 미성년자 650스위스프랑의 기본 소득 지급	부결 (반대 77퍼센트)

자료: swissvotes.ch

144

가 많다는 것도 놀랍다. [표 12]는 주요 내용과 투표 결과를 정리한 것이다.

정당한 임금은 어떻게 결정되는가

내용을 좀 더 자세히 살펴보자. 1번과 2번은 둘 다 기업 임원의 고액 연봉에 대한 내용이고 같은 해에 치러진 투표다. 하나는 통과되고 하나는 부결됐다. 1번은 기업의 임원 연봉을 정할 때 주주들이 거부권(비토권)을 행사할 수 있다는 내용이다. 2번은 당시 '1대12 법안'이라고 불리며 스위스 밖에서도 큰 관심을 모았다. 예를 들어 한 회사 안에서 돈을 제일 많이 받는 CEO의 연봉과 돈을 제일 적게 받는 신입 사원의 연봉이 12배 이상 차이 나면 안 된다는 것이다.

실제 기업에서 최고 연봉과 최저 연봉의 차이는 얼마나 될까. 스위스노동조합(Unia)이 2018년에 37개 주요 기업의 임금 차이를 공개했다. 임금 격차 1위는 제약업체 로슈로, 당시 CEO 세버린 슈반의 연봉은 1,510만 스위스프랑(약 190억 원)이었다. 이것은 로슈 직원 최저 연봉의 308배에 달하는 금액이다. 2위는 은행 UBS였다. CEO 세르지오 에르모티의 연봉은 UBS 최저 연봉 직원보다 241배 많았다. 308배, 241배는 너무 큰 차이니까 이것을 12배로 제한하자는 게 1대12 법안 내용이었다. 당시 스위스 거리 곳곳에 이 법안 홍보 포스터가 붙었는데, 빨간 바탕에 큰 숫자로 '1:12'라고 쓰여 있었다. 아마도 지지자에게는 유토피아의 상징으로, 반대자에게는 전체주의의 상징으로 보였을 것이다. 나는 지지와 반대를 떠나서 이런 투표가 가능하다는 것 자체에 충격을 받았다.

　1대12 법안이 부결된 주된 이유 중 하나는 임금을 결정하는 데 국가가 개입해선 안 된다는 반발 때문이었다. 기업 임원의 연봉이 지나치게 많다는 문제의식은 공유하면서도 그 조절은 국가가 아닌 기업 자체적으로 해야 한다는 의견이 많았다. CEO의 연봉을 정치적 결정으로 제한할 경우 그것이 국가 경제에 미칠 악영향이나 국제 사회에서 스위스의 평판이 추락할 위험도 변수였을 것이다. 해외 언론은 투표 결과에 큰 반응을 보였다. 미국의 《월스트리트저널》은 '평등주의자들의 신기루를 거부한 것은 스위스 민주주의 지혜의 완전한 승리'라고 했고, 오스트리아의《디

스위스사회민주당(SP)이 만든 1대12 법안 찬성 포스터. 큰 글씨로 "1:12는 충분하다", 작은 글씨로 "소수가 아닌 다수를 위하여"라고 쓰여 있다.

1대12 법안 찬성 측 포스터. "12배 많은 임금은 충분하다"라고 쓰여 있고, 한쪽엔 햄버거 하나, 다른 쪽엔 햄버거 12개가 놓여 있다. 적게 먹는 사람이 1개 먹을 때 많이 먹는 사람이 12개 먹으면 충분한 것 아니냐, 그 이상은 과하다는 의미다. (출처: emuseum.ch)

프레세Die Presse》는 '스위스는 유럽에서 유일하게 민주주의 이름에 걸맞은 나라'라고 평가했다.

[표 12] 세 번째 최저임금 법안을 보자. 연방정부 차원에서 법정 최저임금을 시간당 22스위스프랑(약 2만8,000원)으로 하자는 안건이 투표자 76퍼센트의 반대로 부결됐다. 이에 대해 당시 한국 언론은 '세계 최고 수준의 최저임금이라 비현실적이고 부담이 커서 부결된 것'이라는 논지로 주로 보도했다. 틀린 말은 아니지만 핵심은 아니다. 물가가 세계 최고인 나라에서는 최저임금도 세계 최고 수준으로 설정돼야 하는 게 맞다. 시간당 22스위스프랑이 비현실적인 금액도 아니다. 법정 근로시간만큼 일했을 때 겨우 최저생계비를 맞출 수 있는 수준이다. 최저임금이 정해져 있지 않은 취리히에서 스타벅스나 맥도날드에서 아르바이트를 해도 이 정도를 받는다.

그러면 국민 대다수가 이 법안에 반대한 이유는 뭘까. '최저임금은 고용주와 근로자 사이에 노사단체협약(Collective Bargaining Agreement, CBA)에 의해서, 또는 칸톤 정부가 정하도록 놔둬야지 연방 정부가 개입하면 안 된다'는 의견이 많았다. 최저임금이 아니라 정부 개입에 대한 반대라고 봐야 한다. 실제로 일부 칸톤은 이미 자체적으로 최저임금을 정해 시행 중이다. 칸톤 뇌샤텔Neuchâtel과 칸톤 유라Jura가 시간당 20스위스프랑의 최저임금법을 통과시켜 시행 중인 데 이어, 2020년 말에는 칸톤 제네바에서 시간당 23스위스프랑(약 2만9,000원)의 최저임금법이 통과됐다. 26개 스위스 칸톤 중에 세 개가 이미 법정 최저임금을 시행하고 있는 것이다. 앞으로 다른 칸톤에서도 관련 투표가 줄줄이 예정

147

돼 있다. 스위스 국민 상당수는 연방 정부가 일괄적으로 최저임금을 정하는 데 반발하는 것일 뿐 최저임금 자체를 반대하는 건 아니라고 할 수 있다.

그렇다고 위 3개 칸톤 외에 다른 23개 칸톤에서도 알아서 잘 최저임금을 정할 것이라고 장담하긴 어렵다. 스위스에서 노동조합에 속한 근로자는 20퍼센트에 그치고, 노사협약에 의해 정해진 최저임금의 적용을 받는 근로자 비율은 절반이 채 되지 않는다. 스웨덴과 비교해보자. 스웨덴에서는 근로자의 75퍼센트가 노동조합에 들어가 있고 90퍼센트는 노사협약으로 정해진 최저임금에 의해 보호를 받는다. 상황이 이렇기 때문에, 스위스에서 법정 최저임금이 없는 칸톤에 사는 사람 중엔 사실상 풀타임으로 일해도 최저생계비를 벌기 어려운 경우가 많다. 스위스 전체 풀타임 근로자 중 월 4,000스위스프랑(약 502만 원, 4인 가구 최저생

148

[표 13] OECD 주요 회원국의 시간당 실질 최저임금(달러)

① 호주	12.6
② 룩셈부르크	12.5
③ 프랑스	12.1
④ 독일	11.8
⑤ 뉴질랜드	11.0
영국	10.5
⑪ 한국	8.6
스페인	8.6
일본	8.0(*2018년 자료)
미국	7.3
포르투갈	6.3

자료: OECD

계비) 이하로 버는 비율이 11.5퍼센트다.

다른 나라에서 최저임금은 어떻게 정해져 있을까. 27개 유럽연합 회원국 중 21개 국가가 법정 최저임금 제도를 시행하고 있다. 37개 OECD 회원국 중에선 32개국에 법정 최저임금이 있다. [표 13]은 그중 주요 국가의 시간당 실질 최저임금(달러)이다. 구매력평가지수(PPP)를 적용한 2019년 자료이고, 나라 이름 앞의 숫자는 OECD 국가 중 순위다.[5]

스위스는 법정 최저임금이 없으니 이 표에 들어가 있지 않지만, 국민투표에 부쳐졌던 스위스의 시간당 최저임금 22스위스프랑을 당시 PPP로 환산하면 14달러다. 만약 2014년에 최저임금법이 통과됐다면 스위스는 호주와 룩셈부르크를 제치고 세계 1위의 최저임금 국가가 됐을 것이다.

149

증세가 답인가

[표 12]의 네 번째 '백만장자를 위한 세금 특혜 중지'는 부자들을 위한 정액세 폐지 법안이다. 스위스에는 세금 천국을 찾아 이민 오는 '슈퍼 리치'들이 많다. '정액세(Pauschalbesteuerung)' 제도 때문인데, 정액세란 스위스에 살긴 하되 스위스에서 고용되지 않은 외국인을 대상으로 소득 금액과 상관없이 지출 금액에 소득세를 부과하는 제도다. 면세나 다름없는 혜택이라고 할 수 있다. 그런 정액세를 폐지하고 슈퍼 리치들에게 높은 세금을 물리자는 이 안건은 언뜻 생각하면 대중의 열렬한 호응을 받았을 것 같다. 그러나 국민투표 결과 반대 59퍼센트로 부결됐다. 이 역시 들여다보면 최저임금 제도와 비슷한 면이 있다. 연방 정부 차원의 정

액세 폐지에는 과반수가 반대했지만, 취리히 등 5개 칸톤에서는
이미 자체적으로 정액세를 없앴기 때문이다. 슈퍼 리치 관리가
필요하지만, 정부가 개입하지 말고 칸톤이 알아서 하도록 놔두
라는 뜻일 테다. 또 한편으로는 정액세를 폐지함으로써 슈퍼 리
치들이 지역을 떠났을 때 생길 경제적 손실을 우려하는 목소리
도 있었다.

[표 12]의 다섯 번째는 상속세 법안이다. 현재 각 칸톤이 걷
고 있는 상속세를 향후 연방 정부가 걷고, 200만 스위스프랑(약
25억 원) 이상의 부동산 상속분에 대해 20퍼센트의 기본 세율을

정액세 폐지 법안 찬성 측 포스터. "정액세
폐지에 찬성을. 외국인 백만장자를 위한
특권은 없다. 2014년 11월 30일 투표"라고
쓰여 있다. 고급 안락의자와 샹들리에는
부유한 외국인들이 스위스에서 누리는 세제
혜택을 뜻한다. (출처: swissvotes.ch)

정액세 폐지 법안 반대 측 포스터.
"자책골에 반대! 연방 정부의 세금
독재?"라고 쓰여 있다. 연방 차원의 일괄적
정액세 폐지를 자책골에 비유했다. 세제
혜택을 없애면 부자들이 떠날 것이고, 그
경제적 손실은 결국 지역 주민 스스로에게
돌아온다는 뜻을 담고 있다. (출처:
swissvotes.ch)

적용한다는 내용이다. 그렇게 추가로 생기는 연간 30억 스위스 프랑의 세수 중 3분의 2를 모든 국민이 의무적으로 가입하는 노령연금펀드(AHV)에 넣자고 했다. 경제계에서는 이 법안이 통과될 경우 중소기업, 그리고 대를 이어 가업으로 내려오는 소규모 가게들이 다 망할 거라고 반대했다. 다른 법안들과 마찬가지로 칸톤의 과세 권한을 연방 정부에 넘긴다는 점에도 반발이 심했다. 결국 부결됐다. 전 세계의 이목을 스위스에 집중시켰던 [표 12]의 여섯 번째 기본 소득 법안은 다음 장에서 별도로 자세히 설명한다.

상속세 법안 반대 측 포스터.
1952년부터 2015년까지 이어져온 에어만Ehrmann가의 페인트칠 사업장 간판과 함께 "가업을 위태롭게 하지 말라!"라고 쓰여 있다. (출처: swissvotes.ch)

정리해보면, 최근 10년간 스위스에서 빈부 격차를 줄이려는 의도로 국민에 의해 제안되고 투표에 부쳐진 법안 대부분이 부결됐다. 부자에게 세금을 더 걷자, 보통 사람의 임금을 더 올리자, 이런 주장이 대중의 큰 지지를 받을 것 같지만 실제 투표 결과는 그렇지 않았다. 이것은 앞에서 설명했듯이 연방 정부에 권력이 집중되는 것을 싫어하고 칸톤 자치를 중시하는 스위스 정치의 특성이 한 가지 이유다. 또한 1848년 이래 수많은 결정을 국민투표로 내려온 스위스 국민이, 눈앞의 이익에 따라 즉흥적으로 투표를 할 때 어떤 결과를 감당해야 하는지 경험적으로 알고 있기 때문이라고도 생각한다.

그러나 결과 못지않게 중요한 것이 국민투표가 이뤄지기까지의 과정이다. 위에 소개한 여섯 건의 국민투표는 정확히 말하자면 모두 헌법 개정을 위한 '국민제안'에 속하는 것으로, 투표에 부치기 위해 지지자 10만 명의 서명을 받아야 하는 것들이다. 10만 명이 서명하고, 캠페인 기간에 찬반 양측이 홍보하고, 국민 열 명 중 네다섯 명(평균 투표율이 이렇다)이 자신의 표를 던지는 과정을 거치면서 스위스인들은 빈부 격차와 불평등 문제에 대해 숙고하는 기회를 가졌을 것이다. 겉으로 평화로워 보이기만 하는 이 나라에서, 확성기나 몸싸움 없이도 이미 불평등에 맞서는 소리 없는 싸움이 진행 중이다.

10장
유럽의 불평등 2 ― 구걸할 권리

스위스에는 거지가 없다?

'불평등에 맞서는 소리 없는 싸움'만 있으면 좋겠으나, 현실은
그렇지 않다. '불평등을 숨기려는 소리 없는 싸움'도 있다.

스위스 북부 도시 바젤Basel이 2020년 4월부터 특이한 정책
을 시행하고 있다. 바젤에 상주하는 걸인들에게 유럽 내 어디로든
갈 수 있는 기차표와 현금 20스위스프랑(약 2만5,000원)을 제공하
는 것이다. 원하는 걸인 누구나 이 혜택(?)을 받을 수 있다. 단, 조
건이 있다. 떠난 뒤 스위스로 다시 돌아오지 않겠다는 동의서에
서명을 해야 한다. 만약 다시 스위스로 온 것이 발각되면 즉시 국
외로 추방된다. 정책 시행 약 한 달 만에 바젤의 걸인 31명이 이 제
안을 수용해 스위스를 떠났다. 국적별로 보면 루마니아(14명), 벨
기에(7명), 독일(7명) 등 모두 스위스가 아닌 외국 출신이다. 걸인
에게 약간의 지원까지 하면서 자발적으로 도시를 떠나도록 하는
이유가 뭘까. 바젤의 이 정책 뒤에는 좀 복잡한 배경이 있다.

2011년으로 거슬러 올라가보자. 스위스 서부 도시 제네바에
서 일어난 일이다. 루마니아 출신인 19세의 집시 여성이 거리에

153

서 구걸을 했다. 이 여성은 직업도, 받을 수 있는 사회복지 혜택도 없었다. 문맹이어서 일자리 찾는 게 쉽지 않았고 가족의 금전적 지원도 전혀 없었다. 극빈층인 이 여성에게 구걸은 생계를 유지하는 길이었다. 문제는 제네바가 2008년 이후 공공장소에서의 구걸을 법으로 금지했다는 점이다. 스위스의 26개 칸톤은 각기 법이 다른데, 제네바를 포함해 절반 이상이 현재 구걸을 법으로 금지하고 있다. 경찰은 이 집시 여성에게 3년 동안 9차례에 걸쳐 매번 100스위스프랑(약 12만 원)씩 벌금을 청구했다. 여성은 (당연히) 벌금을 내지 못한다. 2014년 1월, 경찰은 한 번에 벌금 500스위스프랑을 청구한다. 이번에도 벌금을 못 낸 여성은 5일 동안 구치소에 수감된다.

154

벌금 못 낸 걸인이 구금된 이 일은 당시 큰 이슈가 됐다. 이른바 '빈곤의 범죄화'가 법적으로, 윤리적으로 용납될 수 있는지를 놓고 찬반 논쟁이 격렬했다. 구걸금지법에 반대하는 시민단체의 청원에 의해 이 사건은 칸톤 법원, 그리고 스위스 최고 법원인 연방 법원까지 올라갔다. 하지만 문제없는 것으로 결론이 났다. 그러자 이 사건은 유럽인권재판소(European Court of Human Rights, ECHR)에 회부됐고, 2021년 1월 19일 결정이 내려졌다. 유럽인권재판소는 스위스 정부가 유럽인권협약 제8조(사생활과 가족의 권리)를 위반했다며 이 집시 여성에게 992유로(약 134만 원)를 배상하라는 명령을 내렸다. 판결 내용을 보자. "명백히 취약한 상황에 놓인 당사자는, 자신의 고통을 표현하고 자신의 상황을 구걸을 통해 해결하려고 시도함으로써 인간의 위엄을 지킬 권리가 있다".[6]

이것은 유럽인권재판소가 구걸 행위를 인권으로 인식한 최초의 사례라는 점에서 의미 있는 판결이다. 앞으로 스위스는 물론이고 유럽 전역에서 구걸금지법에 대해 재고해야 할 것이다. 앞서 소개한 바젤의 정책은 이 판결 이후 시행된 것이다. 기차표 제공은 걸인을 감옥에 가둘 수 없으니 대신 다른 나라로 내쫓기 위한 우회 전략인 셈이다.

구걸이 공익적인 이유

유럽인권재판소의 결정과 별개로, 현실에서 과연 구걸은 인권인가. 일단 한국에서는 아니다. 스위스의 많은 칸톤과 마찬가지로 한국에서도 구걸 행위는 불법이다. 2012년에 통과되어 2013년 3월 시행된 경범죄처벌법 개정안 제3조 1항 18호에 따르면, '다른 사람에게 구걸하도록 시켜 올바르지 아니한 이익을 얻은 사람 또는 공공장소에서 구걸을 하여 다른 사람의 통행을 방해하거나 귀찮게 한 사람'은 10만 원 이하의 벌금, 구류, 또는 과료의 형으로 처벌한다. 개정 이전의 경범죄처벌법은 다른 사람에게 구걸을 시켜 부당한 이익을 얻은 사람만 처벌 대상으로 한정했는데, 개정안에서 스스로 구걸하는 행위까지 범죄화했다. 자발적 구걸 행위가 처벌 대상이 된 것은 대한민국 역사상 처음이었다.

개정안이 통과된 2012년 강릉원주대 김지혜 교수(당시 헌법재판소 헌법연구원)가 서울대《법학》지에 실은 논문 〈구걸 행위 금지 조항의 위헌성-미국 주요 판례를 통한 비교법적 고찰〉은 구걸 행위를 처벌하는 법 조항의 문제점을 미국 연방 법원 판례를 들어 세 가지로 설명한다.[7] 첫째, 이 조항이 정확히 무엇을 금지하는지 알기 어렵고, 이를 통해 자의적인 체포와 유죄판결이 가능해진다(모호성에 기한 무효). 둘째, 구걸 행위도 표현의 한 형태로, 본질적으로 기부 금품 모집 행위와 다르지 않다(표현의자유). 셋째, 국가가 범죄화하는 대상에는 한계가 있으며, 어떤 행위가 아닌 (빈곤하다는) 존재 자체를 처벌할 수는 없다(잔혹하고 이상한 형벌 금지).

이처럼 구걸 금지 조항은 유럽에서나 한국에서나 미국에서나 법률적 허점이 있다. 그러나 구걸금지법을 지지하는 세력은 사람들의 마음에 의심을 일으킨다. 스위스에서 구걸금지법을 밀어붙이고 있는 스위스국민당은 구걸 행위가 '조직화'되어 있다고 주장한다. 걸인들 뒤에 이들을 착취하는 조직이 있기 때문에 구걸을 순수한 도움 요청이라고 볼 수 없고, 적선은 범죄 조직을 돕는 행위라는 것이다. 그럴듯한 주장이지만 근거는 없다. 2012년 한 스위스 칸톤에서 걸인들이 조직을 이루고 있는지 전문가들이 조사해 보고서를 냈는데, 결론은 조직범죄가 아니라는 거였다.

구걸의 범죄화에 반대하는 쪽은 주로 자유를 근거로 내세운다. 사생활의 자유, 표현의자유, 경제활동의 자유 등이다. 김지혜 교수는 앞에서 언급한 논문에서 이렇게 쓰고 있다. "구걸 행위를 개인적인 곤궁이나 필요를 표현하는 것인 동시에 적극적인 사회적, 정치적 표현 행위, 즉 사회문제로서 빈곤의 현실을 가시적으로 드러내는 것이라고 본다면, 그 내용이 공익을 포함한다고 보아 더욱 적극적인 보호를 받게 된다." 여기서 '공익'이라는 표현이 흥미롭다. 걸인이 스스로의 빈곤을 표현하는 것이 사회 전체에 도움이 된다는 거다. 스위스에서 구걸금지법 반대 운동을 이끄는 변호사 샤비에르 루블리는 이렇게 말한다. "거리에 앉아 있는 걸인들은 메시지를 전한다. 비록 행인들을 방해하고 귀찮게 하더라도, 그 행인들의 마음속에 무엇이 문제인지 질문을 일으키고 토론을 유발한다." 걸인이 사라진 공공장소는 깨끗하고 안전해 보이겠지만, 그렇다고 빈곤이라는 사회문제가 사라진 건 아니다. 더 어두운 곳에 숨겨졌을 뿐이다. 숨겨진 문제는 해결할 수 없다. 구걸 행위는 빈곤이라는 사회문제를 드러냄으로써 해결의 실마리를 제공한다. 그래서 공익적이다. 이 지점에서 구걸과 함께 거론되는 사회문제가 노숙(홈리스)이다.

홈리스가 드러낸 주거비 과부담 문제

'홈리스와 협력하는 유럽 국가조직 연합(FEANTSA)'은 유럽에서 홈리스 문제를 집중적으로 다루는 유일한 비정부기구다. FEANTSA의 2021년 2월 보고서에 따르면 유럽 전역의 홈리스는 약 70만 명으로 추산된다(단 하루라도 노숙한 사람 포함). 지난 10년 동안 70퍼센트 증가한 수치다. 유럽 대부분의 나라에서 홈리스는 계속 늘어나고 있다. 숫자가 감소 중인 나라는 딱 하나, 핀란드뿐이다. 앞서 구걸 행위는 빈곤이라는 사회문제를 가시화한다고 했다. 홈리스는 빈곤 중에서도 특히 주거 빈곤 문제를 드러낸다. 구체적으로 말하면 '주거비 과부담'이다. FEANTSA에 따르면 소득의 40퍼센트 이상을 월세 등 주거 비용으로 지출할 경우 주거비 과부담에 해당한다. 유럽연합 회원국에 속한 가구의 약 10퍼센트가 주거비 과부담 문제를 갖고 있다. 저소득층으로 한정하면 이 비율은 40퍼센트까지 올라간다. 가난한 사람들일수록 소득에서 주거비가 차지하는 비중이 더 크다는 뜻이다. 유럽연합 내에서 비교적 가난한 그리스건, 잘 사는 덴마크건, 이 현상은 크게 다르지 않다.

홈리스라는 오래된 사회문제가 그 존재감을 확연히 드러낸 것이 코로나19 팬데믹이다. 재택근무, 거리두기 같은 팬데믹의 기본 원칙이 노숙자에게는 적용될 수 없다. 2020년 10월 국경없는의사회가 파리 시내와 근교의 노숙자 쉼터에서 코로나19 항체 테스트를 한 결과, 노숙자의 절반 이상이 코로나에 걸렸거나 이전에 걸린 적이 있는 것으로 나타났다. 각국 정부가 마냥 손 놓고 있었던 것은 아니다. 영국 런던에서는 1차 유행기였던 2020년 3월에 호텔 객실 300개를 노숙자들의 자가 격리 시설로 제공했다(당시 런던의 노숙자는 약 9,000명으로 추산). 유럽의회는 2020년 4월 재택근무로 비게 된 의회 건물 중 하나를 노숙자를 위해 제공했다. 하지만 이런 시도는 다 일시적인 것들이다. 재택근무가 끝나고 관광이 재개되면서 의회 건물과 호텔들은 제 용도를 다시 찾았다. 게다가 홈리스는 팬데믹 이전보다 더 늘어났다. 코로나19로 경제가 악화되면서 프랑스에서만 100만 명이 새롭게 빈곤층에 포함됐다.

핀란드 사례가 주목받는 건 이런 상황 때문이다. 앞서 썼듯이 핀란드는 유럽에서 유일하게 노숙자 숫자가 줄어들고 있는 나라다. 핀란드에는 1987년만 해도 노숙자가 1만8,000명 이상 있었다. 이 숫자는 2016년 7,000명까지 떨어진다. 그사이에 무슨 일이 있었던 걸까. 다른 나라와 구별됐던 핀란드의 정책은 '주택 우선(housing first)'이다. 노숙자들 상당수는 재정, 건강, 중독 같은 문제를 안고 산다. 보통은 이것들이 먼저 해결되어야 홈리스 생활을 청산할 수 있을 거라고 본다. 핀란드 정부는 반대로 접근했다. 조건을 따지지 않고 집을 먼저 제공했다. 정부에서 프로젝트를 수주받아 실행하는 홈리스 지원단체 'Y재단'은 땅값이 싼 곳에 날림으로 지은 집이 아닌, 일자리를 구하기 쉬운 도시의 번듯한 주택을 노숙자들에게 지원했다. 결과는 성공적이었다. "쉼터는 비바람을 막아주는 역할을 하지만 그뿐이다. 품위 있는 삶을 살려면 쉼터가 아니라 집이 필요하다. 주택은 기본 인권이다. (중독 같은) 개인의 문제를 해결하는 건 그 다음이다."(Y재단 대표 유하 카키넨)

헝가리 수도 부다페스트Budapest도 노숙자가 눈에 띄지 않는 건 핀란드 헬싱키Helsinki와 비슷하다. 그러나 이유는 정반대다. 2018년 10월부터 시행된 법에 따라 노숙이 불법이기 때문이다. 노숙자를 지원하는 헝가리 시민단체에 따르면 이 법 시행 후 노숙자들이 얼어 죽을 위험을 무릅쓰고 근교 숲에서 지낸다. 예전에는 어디를 가면 노숙자를 만나 도움을 줄 수 있는지 알았지만, 지금은 다 숨어서 도움을 줄 수도 없다고 한다.

연구자들의 주장을 종합하면, 구걸이나 노숙을 금지하는 건 개인의 자유를 침범하고 헌법 정신에 어긋난다. 결정적으로 사회문제를 숨김으로써 해결을 어렵게 한다. "눈에 보이는 게 보이지 않는 것보다 나은 거야. 숨어 있는 게 더 위험하고 무서운 거란다." 영화 〈미나리〉에서 할머니 순자(윤여정)가 뱀에게 돌을 던져 쫓으려는 손자에게 하는 말이다. 물론 걸인이나 노숙자를 뱀 같은 위험에 비유할 순 없다. 하지만 이들은 불평등이라는 사회의

159

구조적 문제를 맨 앞에서 드러내는 존재고, 그 존재를 쫓아내는 게 아니라 직시하는 것이 문제 해결의 출발이다.

11장
기본 소득, 결론이 아니라 실험이 필요하다

국제구호개발기구 옥스팜Oxfam이 2021년 1월 발간한 〈불평등
바이러스(The Inequality Virus)〉 보고서[8]에 따르면, 지난 20년 동
안 감소 추세이던 전 세계 빈곤이 코로나19를 계기로 다시 증가
하기 시작했다. 이 상태로 방치하면 2030년에는 하루에 5.5달러
미만으로 생활하는 빈곤 인구가 5억1,000만 명 이상으로 늘어
날 전망이다. 바이러스는 사람을 가리지 않지만, 바이러스로 인
한 경제적 타격은 사람을 가린다. 스위스 은행인 크레디스위스
Crédit Suisse가 2020년 10월 발간한 〈세계 부 보고서(Global Wealth
Report)〉[9]에 따르면 부자들은 경제 위기에서도 빠르게 벗어났다.
WHO가 팬데믹을 선언하기 직전인 2020년 2월에 최상위 억만
장자 1,000명이 소유한 부를 100퍼센트라고 봤을 때, 이들의 재
산은 3월에 70.3퍼센트로 줄었으나 같은 해 11월 말에는 99.9퍼
센트까지 늘어났다. 손실을 회복하는 데는 9개월이면 충분했다.
  옥스팜 보고서는 팬데믹 동안 가장 많은 수익을 올린 32개
글로벌 기업의 초과이윤에 임시 세금을 부과하는 대안을 제시한
다. 그렇게 마련된 1,040억 달러는 중·저소득 국가의 모든 근로

자에게 실업수당을 제공하고 모든 저소득층 아동과 노인에게 재정적 지원을 제공하는 데 충분한 금액이다. 하지만 그 32개 기업이 초과이윤을 선뜻 내놓을 리도 없고, 그걸 강제할 법적 근거도 없다. 돈이 있다고 빈곤 문제가 절로 해결되지는 않는다. 한쪽에서는 식량이 남아돌아 버리는데 다른 쪽에선 기아로 사망하는 사람들이 있듯이, 핵심은 생산이 아니라 분배다. 새로운 시대에는 새로운 분배 시스템이 필요하다. 기본 소득, 최저임금, 격차를 줄이기 위한 새로운 세제 등을 놓고 다시 활발한 논의가 벌어지는 이유다. 여러 분배 방식 중에서도 가장 뜨거운 감자는 기본 소득이다.

기본 소득—왜, 어떻게

사방이 빈틈없이 스크린으로 가득 찬 작은 방에서 남자가 자고 있다. 아침이 되자 스크린에 수탉이 나타나 남자를 깨운다. 스크린에는 그가 가진 '메리트(가상 화폐)'가 표시돼 있다. 양치질하려 치약을 짜내자 메리트가 조금 줄어든다. 남자가 가는 곳은 실내 자전거로 가득한 또 다른 방이다. 이미 그처럼 아래위에 회색 운동복을 입은 사람들이 앞에 설치된 스크린을 보며 열심히 페달을 밟고 있다. 밟으면 밟을수록 메리트가 늘어난다. 점심때가 되자 사람들은 자동판매기에서 메리트를 내고 음식을 사 먹는다. 생필품을 사는 데 필요한 메리트를 얻는 방법은 자전거 페달을 밟는 것뿐이다. 그 외 일상은 온종일 그들을 따라다니는 스크린을 보는 것인데, 광고를 보지 않으면 메리트가 깎인다. 이 힘들고 무의미한 생활에서 벗어나는 길은 단 하나, TV 오디션 프로그램에 나가 심사위원의 눈에 드는 것이다.

영국 사이언스 픽션 드라마 〈블랙 미러〉의 에피소드 중 하나 인 〈핫 샷〉의 도입부다. 2011년에 처음 공개된 뒤 인터넷에서 이 드라마를 놓고 난데없이 기본 소득 논쟁이 벌어졌다. 관련 내용이 나온 것도 아닌데 기본 소득이 화제가 된 건, 드라마가 그리고 있 는 가까운 미래의 모습이 기본 소득이 필요한 이유를 제공하기 때 문이다. 일상의 모든 것이 자동화된 세상에서 인간의 노동은 더 이상 가치가 없다. 오디션 프로그램 심사위원이나 연예인 같은 극 소수의 사람을 제외한 대부분은 자전거 페달을 밟고 자판기 음식 으로 연명한다. 불평등이 극단화된 세상이 유지되는 방법이다.

자동화로 인한 일자리 감소는 이미 한창 진행 중이다. '취업 계수'란 생산에 필요한 노동량을 나타내는 수치다. 일정 기간 투 입된 취업자를 실질 산출액(10억 단위)으로 나눈 것이다. 취업 계 수가 낮아진다는 건 같은 양을 생산하는 데 필요한 노동량이 줄 어든다는 뜻이다. 기술이 발달하고 생산 설비가 자동화되면 취업 계수는 하락한다. 한국 산업연구원이 발표한 통계를 보면, 전체 산업 취업 계수가 1995년 20.44에서 2018년 5.65로 꾸준히 낮아 졌다. 하락 정도는 산업 분야마다 다른데, 자동화 영향을 많이 받 은 제조업의 하락 정도가 크고 서비스업은 낮은 편이다. 취업 계 수 하락은 생산의 효율성이 증가한다는 면에서 발전이지만, 갈 곳 없어진 노동자에겐 비극이다.

이 흐름은 돌이킬 수 없다. 일자리를 늘리겠다는 정치인들 의 약속은 실현 가능성도 작지만 흐름에 반하는 것이기도 하다. 예전에 100명이 하던 일을 앞으로 10명이 충분히 해낼 수 있다면 나머지 90명의 삶은 어떻게 변할 것인가. 〈핫 샷〉에 묘사된 디스토피아가 눈앞에 다가왔다. 그래서 제시되는 대안이 기본 소득이다. 특히 예상치 못한 코로나19 팬데믹으로 수많은 사람이 한꺼번에 일자리를 잃으면서 기본 소득 논의가 더 활발해졌다.

현재 논의되는 기본 소득의 스펙트럼은 다소 추상적이고 광범위하다. 인간의 자유와 존엄성을 강조하는 우파부터 생산과 소비를 줄여야 한다는 생태주의 좌파까지 다양한 정치 세력이 기본 소득에 대한 입장을 내놓고 있다. 우선 널리 통용되는 기본 소득의 조건은 다음과 같다.

①가족 단위가 아닌 개인에게 지급한다(개별성). 가구당 지급할 경우 여성이나 미성년자가 의존적 상태에 처할 수 있다.

②소유 재산이나 소득과 관계없이 누구에게나 같은 액수를 보편적으로 지급한다(보편성). 재산과 소득을 조사하고 자격을 심사하는 과정에서 엄청난 행정 인력과 비용이 소모된다. 보편 지급을 통해 그 낭비를 막을 수 있다. 가난을 분류함으로써 생기는 낙인 효과도 방지할 수 있다.

③구직 활동 등 조건과 관계없이 지급한다(무조건성). 그래야 수당을 받는 조건을 유지하려고 일부러 구직 활동을 하지 않는 역효과를 막을 수 있다.

④바우처나 현물이 아닌 현금으로 지급한다(현금성).

네 가지 조건을 모두 만족시키는 완벽한 의미의 기본 소득은 찾아보기 어렵다. 그나마 가장 가까운 것은 미국 알래스카주에서 시행하는 '영구 기금 공채 배당금'이다. 1974~1982년 알래스카 주지사를 지낸 제이 해먼드Jay Hammond는 알래스카에서 발견되는 천연자원의 수익이 거주민에게 돌아가도록 하기 위해 '알래스카 영구기금법(Alaska Permanent Fund)'을 입안한다. 석유 시추로 수익이 발생하자, 그 수익금을 1982년부터 매년 한 차례 거주민에게 배당한다. 여기서 거주민이란 '알래스카에서 1년 이상 거주했고 이후 지속해서 거주하기로 한 미국 시민권자'로, 평가 기간(거주 첫 1년)에 범죄를 저지르지 않는 이상 배당금을 받기 위한 다른 조건은 없다. 영구 기금은 투자, 운용이 잘 되어 지속해서 증가하고 있는데, 주민 1인당 받은 금액은 지금까지 평균 매년 1,600달러, 역대 최고 배당금은 2,072달러(2015년)였다. 이 제도를 추진한 해먼드 주지사는 공화당 출신의 전형적인 시장주의자였다. 석유가 알래스카에 속한 자원이니 그 이익도 미국 정부가 아닌 알래스카 주민에게 돌아가야 한다는 우파적 주장이다. 기본 소득 논의를 주도하는 게 좌파라고 생각하기 쉽지만, 현재 기본 소득의 사전적 정의에 가장 가까운 모델이 우파의 정책이라는 점은 흥미롭다.

여러 나라의 기본 소득 실험

핀란드에서는 2017년 1월부터 2년 동안 기본 소득 지급 실험을 했다. 정부의 실업 급여를 받는 사람들을 두 그룹으로 나눴다. 한 그룹은 기존의 실업 급여를 계속 받으면서 일정 소득 이상을 버는 일자리를 구할 경우 급여 지급이 중단되도록 했다(조건부 실업 급여 그룹). 다른 그룹은 아무 조건 없이 매달 560유로(약 76만 원)

의 기본 소득을 받도록 했다(기본 소득 그룹). '고용 효과'를 보는
게 이 실험의 주요 목적이었다. 핀란드 정부는 조건부 실업 급여
그룹이 혜택을 계속 받기 위해 일부러 고용을 회피할 것이고, 기
본 소득 그룹은 더 많은 소득을 얻기 위해 적극적으로 일자리를
구할 것이라고 예측했었다. 하지만 결과적으로 기본 소득 그룹
이 실업 급여 그룹보다 2년 동안 약 5일(8퍼센트) 더 고용 일수
가 많은 데 불과해서 효과가 기대에 미치지 않았다. 그보다는 기
본 소득 그룹의 심리적 만족도, 지역사회 참여도, 대정부 신뢰도
등이 높은 것으로 나타나 다른 가능성을 제시했다.

스위스에서는 2016년 6월 5일 기본 소득 법안이 국민투표
에 부쳐졌다. 스위스에 거주하는 모든 성인에게 매달 2,500스위
스프랑(약 314만 원), 미성년자에게는 650스위스프랑(약 82만 원)
씩 조건 없이 지급하자는 내용이었다. 찬성 23퍼센트, 반대 77퍼
센트로 부결되기는 했으나, 논쟁적인 정책 결정이 국민투표에 직
접 맡겨졌다는 점 때문에 전 세계의 주목을 받았었다. 당시 한국
에서는 2,500스위스프랑이라는 금액이 비현실적이라는 보도가
많이 있었으나, 사실 이 기준에 대해서는 큰 이견이 없었다. 스위
스는 전 세계에서 물가가 가장 높은 나라 중 하나다. 월 소득 기
준으로 4인 가구는 4,000스위스프랑(약 503만 원) 이하일 때, 성
인 1인 가구는 약 2,300스위스프랑(약 289만 원) 이하일 때 사실
상 빈곤층에 해당한다. 기본 소득 법안에 제시된 2,500스위스프
랑은 최저생계비 수준의 현실적 금액이다.

그보다는 재원을 어떻게 마련할지, 기본 소득을 노리고 이
민자가 몰려들면 어떻게 할지 등을 두고 큰 논란이 벌어졌다. 기

본 소득에 반대하는 쪽에서는 매년 필요한 1,400억 스위스프랑 (약 176조 원)의 재원을 마련하려면 소비세 인상 외엔 방법이 없다고 지적했다. 스위스기업연합이 낸 보고서에는 이런 표현이 있었다. "그것(기본 소득)은 우리의 번영을 갉아먹을, 비싼 유토피아식 아이디어일 뿐이다. 너무 멋져서 실행이 불가능하다(It's too good to be true)."

코로나19 기본 소득─스페인의 실험이 준 교훈

코로나19라는 위기가 기본 소득 논의에 있어서는 새로운 전환점이자 기회가 되고 있다. 배당금, 보조금 등의 이름으로 곳곳에서 흥미로운 실험들이 진행 중이다. 그중 스페인이 특히 주목된다.

2020년 5월 스페인 정부는 빈곤층 85만 가구(230만 명)에 매월 462유로(약 62만 원)에서 1,015유로(약 138만 원)까지의 최저생계비를 지급하기로 결정했다. 최저생계비 논의는 그전부터 있었는데, 코로나19로 빈곤층이 큰 타격을 받자 계획 중이던 제도를 앞당겨 시행하기로 했다. 당시 유럽과 미국의 많은 언론이 스페인 정부의 결정을 놓고 '팬데믹이 사상 최대 규모의 기본 소득 실험을 앞당기다' 같은 제목으로 이를 대대적으로 보도했다. 하지만 정확히 말하면 이것은 기본 소득이 아니다. '소득에 관계없이', '같은 금액'을, '개인에게' 지급하는 게 기본 소득인데, 스페인 정부는 저소득층을 14개 세부 카테고리로 분류해 '빈곤 정도에 따라', '차등적 금액'을, '가구당' 지급한다는 계획이었다.

아이러니하게도 기본 소득의 요건을 엄밀히 충족하지 못한 스페인 정부의 최저생계비 실험이, 기본 소득의 필요성을 증명하는 결과를 낳았다. 2021년 2월 스페인 정부가 내놓은 중간 보고서에 따르면, 원래 85만 가구에 최저생계비를 지급하는 게 목표였으나 반년이 지난 뒤에도 실제로 이 돈을 받은 건 약 16만 가구뿐이었다. 원래 목표의 20퍼센트에 불과한 수치다. 신청한 가구 셋 중 둘은 거절당했는데, 신청자의 소득이나 재산이 정부가 정한 기준보다 많다는 이유였다. 최저생계비가 필요할 것이라고 정부가 파악했는데, 돈을 지급하기 위해 조건을 따지며 심사한 결과 받을 자격이 안 돼 탈락하는 혼란이 반복됐다.

기존 복지 혜택을 받고 있으면 최저생계비를 주는 대신 기존의 혜택을 없애도록 한 점도 문제였다. 그 결과 원래 받던 수당보다 최저생계비 금액이 더 적은 경우가 많아 수급자들의 불만이 쏟아졌다. 신청서를 받고 처리하는 속도도 애초 계획보다 훨씬 느렸다. 정부 측은 '사기와 중복 수혜를 가려내기 위해서'라고 했지만 실은 이 제도에 대한 찬반 입장이 갈리는 정치권의 싸움 때문이라는 내부 제보도 나왔다. 호세 루이스 에스크리바 스페인 사회안전부 장관은 이 제도의 설계부터 다시 검토한 뒤 지급 문제를 빠르게 해결하겠다고 밝혔다.

한마디로 당장 돈이 필요한 사람들이 있고 지급에 대한 합의도 됐는데, 수급자 선별을 위한 행정절차 때문에 실행이 잘 안 됐다는 거다. 필리프 판 파레이스Philippe Van Parijs도 저서 《21세기 기본소득》에서 이 점을 지적한다.

보편적 수당 제도를 실시했을 때 달성할 수 있는 수급률 수준을 재산 조사에 의존한 수당 제도를 통해 달성하기 위해서는 엄청

난 정보 캠페인이 필요하며, 이에 따라 상당한 인건비와 행정 비용이 발생하게 된다.[10]

보편적이지 않은 스페인 최저생계비 제도의 문제가, 기본 소득의 보편성을 지지하는 근거가 된 셈이다. 기본 소득은 조건을 따지지 않고 지급하기 때문에 심사, 선별 등에 필요한 행정 비용을 줄일 수 있고 지급 속도도 훨씬 빠르다.

스페인에선 현재 다른 대안도 논의 중이다. 국가적 차원의 주4일(32시간) 근무 제도다. 스페인 좌파 정당인 '마스파이스Más País'가 2021년 초 정부에 제안한 것으로, 간단히 정리하면 이렇다. '약 200개 기업이 3년 동안 주4일 근무를 시행하되, 일자리나 임금은 줄이지 않는다. 근무시간 감소로 생산성이 줄어드는 부분은 정부가 보상한다. 시행 첫해에는 100퍼센트, 두 번째 해에는 50퍼센트, 세 번째 해에는 33퍼센트를 지원한다.' 여기 들어가는 예산은 3년 동안 5,000만 유로(약 675억 원)로 추산된다. 이 파일럿 프로젝트가 성공하면 전국적으로 확대한다는 계획이다. 그 경우 스페인은 정부 주도로 주4일 근무를 하는 세계 최초의 국가가 될 전망이다. 스페인 재계에서는 '미친 짓'이라며 강하게 반대하고 있다. 스페인은 코로나19 팬데믹으로 초기에 큰 타격을 입은 국가 중 하나다. 스페인 내전 이후 사상 최대의 경기 침체 중인데 더 많이 일하기는커녕 주4일 근무는 가당치 않다는 것이다.

노동시간 단축은 기본 소득의 대안으로 자주 논의되는 주제다. 필리프 판 파레이스는 위 책에서 "옛날의 투쟁은 노동이라는 부담을 줄이자는 것이었지만, 오늘날 투쟁의 중심 동기는 노동이라는 특권을 함께 나누자는 것"이라고 했다.¹¹ 판 파레이스는 그러면서도 노동의 수요와 공급이 모든 일자리에서 균등하지 않다는 점, 임금노동자(회사원)와 자유 업자(식당 주인)를 가리지 않고 모두에게 노동시간 단축을 공정하게 적용하려면 엄청난 행정 비용이 든다는 점 등을 문제로 지적한다. 이런 점을 극복하고 실제로 스페인에서 단축 근무가 시행될지 지켜볼 일이다.

기본 소득에 대한 의문

기본 소득에 대한 반대는 만만치 않다. 재원 조달 같은 현실적 문제 제기도 있고, '일하지 않는 자 먹지도 말라'는 도덕적 문제 제기도 있다. 후자는 별문제가 안 된다. 인구의 90퍼센트가 일자리를 잃는 상황에서 노동과 소득을 직접 연결 짓는 건 시대착오적이다. 하지만 재원 조달에 관해선 치열한 공방이 오가고 있다. 가장 그럴듯한 것은 '공유재산' 개념이다. 프랑스의 철학자 장 자크 루소Jean Jacques Rousseau는 1755년 쓴 《인간 불평등의 기원》에서 토지는 공유재산이며, 이것을 사유화한 것이 많은 문제의 원인이라고 인식했다. 영국 작가 토머스 페인Thomas Paine 역시 1797년 쓴 《농지 정의》(Agrarian Justice)에서 토지 사유화가 빈부 격차를 유발한다고 지적한다. 이어 토지를 소유한 자에게 세금을 걷어 50세 이상의 국민에게 지급하라는 주장을 펼친다. 작물을 생산해 소득을 얻으려면 토지가 필수적인데 그 한정된 재화가 소수에 집중돼 있으니 불평등이 고착된다는 것이다. 누가 땅에 사과나무를 심고 길러 사과를 생산한다면, 사과야 그의 몫이라 해도 그동안 다른 이들이 그 땅을 쓸 수 없었던 데 대한 대가는 지불하라는 얘기다. 빌려 쓴 땅에 대한 대가를 모두와 나누는 것, 그게 기본 소득의 개념이다.

루소와 페인이 공유재산으로서의 토지를 주장한 건 18세기다. 21세기에도 토지의 중요성이 더 낮아졌다고 할 수는 없으나, 정보화사회에서 당장 대가를 요구할 수 있는 강력한 의미의 공유재산은 사실 따로 있다. 바로 데이터다. 수많은 사람이 스마트폰과 소셜 미디어를 이용하며 엄청난 데이터를 자발적으로 제공한다. 내가 넷플릭스 드라마를 보고 누른 추천 버튼, 내가 구글 지도에 남긴 음식점 별점 같은 것들이 곧 거대 IT기업의 성장 동력이다. 내 데이터를 공짜로 제공하지 말고 그것에 알맞은 대가를 요구하자는 것은 허황된 주장이 아니다. 그 대가가 바로 미래 기본 소득의 재원이 될 수 있다. 이외에도 기본 소득을 지지하는 정치 세력은 로봇세(또는 기계세) 등 재원 마련 방법을 다양하게 제시하고 있다.

171

하지만 기본 소득에 제기되는 의문 중에서는 쉽게 답하기 어려운 것들도 있다. 그중 세 가지를 꼽아 정리하면 다음과 같다.

첫째, 경제적 양극화는 전 세계 단위로 일어나는데 기본 소득을 국가 단위로 지급하는 게 합리적인가. 기본 소득이 필요한 이유가 자동화로 인한 일자리 감소라고 했다. 자동화로 인한 타격을 가장 먼저 입는 곳은 생산 공장이 세워진 제3세계일 것이다. 하지만 기본 소득 지급은 제3세계가 아닌 선진국에서 먼저 시행될 가능성이 크다. 조만간 데이터가 기본 소득의 재원으로 쓰인다고 가정해보자. 구글이나 페이스북 같은 미국 기업이 모은 데이터가, 의류 공장 설비 자동화로 일자리를 잃은 방글라데시 주민들을 위한 기본 소득 재원으로 돌아갈 가능성은 거의 없다. 방글라데시 주민들이 그동안 얼마나 페이스북을 이용했든지 간에 말이다.

둘째, '기본'이 상대적인 것임을 간과하고 있다. 교육, 의료, 인터넷 등은 현대 삶의 기본 조건임이 분명하다. 그런데 노화 방지, 수명 연장 기술이 보편화된다면 그 비용도 기본 소득에 포함돼야 할까. 수명 연장이 가능해진 시대에 기본 소득만으로 그 기술을 이용할 수 없다면 어떤 일이 발생할까. 누구나 기본 소득을 받지만 획기적인 노화 방지 기술을 누구나 이용할 수 있는 건 아니라면, 그래서 전보다 더 심각한 차별과 치열한 경쟁이 생긴다면, 대체 기본 소득의 의미는 무엇인가. 기술 발달과 그것의 보편적 적용이 동시에 이뤄지지 않는다면 기본의 의미도 꼬이게 된다.

172

셋째, 전격적 변화를 이끌 주체가 없다. 20세기 공산주의 혁명의 바탕은 노동자, 그리고 그들이 지닌 막대한 경제적 파워였다. 그러나 기본 소득 세력에는 그런 힘이 없다. 환경론자, 플랫폼 노동자 등 지지 세력이 있지만, 이들에겐 '노동자의 파업' 같은 무기가 부족하다. 싸울 대상, 그리고 그 싸움에 무엇을 걸 수 있을지가 명확하다면 그 싸움은 해볼 만하다. 그러나 기본 소득 혁명의 주체는 내걸 것이 없다. 일자리가 사라진 세계에서 노동력은 의미를 잃었다. 노동력을, 심지어 목숨을 버린다고 해도 이 싸움의 대상은 눈 깜짝하지 않는다. 어쩌면 이것이 기본 소득 혁명의 가장 큰 벽일 수도 있다.

기본 소득이 성공하건 실패하건 실제 현장에서 실험을 하고 결과를 도출한다는 점이 중요하다. 한국에서도 코로나19 지원금, 이재명 경기도지사가 추진했던 청년 기본 소득 등이 논의를 활발하게 하는 계기가 됐다. 하지만 실험이라 부르기는 민망한 단계다. 국민적 합의가 가능할지, 얼마가 적정할지, 현행 복지 제도는 어떻게 유지할지, 데이터 소유권을 어떻게 개인에게 귀속시킬지 등에 대해 논쟁의 장이 열려야 한다. 더 적극적인 실험을 해야 한다. 손 놓고 있는 건 "정치권과 행정권의 직무 유기"(김세연 전 국회의원)다.

12장
표현의자유와 한계

끝나지 않은 《샤를리 에브도》 사건

그 모든 것이(Tout ça) 이것 때문에(pour ça).

이것은 2020년 9월 1일 자 프랑스 풍자 주간지 《샤를리 에브도 Charlie Hebdo》의 1면 헤드라인이다. 그 밑엔 2015년 테러 공격의 빌미가 됐던 문제의 풍자만화가 다시 실렸다. 사흘에 걸쳐 17명이 사망하는 참극[12]으로 이어졌던 이슬람교 예언자 무함마드의 캐리커처가 들어간 만화다. 이걸 다시 실은 건 9월 2일 시작된 이 사건의 재판 때문이다. 무함마드 희화화가 '표현의자유'인지 특정 종교에 대한 '혐오 표현'인지에 대한 논쟁도 다시 불붙었다.

그 와중에 《샤를리 에브도》 재판 소식을 전한 스위스 방송사 SRF에 불똥이 튀었다. 파리에서 《샤를리 에브도》를 읽고 있는 시민 모습을 화면에 내보내면서 문제의 만화를 흐리게 처리했기 때문이다. 인터넷엔 'SRF가 테러 세력에 굴복했다', '표현의자유를 포기한 것' 등의 반응이 넘쳐났다. SRF는 제작 과정에서 오해가 있었다고 즉시 해명했다. '테러리스트의 얼굴을 보여주지 않는다'는 편집 방침이 있었는데, 프로그램을 제작한 PD가 그것을 '무함마드 캐리커처를 보여주지 않는다'는 것으로 잘못 이해했다고 한다.

해명과는 별개로, 이 일화는 《샤를리 에브도》 사건으로부터 촉발된 표현의자유 논쟁이 유럽에서 여전히 결론 나지 않았음을 보여준다. 언뜻 단일한 논쟁 같지만 여기엔 네 단계가 있다.

①2015년 1월 《샤를리 에브도》에 실린 풍자 만화.
②2015년 테러 사건 발생 직후 미디어들이 그 소식을 보도하면서 자료로 내보낸 같은 만화.
③2020년 9월 재판 시작을 계기로 《샤를리 에브도》가 1면에 다시 실은 같은 만화.
④2020년 9월 《샤를리 에브도》의 재판과 만화 재발행을 보도하면서 다른 미디어들이 자료로 내보낸 같은 만화.

175

콘텐츠 자체만 보면 ①에서 ④까지는 모두 똑같은 만화다. 그러나 그것이 등장한 맥락은 모두 다르다. 이처럼 맥락을 구분하는 이유는 표현의자유가 과연 무한대의 자유인지, 무한대가 아니라 선을 그어야 한다면 어디에 그어야 할지 생각하기 위해서다. ①은 창작 만화이므로 예술 작품이고 ③은 '사료가 되어버린 예술 작품'이라고 할 수 있겠다. ②와 ④는 보도 자료다. 그중 시의성을 바탕으로 뉴스의 중대성을 따진다면 ②가 더 크다.

각 단계별로 나타난 반응을 살펴보자. 예술 작품은 표현의

자유가 가장 넓게 적용되는 영역이니만큼, 무슬림 혐오 논란에도 불구하고 ①은 허용돼야 한다고 보는 사람들이 많았다. 2015년 사건 발생 직후 프랑스뿐 아니라 세계 곳곳에서 희생자 추모 시위가 벌어졌고, '내가 샤를리다(Je suis Charlie)'라는 구호가 퍼졌다. 페이스북에 있는 내 유럽인 친구들 대부분이 프로필 사진을 그 구호로 바꿨었다. 그러나 모두가 《샤를리 에브도》를 지지한 건 아니었다. 괜히 나섰다가 몰매 맞을까 두려워 숨죽이고 있었던 수많은 무슬림이 있었다. 사건 며칠 뒤부터 다른 움직임이 나타났다. '나는 샤를리가 아니다(Je ne suis pas Charlie)'라는 반대 구호가 등장했다. 종교 모독을 표현의자유라는 이유로 지지할 수는 없다는 거다.

②로 넘어가면 이 만화는 더 이상 예술 작품이 아니다. 언론이 테러 사건을 보도하면서, 그 원인이 된 이 만화를 같이 실었다. 즉 보도 자료다. 예술 작품이 아니라 보도 자료임을 강조하는 이유는, 특정 종교를 모독하는 내용의 이 만화를 많은 사람 앞에 공개하는 것이 '표현의자유'인지, 아니면 독자나 시청자의 '알 권리'를 위해서인지 판단하는 데 도움이 되기 때문이다. 유럽과 미국의 언론은 상반된 방침을 정했다. 스위스 일간지 《NZZ》는 '당시 대다수의 유럽 언론이 그 논쟁적인 캐리커처를 가리지 않고 보도한 데 비해, 영어로 된 주요 언론은 가렸다'고 지적했다.

《뉴욕 타임스》의 2015년 당시 편집국장은 '그런 종류의 유머는 불필요한 모욕이다. 우리의 독자는 IS 지지자가 아니라 브루클린에서 가족과 살아가는 독실한 신자'라고 말했다. 사건 직후 《뉴욕 타임스》에 실린 한 칼럼 제목은 '나는 《샤를리 에브도》

가 아니다(I am not Charlie Hebdo)'였다. 칼럼 필자는 이렇게 썼다. "만약 그들이 그 풍자 주간지를 미국의 대학 중 한 곳에서 발행하려 했다면 30초도 버티지 못했을 거다. 학생들과 교직원들이 혐오 발언으로 그들을 고소했을 테니까." CNN 역시 뉴스에서 해당 만화를 흐리게 처리했는데, 내부적으로 '캐리커처 클로즈업을 피하라'는 가이드라인이 있었다는 게 나중에 다른 미디어(《폴리티코Politico》)를 통해 알려졌다. ②를 신성불가침한 표현의자유라고 보는 건 문화권이나 국가별로 달랐다는 뜻이다.

③은 어떨까. 우선 발행 기관이 다른 언론사들이 아닌《샤를리 에브도》다. 표현의자유를 내세우다 테러 공격을 당한 주체다. 5년 뒤 다시 같은 만화를 내보낸 건 희생에도 불구하고 계속 표현의자유를 수호하겠다는 의지의 표현이다. 만화 재발행에 대한 마크롱 프랑스 대통령의 발언도 참고할 만하다. "공화국의 대통령은 언론의 편집권에 대해 판단할 위치에 있지 않다. 프랑스에는 양심의자유와 그에 따른 신성모독의 자유가 있다. 내가 이 자리에 있는 건 그 모든 자유를 수호하기 위해서다. 프랑스에선 누구든지 대통령이나 주지사를 비판할 수 있고 신성모독도 할 수 있다." 혐오 발언이 아닌 표현의자유에 더 무게를 싣겠다는 뜻이다. 물론 이슬람권의 입장은 전혀 다르다. 최고 권위의 이슬람교 대변 기관인 이집트의 알아자르대학교는 만화가 재발행된 것이 "신자들을 도발한 혐오 발언"이라며 이를 '범죄 행위'로 규정했다.

④는 다시 보도 자료다. 하지만 2015년 테러 당시의 보도 자료와 무게가 같다고 하기는 어렵다. 2015년엔 이 끔찍한 테러를 불러온 계기가 뭔지에 대해 사람들의 '알 권리'가 매우 중요했다.

177

그러나 5년이 지난 뒤 재판 과정을 보도하면서 이미 많은 사람이 봐서 알고 있는 그 만화를 다시 다른 언론이 내보내야 하는지는 생각해볼 필요가 있다. 유럽에선 ④ 역시 침해당하지 말아야 할 알 권리 및 표현의자유로 보는 쪽이 대세다. 스위스 방송사 SRF 가 만화를 흐리게 처리한 것이 반발을 산 것은 그 때문이다. SRF 는 이 일 이후 만화를 가리지 않고 내보냈고, 독일 등 유럽 다른 나라들도 재판 소식을 알리며 무함마드 캐리커처를 가감 없이 공개했다.

카산드라 케이스

《샤를리 에브도》 사건을 '표현의자유가 테러 세력에 의해 침해당한 사건'이라고 간단히 말하기엔 이와 관련된 여러 층위가 있다는 점을 짚고 싶었다. 어디까지가 성역 없는 표현의자유고, 어디부터가 표현의자유를 빙자한 혐오 표현인가. 어디에 줄을 그어야 하는가. 결론을 짓기 전에 또 다른 경우를 살펴 보자. 표현의자유가 경계를 넘나드는 사건은 유럽에 흔하다. 스페인의 '카산드라 케이스'도 그중 하나다.

교사가 될 준비를 하던 스페인 여성 카산드라 베라 파스Cassandra Vera Paz는 2016년 '도시치안보장기본법'을 위반한 혐의로 기소됐다. 2017년 스페인 법원은 카산드라에게 징역 1년에 1년간 투표권 박탈, 7년간의 '완전한 자격 박탈(공무원이 될 수 없고, 장학금이나 정부 보조금 등 어떤 종류의 공공 혜택도 받을 수 없다는 의미)'을 선고했다. 대체 무슨 일을 저질렀길래 이런 무거운 벌을 받게 됐을까. 카산드라의 '범죄'는 그가 2013년부터 2016년 사이에 올린 트윗 13개다.

트위터에서 국가 기밀이라도 발설한 것일까. 카산드라가 중형을 받게 만든 트윗 내용을 보기 전에, 잠깐 스페인 역사를 짚고 넘어가야 한다. 1973년 12월 20일, 당시 스페인 총리이던 루이스 블랑코Luis Carrero Blanco가 암살당했다. 암살 세력은 스페인 바스크Basque 지방 독립을 주장하는 스페인 테러리스트 그룹 에타ETA였다. 에타 특공대원들이 블랑코가 다니던 성당 주변 도로 밑에 터널을 뚫고 폭약 80kg을 채워 넣은 뒤 그가 지나갈 때 터뜨렸다. 어마어마한 폭발 때문에 블랑코가 탄 자동차는 5층짜리 성당을 넘어 공중으로 20m 이상 솟아올랐다가 떨어졌다. 블랑코가 스페인의 군사 독재자 프랑코Francisco Franco의 오른팔이자 후계자였기 때문에, 비록 테러에 의한 것이었지만 많은 스페인 사람이 그의 죽음을 반겼다. 사망 관련 농담도 쏟아졌다. 예를 들어 스페인 북부 도시 빌바오Bilbao에 있는 한 술집에선 블랑코 사망 후 가게 앞에 이렇게 써 붙였다. "오늘은 레드 와인만 팝니다. 화이트(스페인어로 블랑코가 흰색이라는 뜻) 와인은 지붕 뚫고 나가버렸어요."

179

1995년생으로 기소 당시 21세였던 카산드라는 트윗 여러 개를 올려 1973년 일어난 블랑코 암살을 희화화했다. 문제의 트윗 13개를 모아 재구성하면 이런 내용이다. '에타가 우주 영화를 제작했다. 제목은 하늘 위로 세 걸음. 스파이더맨 대 블랑코. 블랑코도 자기 차를 타고 미래로 날아갔나? 소련 대 스페인, 유리 가가린 대 블랑코. 당신과 함께 나는 날고 싶어, 하늘 위에서 당신을 볼 수 있게.' 보다시피 대단히 끔찍한 내용도 아니고, 정치적으로 심오한 비판을 한 것도 아니다. 장난에 가깝다. 그런데 스페인의

'도시치안보장기본법'은 이 트윗들을 국가 안보에 대한 위협, 그리고 테러리즘에 대한 지지로 규정했다. 2015년 7월 1일 발효된 이 법의 별명은 '재갈법(gag law: 입에 재갈을 물려 표현을 막는다는 의미)'이다.[13]

국선 변호사가 배정됐지만 카산드라는 그를 해고했다. '카산드라가 트랜스젠더라 정신이 온전하지 못하다'는 식으로 변론하려고 했기 때문이다. 카산드라가 트랜스젠더인 건 맞지만 그것과 이 트윗 사건은 아무 관계도 없다. 새 변호사는 표현의자유를 키워드로 삼았다. 수십 년 전에 일어난 역사적 사건에 대해 소셜 미디어에 장난스럽게 쓴 것이 국가 안보를 위협한 범죄가 되어버린 이 일은 스페인에서 큰 시선을 끌었다. 결국 유죄판결이 내려지자 사람들은 카산드라의 트윗을 '표현의자유' 해시태그와 함께 리트윗하며 항의했다. 진보 정당들도 판결에 항의하는 공식 입장을 발표했다.

카산드라 편에 선 사람들 중 특별히 눈에 띄는 이가 있었으니, 바로 암살된 블랑코의 손녀 루시아 블랑코다. 그는 스페인 일간지《엘 파이스》에 '나쁜 취향에 대한 찬미(Enaltecimiento del mal gusto)'라는 제목으로 공개 편지를 보내 사법부의 결정을 비판했다. 편지 내용을 요약하면 이렇다.

살인을 우스갯거리로 만드는 건 역겹다. 나는 폭력에 반대한다. 에타뿐 아니라 오바마, 체 게바라, 누가 저지르건 관계없다. 나는 암살을 합법화하려는 시도가 두렵다. 살인이 웃음거리가 되는 건 순수한 시민으로서, 또 살해당한 할아버지를 둔 손녀로서 슬픈 일이다.

그러나 취향이 나쁘거나 센스가 부족한 것이 범죄로 간주되는 건 걱정스럽다. 관련된 법이 있다고 해도, 이건 난센스다. 균형 잡힌 처벌도 아니고, 본보기식의 처벌도 될 수 없다. 이건 기소된 사람뿐 아니라 민주 사회에 사는 우리 모두에게 무서운 일이다. 시민들을 협박하고 과한 처벌을 내림으로써 존경을 얻으려고 하는 건 잘못이다. 공포는 존경을 유도하지 않는다. 오직 분개만 낳는다.

카산드라가 희생자와 그 가족을 모욕해서 유죄라는데, 그의 트윗은 나를 모욕하지 않았다. 슬프게 했을 뿐이다. (살인을 농담 삼은) 카산드라가 장차 교사가 되려고 한다는 점은 불안하기도 하다. 그렇지만 날 모욕한 건 아니다. 나는 검찰의 카산드라 기소가 성공하지 않기를 바란다. 나는 우리가 관용과 존중을 배울 수 있다고, 두려움을 없앨 수 있다고 믿는다.[14]

181

루이스 블랑코는 자기 할아버지의 죽음을 농담 소재로 삼은 카산드라의 트윗이 '범죄'가 아니라 '나쁜 취향'일 뿐이라고 선을 그은 것이다. 이러한 구분은 유죄판결이 대법원에서 뒤집어지면서 힘을 얻었다. 대법원은 판결문에서 이렇게 밝혔다. '해당 트윗들이 희생자나 그 가족을 모욕했다고 볼 수 없다. 자동차가 높이 치솟은 걸 갖고 농담했을 뿐이다. 테러 공격은 44년 전 일이고 충분한 시간이 지났다. 사회적, 도덕적 관점에서 트윗을 비판할 순 있지만, 사법 시스템이 응답할 필요는 없다.'

규제 법안이 능사가 아닌 이유

제시한 사례들을 통해 알 수 있는 건 두 가지다. 첫째, '표현의자유 vs 혐오 표현' 논쟁은 그 사회의 당면 이슈를 보여주는 거울이다. 표현의 옳고 그름을 떠나서, 특정 표현에 논란이 있다는 것은 그 표현을 둘러싼 강자와 약자가 존재함을 의미한다. 무함마드 캐리커처가 테러로 연결된 배경엔 프랑스 사회에서 무슬림이 당하는 차별이 존재한다. 카산드라의 트윗이 문제가 된 건 당시 스페인 우파 정부가 국내 독립주의 세력을 심각한 정치적 위협으로 봤기 때문이었다.

둘째, 표현의자유는 어떻게 쓰느냐에 따라 방패도, 창도 될 수 있는 기이한 도구다. 《샤를리 에브도》 사건에선 기자들이 소수자 무슬림을 상대로 표현의자유를 내세웠다. 상대적으로 사회적 강자라고 할 수 있는 프랑스 백인 기자들이 약자인 무슬림에게 표현의자유를 창 삼아 휘둘렀다. 카산드라 사건에선 독립주의 정치 세력을 지지하는 개인이 보수 정부를 상대하면서 표현의자유를 방패로 이용했다. 누가 쓰느냐에 따라 공격용과 방어용으로 다 쓰일 수 있다는 점은 무엇을 뜻하는가. 공격용인 줄 알고 표현의자유를 법으로 제한했다가는 방어용으로 필요할 때 쓰지 못하는 상황이 벌어질 수 있다. 창인 줄 알고 못 휘두르게 제한을 했는데, 나중에 보니 내던져버린 게 방패라면 어쩔 건가. 표현의자유를 법으로 제한하는 게 최후의 수단이어야 하는 이유다. 어쩔 수 없이 제한하더라도 명확한 기준을 세워야 한다.

다시 《샤를리 에브도》 사건으로 돌아가보자. 나는 사상을 표현한 창작물에 해당하는 ①이나 정치적 입장을 표현하기 위해 쓰인 ③은 제한 없는 표현의자유를 보장받을 수 있어야 한다고 본다. ②는 극도로 민감한 이슈에 대한 독자들의 알 권리냐, 아니면 종교 모독이냐를 놓고 논쟁의 여지가 있을 것 같다. ④는 흐리게 처리하는 게 낫다고 생각한다. 대단히 시의성이 크지도 않은 일을 보도하면서 많은 사람을 모욕할 수 있는 만화를 다시 언론이 보도하는 건 표현의자유가 아니라 혐오를 확대재생산하는 역할이 더 크기 때문이다. 단순하게 '표현의자유 vs 혐오 표현' 구도를 만들 것이 아니라 사안별로, 또 한 사안 안에서도 단계별로 순기능과 피해 정도를 면밀하게 분석해야 한다.

혐오 표현을 법으로 규제해야 한다고 주장하는 사람들은 혐오 표현 때문에 사회적 약자가 입는 피해를 강조한다. 물론 피해를 막아야 한다. 그러나 피해의 실체를 직면하는 일도 중요하다. 가해자뿐 아니라 피해자를 위해서 더욱 그렇다. 스페인 검찰이 심각한 모욕이라고 판단한 카산드라의 트윗에 대해서, 정작 모욕의 당사자라고 할 수 있는 루이스 블랑코는 '슬플 뿐'이라고 했다. 암살을 희화화한 카산드라의 트윗들은 루이스 블랑코의 '슬플 뿐'이라는 말로 인해 실패한 농담으로, 부끄러워해야 할 장난으로 쪼그라들었다.

루이스 블랑코의 말처럼 혐오 표현을 법으로 규제하는 것보다는 사회에서 혐오 표현이 저절로 퇴출당하도록, 설 자리가 없도록 만드는 게 낫다. '대항 표현'이 대표적인 방법이다. 홍성수 숙명여대 법학부 교수는 저서 《말이 칼이 될 때》에서 2013년 일본의 혐한 시위에서 일어난 일을 대항 표현의 사례로 들고 있다. 일본 도쿄 한인 타운에서 혐한 시위대가 '조선인을 없애는 일은

183

해충 구제와 같다' 등의 팻말을 들고 시위를 벌였다. 그러자 또 다른 시위대가 '차별하지 말라'는 플래카드를 들고 나타났다. 이들은 혐한 시위대를 향해 춤을 추며 조롱하고, '사랑해요'라고 적힌 풍선을 시민들에게 나눠줬다. 한두 번이 아니라 혐한 시위가 있을 때마다 대항 시위대가 나타나 분위기를 바꿨다. 혐오 표현을 범죄화해 법으로 처벌하지 않고도 무력화한 경우다.[15]

뫼비우스의띠 위에 놓인 표현의자유

스페인 '재갈법'의 피해자는 또 있다. 1993년생인 래퍼 주제프 아레나스다. 스페인 마요르카Majorca 출신의 그는 발토닉Valtònyc 이라는 닉네임으로 활동한다. 그가 쓰는 랩 가사는 공산주의, 반자본주의, 반파시즘 등 정치적 내용 위주다. 발토닉은 18세이던 2012년 8월 23일에 체포된다. 근거는 협박, 모욕, 명예훼손, 테러리즘 찬양 등이다. 카산드라와 달리 표현의자유를 근거로 판결이 뒤집히는 일은 일어나지 않았다. 2018년 2월에 스페인 대법원은 발토닉에 대해 3년 6개월의 징역형을 확정 지었다. 판결문에는 발토닉이 쓴 가사가 테러리스트 그룹인 에타를 지지하고 찬양하며, 정치인들과 스페인 왕실 멤버들의 죽음을 빌었다는 내용이 언급돼 있다.

발토닉은 스페인에서 독재가 끝나고 민주주의가 복구된 1977년 이후 최초로 노래 가사 때문에 징역형에 처한 뮤지션이라는 악명을 얻었다. 이 사건 전에 별로 유명하지 않았던 발토닉은 이제 스페인에서 표현의자유의 상징처럼 여겨진다. 그가 쓴 가사 내용 자체가 아니라, 그가 받은 징역형이 가사에 무게를 실어줬다. 발토닉은 감옥에 들어가기 바로 전날인 2018년 5월 23일 벨기에로 도피한다. 그는 지금도 여전히 벨기에에서 지내고 있다. 테러를 방지한다는 명목으로 만든 법이 실제로는 가사를 문제 삼아 래퍼를 기소하는 데 쓰였다는 점이, 좋은 명분이 좋은 결과로 이어지는 것은 아니라는 점을 시사한다.

　이번엔 독일에서 일어난 일을 보자. 2020년 9월 16일, 독일 노르트라인-베스트팔렌(NRW)주에서 경찰관 29명이 직무 정지됐다. 휴대전화를 통해 이민자들이 가스실에 있는 것처럼 조작된 사진과 히틀러의 사진을 공유한 혐의다. 이 경찰관들은 또 단체 채팅방에서 나치 상징 등 독일 헌법을 위반하는 내용의 게시물을 공유한 혐의도 받았다. 경찰관 중 일부는 나치 프로파간다를 적극적으로 퍼뜨리고 혐오 발언을 한 혐의로, 일부는 동료의 법 위반을 알면서도 상부에 보고하지 않고 방관한 혐의로 기소됐다.

　이 사건은 일반 대중뿐 아니라 경찰 조직에도 큰 충격을 안겼다. 법을 앞장서서 수호해야 할 조직 내에서 네오 나치들이 독버섯처럼 번지는 걸 막는 데 실패했기 때문이다. 전범국인 독일은 유럽 국가 중 혐오 표현에 대한 규제가 가장 강한 축에 속한다. 독일 형법 86조(반나치법안)는 독일 헌법에 어긋나는 단체의 상징을 사용하는 것을 금지하고, 이를 어길 경우 3년 이하의 징역이나 벌금형에 처하도록 하고 있다. 여기서 '독일 헌법에 어긋나는 단체의 상징'이란 물론 나치와 관련된 하켄크로이츠, 독수리 문양, 나치 친위대(Schutzstaffel, SS) 문양 등을 뜻한다.

　같은 전범국이면서도 욱일기를 금지하지 않는 일본과 달리, 독일의 반나치법안은 같은 비극을 반복하지 않겠다는 자성의 의

185

지를 나타낸다고 볼 수 있다. 하지만 그와 별도로 이 법안이 지하에서 자라는 네오 나치 세력까지 막을 수 있는지는 의문이다. 법으로 사상을 통제할 수 있다면 독일에 더 이상 네오 나치는 없어야 한다. 현실은 그렇지 않다. 악은 NRW주의 경찰관들처럼 어떤 환경에서도 반드시 자라날 틈새를 찾아낸다. 법은 자라난 악을 발견하고 꺾을 순 있지만, 애초에 자라지 않도록 막지는 못한다. 반나치법안을 두고 있는 독일보다 욱일기 사용에 제한을 두지 않는 일본이 낫다는 게 아니다. 표현을 규제하는 법의 한계를 분명히 인식해야 한다는 뜻이다. 혐오 표현을 범죄화하는 법만 만들면 문제가 해결될 것 같지만, 실제로는 음지에서 자라는 혐오는 막지도 못하면서 애꿎은 래퍼나 감옥으로 보내는 결과를 불러올 수도 있다.

186   독일에서 금지되는 것에는 나치 상징 외에 나치와 관련된 행위, 즉 나치식 경례도 포함된다. 오른팔을 쭉 뻗어 올리는 동작을 하며 '하일 히틀러Heil Hitler'라고 외치는 인사법이다. 독일, 오스트리아, 체코 등에서 범법 행위인 이 나치식 경례에 대해, 2014년 스위스 연방 법원이 문제없다고 결론 내린 적이 있다. 이 일은 한 스위스 남성이 루체른에서 열린 집회에서 나치식 경례를 한 게 발단이었다. 집회 참가자 150여 명과 경찰관, 근처에 있던 사람들이 이 광경을 목격했다. 스위스 인종차별금지법에 따르면 공공장소에서 행해진 인종차별 행위는 처벌 대상이다. 이 남성은 집회가 열리는 공공장소에서 인종차별 행위(나치의 탄압을 받았던 유대인을 모욕하는 행위)를 했기 때문에 하급 법원에서 유죄판결이 났다. 그런데 최고 법원인 연방 법원이 판결을 뒤집었다. "다

른 사람들에게 인종차별 이념을 퍼뜨릴 목적으로 나치식 경례를 한 것이 아니라 개인의 신념을 표현한 것"이라는 게 판결 요지다. 인종차별 이념을 '퍼뜨릴 목적'이라는 건 선전(propaganda) 또는 광고(advertising)를 의미하는데 이 남성의 행위는 여기 해당하지 않는다는 것이다. 스위스 인종차별금지연방위원회는 연방 법원의 판결에 대해 '매우 유감'이라는 견해를 내놨다. 같은 사안이라도 법원에 따라 결정이 갈리기도 하고 바로 이웃 나라라도 전혀 다른 태도를 보일 만큼 해석의 여지가 분분한 것이 표현과 관련한 법안이다.

표현의자유는 뫼비우스의띠 위에 놓여 있다. 인간의 기본권이라는 숭고한 지점에서 출발하지만, 옆도 뒤도 돌아보지 않고 계속 걷다 보면 어느새 혐오 표현이라는 반대쪽 면에 도착하게 된다. 표현의자유가 양보할 수 없는 가치이기 때문에, 이 양면성을 잊지 않는 게 더욱 중요하다. 성역 없는 표현의자유는 민주주의 사회를 떠받치는 기둥이다. 혐오 표현이 그 기둥을 갉아먹게 두면 안 된다. 법에 모든 걸 맡기려 하지 말고, 표현의자유를 수호하는 사람들 스스로 혐오 표현이 자라는 걸 막아야 한다.

13장

'정치적 올바름'은 정치적이다
—블랙페이스 논쟁

앞에서 표현의자유와 관련한 법안은 상황에 따라 해석이 분분하다고 했다. 한국에서도 표현의자유와 관련해 사회적 논쟁이 크게 벌어진 적이 있었다. '의정부고 관짝소년단 블랙페이스 사건'이다. 의정부고는 매년 화제가 된 인물이나 사건을 패러디해 분장을 하고 졸업 사진을 찍는 것으로 유명하다. 2020년 8월 그해의 졸업 사진이 공개됐는데, 그중 유튜브에서 큰 인기를 끌던 영상 'coffin dancer'를 패러디한 '관짝소년단'이 도마 위에 올랐다. 원래 영상은 가나의 장례식장에서 상여꾼들이 관을 든 채 춤을 추는 내용이다. 의정부고 학생들은 가나 상여꾼들을 패러디하면서 얼굴에 검은 칠을 하고 흑인 분장을 했다.

이것이 알려지면서 소셜 미디어에서 블랙페이스가 인종차별이라는 문제가 제기됐다. 이어 가나 출신 방송인 샘 오취리가 자신의 인스타그램에 의정부고 학생들 사진을 올리며 "흑인들 입장에선 매우 불쾌한 행동"이라고 포스팅을 했다. 그러자 '흑인 분장을 하며 얼굴을 검게 칠한 게 무슨 잘못이냐', '왜 고등학교 학생들 얼굴을 공개하냐', '한국 와서 뜨더니 거만해졌다'는 등의 비난 댓글이 넘쳤고, 결국 샘 오취리는 사과문을 올렸다.

한국에서 블랙페이스 논란이 이 정도로 크게 일어난 건 사실상 처음이었고, 그것은 흑인의 사과라는 기이한 결말로 이어졌다. 당시 블랙페이스의 역사와 의미에 대한 자세한 기사가 쏟아져 나왔다. 좋은 내용도 많았지만 아쉬웠던 건 대부분이 미국 중심의 해석이었다는 점이다. 미국에서 블랙페이스를 판단하는 기준은 미국의 맥락을 바탕으로 한다. 하지만 블랙페이스는 미국만의 현상이 아니다. 유럽에는 별도의 맥락이 있고, 앞으로 한국이 다문화 사회가 되는 과정에서 필연적으로 한국만의 맥락을 형성할 것이다. 한국에서 일어난 블랙페이스 문제를 다루면서 미국에서 형성된 논거만 끌고 오면 반쪽짜리 논쟁이 될 수 밖에 없다. 블랙페이스는 어디에서 비롯되었고 왜 문제인가. 블랙페이스의 목적은 늘 흑인 비하인가. 블랙페이스는 거두절미하고 나쁜가. 아래 유럽의 케이스들을 보며 생각해봤으면 한다.

태쉴리게이트

워터게이트나 최순실게이트엔 못 미치지만, 조용한 나라 스위스에서도 안팎으로 파장을 일으킨 사건이 있었다. 2013년에 발생한, 이름하여 '태쉴리게이트Täschli-Gate'. '태쉴리'란 스위스 독일어로 '작은 가방'이라는 뜻이다. 스위스 정치인이나 은행가가 관련됐을 듯한 이름이지만 뜻밖에도 이 게이트의 주인공은 미국 방송인 오프라 윈프리Oprah Winfrey다.

2013년 7월, 오프라 윈프리가 스위스를 방문했다. 미국 출신으로 스위스에 귀화한 가수 티나 터너의 결혼식에 참석하기 위해서였다. 윈프리는 취리히 도심에 있는 고급 매장인 트로아 폼므 Trois Pomme에 가서 직원에게 진열돼 있던 가방을 보여달라고 했다. 악어가죽으로 된, 약 3만 5,000스위스프랑(약 4,500만 원)짜리 가방이었다. 직원은 그 가방이 '너무 비싸다'며 같은 디자인이지만 다른 재질로 된 가방을 보는 게 어떻겠냐고 물었다. 윈프리는 가방을 보여달라고 다시 요청했고, 점원은 또 거절했다. 세 번째 요청도 거절당하자 그는 아무것도 사지 않고 가게에서 나왔다.

미국으로 돌아간 윈프리는 방송에서 이 경험을 공개했다. "내가 속눈썹도 안 붙이고 루이뷔통 가방도 안 들고, 스커트에 샌들만 신고 가긴 했다. 확실한 건 스위스에서 〈오프라 윈프리 쇼〉를 방영하지 않는다는 거다(자신이 누군지 못 알아봤다는 뜻). 하지만 가벼운 차림의 흑인 여성이라고 그렇게 대우해도 되나. 인종차별에는 대놓고 'N워드(흑인 비하 단어)'를 쓰는 것뿐 아니라 이런 일상적인 차별도 포함된다. 거절당했을 때 온갖 소란을 피우고 나의 '(한도 없는) 블랙 카드'를 던질 수도 있었지만 그렇게까진 하지 않았다."

매장의 입장은 어떨까. 사건 당시 일했던 직원은 "나는 인종차별 의도가 전혀 없었다. 그 정도 가격의 가방은 손님이 보여달란다고 해서 보여주는 게 아니다. 윈프리는 권력이 있는 사람이고 나는 한낱 가게 직원인데 방송에서 날 인종주의자로 매도했다"고 항의했다. 매장 주인인 트루디 괴츠도 직원을 두둔했다. "직원은 비싼 물건을 판매할 때의 규칙을 따랐다. 직원의 영어가 미숙했던 것도 이런 오해가 생긴 이유 중 하나일 거다. 이번 일은 인종차별과 아무 관련이 없다. 그 직원이 해고당하는 일도 없을 거다."

　당시 스위스 언론의 논조나 내 주변 스위스인들의 반응은 이것이 인종차별이 아니라는 게 대세였다. '그렇게 비싼 가방을 흑인이라서 팔기 싫다는 점원이 어딨나', '윈프리는 자기 옷차림도 이유일 거라고 했는데, 스위스에선 원래 갑부들도 소박하게 입고 다닌다' 등이 내가 스위스인들에게 들은 말이다. 이 사건에 태쉴리게이트라는 조롱 섞인 이름이 붙여진 것도 그래서다. 반면 스위스에 사는 내 미국인 친구는 이것이 인종차별이라고 봤다. 미국의 고급 상점에선 점원이 아무 근거 없이 흑인 고객을 의심해 뒤를 따라다니는 일이 흔하다는 것이다.

　질문을 던져 보자. 재산이 3조 원에 이르는 전 세계에서 가장 부유한 흑인 여성이자 방송계의 거물로 미국 여론을 쥐락펴락하는 윈프리는, 흑인이기 때문에 취리히 의류 매장에서 일하는 백인 여성에 비해 약자인가. 백인 직원에게 인종차별 의도가 없었다는 건 어떻게 증명할 수 있나. 의도를 빼고 결과만 놓고 볼 때, 비싼 가방을 고객의 요청에도 보여주지 않은 건 차별인가 아닌가. 이런 질문에 대한 논의가 이뤄질 새 없이, 미국 방송에서 윈프리의 입을 통해 이 일이 알려지면서 스위스는 '인종차별국'이라는 오명을 얻었다. 관광국에는 큰 타격이었다. 스위스 관광청은 트위터를 통해 "우리는 분노하고 있다. 이 사람(직원)의 행동은 끔찍하게 잘못된 것이다"라며 오프라 윈프리에게 공개적으로 사과했다.

　하지만 사건은 이것으로 끝이 아니었다. 스위스 공영방송 SRF는 매년 말이 되면 한 해의 이슈를 정리하고 순위를 매긴다.

191

스위스 공영방송에서 오프라 윈프리로 분장하며 블랙페이싱을 한 스위스 코미디언 비르기트 슈타인에거. (출처: SRF)

그해에는 태쉴리게이트가 1위로 꼽혔다. 이 사건을 재현하는 코미디 프로그램이 방송됐는데 내용이 가관이었다. 백인 여성 코미디언인 비르기트 슈타인에거가 얼굴을 검게, 입술은 빨갛고 두껍게 그린 뒤 머리엔 까만 곱슬머리 가발을 쓰고 등장했다. 그는 가방 가게에 나타나 "아, 우비비비"같은 말이 아닌 이상한 소리를 내면서 가방을 이것저것 다 꺼내 집어던지고 소란을 피운다. 직원들은 어쩔 줄 몰라 하며 그의 비위를 맞춘다.

이것은 멍청해 보이는 흑인이 이상한 행동을 하는 걸 비웃는, 전형적인 '블랙페이싱blackfacing'이었다. 스위스 관광청의 '억지 사과'가 스위스인들의 자존심을 건드렸던 것일까. 그렇게라도 인종차별국이라는 오명을 쓴 '억울함'을 풀고 싶었던 것일까. 하지만 오히려 SRF의 이 방송 덕분에 스위스는 인종차별국이라는 말을 들어도 할 말이 없게 됐다. 태쉴리게이트 자체는 논란의 여지가 있지만 이 방송은 명백한 인종차별이다. 비난이 쏟아지자

SRF는 '어디까지나 풍자였다. 예술로 인정해야 한다'는 입장을
내놨다.

유럽의 블랙페이싱

태쉴리게이트가 흥미로운 건, 인종차별이나 블랙페이스에 대한
인식이 미국과 유럽에서 꽤 차이가 난다는 걸 보여주는 사례이
기 때문이다. 독일은 매년 새롭게 널리 퍼진 영어 단어를 '올해
의 영단어(Anglizismus des Jahres)'로 선정한다. 2014년에 선정된
단어가 '블랙페이싱'이었다. 그해에 열린 월드컵 독일-가나전에
서 독일 관중 일부가 얼굴을 검게 칠했다. 소셜 미디어에서 이들
의 사진이 퍼지면서 논란이 커지자 국제축구연맹(FIFA)은 인종
차별 행위에 대한 조사에 들어갔다. 이런 배경을 바탕으로 블랙
페이싱을 올해의 영단어로 고른 심사위원단은, '독일에서 오랫
동안 블랙페이싱이 있었지만 그 행위엔 특별한 이름이 없었다.
블랙페이싱이라는 영어 단어가 들어오면서 사람들이 이 행위의
여러 의미에 대해 생각하게 됐다'고 밝혔다.

193

　　블랙페이싱을 하면서도 그것을 큰 문제로 여기지 않은 배경
은 뭘까. 미국과 달리 유럽에선 인종차별이 백인-흑인의 구도로
만 이뤄진 게 아니기 때문이다. 유럽 기독교인-아랍 무슬림, 부유
한 북·서유럽-덜 부유한 동유럽과 남유럽, 유럽-아시아 등 여러
지역, 종교, 언어가 얽히고설켜 인종차별이 일어난다. 블랙페이
싱의 역사적 맥락도 다르다. 미국의 블랙페이싱은 19세기 코미디
공연인 '민스트럴쇼'에서 백인 배우들이 흑인 노예 분장을 하고
우스꽝스러운 짓을 하면서 흑인에 대한 나쁜 고정관념을 강화한

것에서 비롯됐다. 하지만 유럽의 경우는 좀 더 복합적이다.

블랙페이싱이라는 말조차 존재하지 않던 유럽에서 블랙페이싱은 어떻게 이뤄졌을까. 유럽의 많은 나라는 매년 1월 6일을 '주현절(Epiphany)'로 기념한다. 3인의 동방박사가 예수를 찾아간 날이다. 독일, 오스트리아 등에선 이날에 아이들이 동방박사로 분장해 집마다 돌아다니면서 자선기금을 모은다. 동방박사 중 하나인 발타자르Balthazar는 흑인으로 알려져 있어서, 발타자르 역을 맡은 아이는 얼굴에 검은 칠을 하는 게 오랜 전통이었다. 매년 1월 초 언론에서 앙겔라 메르켈 독일 총리 옆에 얼굴을 온통 검게 칠한 아이가 나란히 서 있는 사진을 볼 수 있었다. 이 전통이 흑인에 대한 인종차별로 문제시되어 아이들이 메르켈 총리 방문 시 블랙페이싱을 하지 않은 건 최근 3~4년 사이 생긴 변화다. 스위스에서는 2021년 1월 6일에도 백인 아이가 발타자르로 분장하면서 얼굴을 검게 칠한 모습을 TV에서 방영했다. 흑인 희화화가 아니라 동방박사 분장이기 때문에 부정적이라는 인식이 별로 없다.

흑인 모습을 일반화, 희화화한 블랙페이싱도 물론 있다. 이 책 〈1부 코로나19, 상식을 뒤엎다〉에서 유럽의 인종차별에 관해 쓰면서 언급한 네덜란드의 '츠바르테 피트'가 대표적이다. 크리스마스 시즌이 되면 산타클로스의 네덜란드 버전에 해당하는 신터클라스가 시종을 하나 데리고 여기저기 돌아다니며 아이들에게 먹을 것을 나눠준다. 그 시종이 츠바르테 피트, 즉 '검은 피트'다. 대개 얼굴에 검은 칠을 한 백인이 까만 곱슬머리 가발을 쓰고 두껍고 붉은 입술로 분장한 모습이다. 엉뚱한 짓을 하며 아이들을 웃기거나 과자를 나눠 주는 게 그의 역할이다. 네덜란드에서

2021년 1월 9일 스위스 TV에 등장한 블랙페이스. 주현절을 맞아 아이들이 얼굴에 검은 칠을 하고 흑인 동방박사로 분장하는 일은 지금도 스위스에서 흔하다. (출처: 김진경)

150년 이상 된 전통이다.

    2015년 유엔 인종차별철폐위원회는 네덜란드에 츠바르테 피트 캐릭터를 없앨 것을 권고했다. '제아무리 뿌리 깊은 문화 전통에 바탕을 두고 있더라도, 그것이 차별과 편견을 정당화할 순 없다'는 것이다. 권고사항은 강제력이 없어서 네덜란드에서 여전히 크리스마스 시즌에 츠바르테 피트를 볼 수 있다. 하지만 꾸준한 문제 제기 덕에 최근 분명한 변화가 생기고 있다. 2013년 설문조사에 따르면 네덜란드 국민의 90퍼센트 이상이 츠바르테 피트를 인종차별적이라고 보지 않았고 그의 까만 얼굴색을 바꾸는 것에도 반대했다. 2018년 설문조사에선 44퍼센트가 얼굴색을 바꿔도 좋다고 했다.[16] 전통을 바꿀 수 있다는 의견은 교육 수준이 높을수록, 대도시에 거주할수록, 젊을수록 더 많은 것으로 나타났다.

목적이 정당하면 블랙페이스도 용납될까

블랙페이싱이 인종차별에 이용된 게 아니라, 인종을 차별하는 현실을 고발하기 위해 쓰인 경우도 있었다. 2009년 독일 기자 귄터 발라프Gunter Wallraff는 소말리아 흑인으로 분장하고 언더커버 카메라 팀과 함께 독일 전역을 14개월간 여행했다. 그 기록을 바탕으로 독일에서 흑인이 받는 차별을 다룬 다큐멘터리가 〈흰색 위의 검은색(Black on White)〉이다. 여행 당시 60대 후반이었던 발라프는 평생을 '언더커버 저널리즘'에 바쳐온 기자다. 20대 초반에 광부로 위장한 것을 시작으로 콜센터 직원, 터키 이주민 노동자 등 사회적 약자로 변장하고 현장에 잠입해 그곳에서 벌어지는 차별에 관해 썼다. 그런데 높은 평가를 받았던 이전 기사들과 달리, 흑인 분장은 사회적으로 큰 비판을 받았다. 흑인 작가이자 기자인 노아 소는 "발라프는 억압받는 약자를 흉내 내 돈을 벌고 주목을 받으면서 존경까지 얻고 있다"고 비난했다.

목적이 정당해도 수단이 나쁘면 안 되고, 심지어 잘못된 수단 때문에 목적까지 의심받는 것이다. 비교해볼 사례가 있다. 미국의 백인 기자 존 하워드 그리핀John Howard Griffin은 1959년에 온몸을 검게 물들여 흑인으로 분장하고는 인종차별이 심한 미국 남부를 6주 동안 여행한다. 그 과정에서 당한 차별을 쓴 책이 《블랙 라이크 미》다. 이 책은 미국에서 인종차별에 반대하는 수많은 사람에게 영감을 주었고, 블랙페이싱이라는 수단 때문에 비난받지도 않았다. 1950년대니까 가능했던 얘기 아니냐고 할 수도 있겠다. 하지만 굳이 이 예시를 드는 것은 행위의 목적에 관계없이 '블랙페이싱은 무조건 나쁜 거니 묻지도 따지지도 말고 외우라'는 주장에 대해 다시 생각해봤으면 해서다.

미국 아이오와Iowa주 라이스빌Riceville의 한 초등학교 교사 제인 엘리어트는 그리핀의《블랙 라이크 미》를 읽고 감화받아 자신이 가르치는 백인 아이들에게 편견과 차별에 대해 가르치기로 한다. 마틴 루서 킹Martin Luther King이 살해된 1968년 4월 4일 다음 날 엘리어트는 실험을 시작한다. 3학년 아이들을 눈동자 색깔에 따라 두 그룹(푸른 눈 17명, 갈색 눈 11명)으로 나누어, 오직 눈 색깔을 이유로 차별적으로 대하는 실험이었다. 결과는 놀라웠다. 눈동자 색에 따라 아이들의 행동이 달라졌고, 상대 그룹을 이유 없이 미워하기 시작했다. 아이들은 피부색에 따른 편견이 눈동자 색에 따른 편견만큼이나 근거 없고 잔인하다는 걸 깨달았다. 엘리어트는 이 실험을 매년 새로운 3학년 교실에서 이어갔다. 3년째의 실험(1970년)은 ABC 방송 PD 윌리엄 피터스William Peters에 의해 〈The eye of the storm(폭풍의 눈)〉이라는 제목의 TV 다큐멘터리로 제작됐고, 미국 전역에 방송돼 큰 반향을 얻는다. 이 다큐멘터리에 등장했던 3학년 학생들이 성인이 된 뒤 1984년 동창회에서 만나 어릴 적 차별 실험을 돌아보는 내용 역시 윌리엄 피터스 PD에 의해 〈분열된 교실〉이라는 후속 다큐멘터리로 제작된다. PD가 두 다큐멘터리 제작 과정을 담아 펴낸 책이《푸른 눈, 갈색 눈》이다. 옮긴이 김희경은 이 책 후기에서 교사 엘리어트에게 영향을 미친 그리핀의 블랙페이싱 실험을 다음과 같이 언급한다.

197

백인인 존 그리핀이 미국에서 인종차별이 극심하던 1959년에 피부를 염색하고 흑인으로 변신한 뒤 인종차별의 본산지인 남부를 여행하는 극단적 실험을 한 이유는 한 흑인에게 이런 말을 듣고 나서였다고 한다. "백인이 흑인의 현실에 관해 한 가지라도 이해하려면 어느 날 아침 흑인 피부색을 하고 깨어나는 수밖에 없다." 그래서 그는 그렇게 했다. 피부색을 바꾸고 머리를 깎았다. 그러나 옷차림과 말투, 경력은 그대로 유지했다.…… 개인적 자질을 보고 그를 판단하는 사람은 아무도 없었다. 모든 사람이 피부색으로 그를 판단했다.[17]

이 블랙페이싱 실험은 그리핀 자신의 깨달음을 넘어 초등학교 교사가 교실에서 편견 실험을 하는 데까지 영향을 미쳤다. 물론 의정부고 관짝소년단의 장난스러운 블랙페이싱을 그리핀의 목숨 건 블랙페이싱에 비교할 수는 없다. 흑인 입장이 되기 위해 반드시 흑인 피부색을 하고 살아봐야 한다는 주장도 반론의 여지가 크다. 시대가 달라졌으니 '그때는 맞고 지금은 틀리다'고 할 수도 있겠다. 하지만 나는 지금 '블랙페이싱도 때에 따라 괜찮다'는 얘기를 하려는 게 아니다.

인종차별이 나쁜 기본적인 이유 중 하나는 저마다 다른 개인을 하나로 뭉뚱그려 범주화, 일반화하기 때문이다. 대부분의 블랙페이싱도 그렇다. 흑인을 한데 묶어 차별하는 것도 모자라 백인 스스로 흑인으로 분장해 우스꽝스러운 연기를 하면서 차별이 정당하다는 생각을 강화한다. 범주화 중에서도 악랄한 범주화다. 그러나 독일 기자 발라프의 실험, 미국 기자 그리핀의 실험, 유럽 주현절의 흑인 동방박사 분장에서 볼 수 있듯 블랙페이싱의 기원이나 의도는 단일하지 않다. 블랙페이싱은 비판의 대상이지만, 비판은 그것을 둘러싼 맥락, 의도, 반응을 고려해 이뤄져야 한다. 미국과 달리 유럽에서 블랙페이싱이 완전히 금기시되지 않고 여전히 논쟁 중인 이유다. '블랙페이싱은 정치적으로 올바르지 않다'라고 할 때, 그 정치란 어디의, 누구의 정치인가.

한국의 관짝소년단 논란은 한국적 맥락에서 블랙페이스에 대해 논의할 좋은 기회였다. 그런데 '미국에서 몹시 나쁜 거니 무조건하지 말아야 한다', '글로벌 스탠더드를 따라야 한다'는 주장이 여러 건설적인 질문을 봉쇄한 면이 있다. 차별 없는 사회로 가는 길은 고속도로가 아니다. '경제개발 5개년 계획' 식으로 '정치적 올바름 5개년 계획'을 세워선 안 된다. 획일화된 기준을 세워 모두가 열심히 따르게 하는 건 분명 효율적이고 성과도 클 것이다. 하지만 질문과 소수 의견은, 설사 그것이 정치적으로 올바르지 않다고 해도, 생략될 경우 많은 부작용을 낳는다.

14장

'공정한 언어'─언어는 진화할까

'they'의 진화

정치적 올바름을 요구하는 목소리는 계속 커지고 있다. 이민자 비중이 늘어난 다문화 사회, '공정'을 둘러싼 남녀 갈등이 첨예한 시대, 장애인의 기본적 권리가 여전히 보장되지 않는 상황에서 정치적으로 올바른 태도를 갖는 건 차별에 반대하는 사람들에게 기본 중의 기본으로 여겨진다. 여기서 정치적 올바름은 어떤 언어를 사용할 것인가와 관련된 문제일 때가 많다. 이광재 더불어민주당 의원이 '절름발이 정책'이라는 표현을 쓰자 장혜영 정의당 의원이 '소수자 비하 표현'이라고 지적한 일은 인권 단체나 온라인 커뮤니티가 아닌 국회라는 메이저 무대에서 정치적 올바름 논쟁을 일으켰다는 점에서 의미가 있다.[18] 당시 이 지적이 지나치다고 한 의견도 많았다. 그런데 지금 서구에서 진행 중인 논쟁과 비교해보면 장 의원의 지적이 지나치다고 하기는 민망하다. 어떤 상황인지 보자.

얼마 전 둘째 아이가 다니는 유치원에서 직원 한 명이 코로나19 확진을 받았다는 이메일이 왔다. 영어로 쓰인 이메일에서 눈에 띄는 점이 있었다. 확진자를 지칭하는 대명사가 'they'였다. 그 부분만 인용하자면 이렇다.

> We regret to inform you that a staff member who was active in kindergarten A last week has been tested positive for the Corona virus yesterday evening. They are doing ok, given the circumstances, but are waiting for more details on their Quarantine expectations.
>
> 지난 주에 A반에서 일했던 직원 한 명이 어제 저녁 코로나 확진을 받았다는 소식을 전하게 되어 유감입니다. 현재 직원의 상태는 괜찮지만 격리 기간에 대해 (보건 당국으로부터) 지침을 기다리는 중입니다.

201

내용을 보면 확진자는 분명 한 명인데 왜 he나 she가 아니라 they라고 썼을까. 확진자의 성별을 감추기 위해서다. he나 she를 써서 성별이 알려지면 얼마 안 되는 유치원 직원 중 누가 코로나19에 걸렸는지 추측하기가 쉬워진다. 추측은 차별로 이어질 가능성이 있다. 차별을 미리 막기 위해 they를 쓴 것이다.

3인칭 단수 대명사로 they를 쓰는 것은 최근 몇 년 사이 영어에 새로 생겨난 용법이다. 이런 움직임이 있다는 글을 인터넷 블로그에서 2년 전쯤 처음 읽었을 때 나는 말도 안 된다고 생각했다. 어떻게 문법을 인위적으로 바꿀 수 있는가. they는 수많은 사람이 3인칭 복수 대명사로 쓰기로 약속한 단어가 아닌가. 굳이 남녀를 구분할 필요가 없는 상황, 또는 구분이 차별로 이어질 수 있는 상황에서 중성 대명사를 쓰자는 의도는 좋다. 그러나 대중의 언어 습관이 정치적인 이유로, 게다가 몇몇 소수의 주도로 바뀌기란 불가능하다고 봤다.

내 생각은 틀렸다. '3인칭 단수 대명사 they 쓰기 운동'은 영어 문법을 바꾸고 있다. 미국계 IT 기업에 근무하는 지인에게 물으니 채용 과정에서 이름과 사진을 공개하지 않는 것은 물론이고, 지원자를 지칭할 때 he나 she를 대신해 they를 쓰도록 하는 사내 지침이 이미 오래전에 만들어졌다고 한다. 지원자의 성별이 채용 결과에 영향을 미치지 않도록 하기 위해서다. 유치원에서 부모에게 보내는 이메일에 쓰일 정도면 이제 새로운 규범으로 자리 잡았다고 볼 수 있다.

나는 방금 '부모'라고 썼다. 하지만 최근 '부모님께'로 시작하는 가정통신문은 점점 줄어들고 있다. 스위스 교육청에서 정기적으로 보내오는 뉴스레터는 이렇게 시작한다. 'Liebe Eltern und Erziehungsberechtigte'. 한국어로는 '친애하는 부모님과 법적 보호자님께'라는 뜻이다. 편지를 받아보는 사람 중엔 부모만 있는 게 아니다. 조부모나 이모, 삼촌 같은 친척이 있을 수 있다. 보육원 담당자, 입양 대기 아동을 위탁 가정에서 돌보는 보호자도 있다. 이들이 '부모님께'라고 쓰인 소식지를 받아보는 기분이 어떨까. 그리고 '부모님께'로 시작하는 소식지를 부모 아닌 양육자에게 보여주는 아이들의 심정은 어떨까. 기분과 심정을 다 떠나서, '부모님께'만 쓰는 건 다양한 수신자를 지칭하는 정확한 표현이 아니다. '법적 보호자'라는 한 단어를 추가하는 것으로 훨씬 많은 사람을 '정상 가족'의 울타리 안에 넣는 것이 가능해진다. 기존 언어 습관을 약간 수정하는 것은 사소하지만 사려 깊은 태도다. 투입하는 노력에 비해 얻는 것이 훨씬 크다.

공정한 언어에 대한 저항

일상적으로 쓰는 언어가 의도했든 안 했든 누군가를 차별하거나 소외시키는 결과를 낳는다면 고쳐 쓰는 게 낫다. 차별을 줄이고 더 많은 사람을 포용하는 언어를 쓰자는 움직임은 전 세계적 추세다. 영어, 프랑스어, 스페인어로는 '포용적 언어(inclusive language, écriture inclusive, lenguaje inclusivo)', 독일어로는 '공정한 언어(gerechte Sprache)'라고 한다. 비차별적인 언어, 정치적으로 올바른 언어라고 부르기도 한다. 이 글에서는 '공정한 언어'로 통일하겠다.

공정한 언어 쓰기 운동은 분명 선한 의도로 시작됐지만, 이에 저항하는 움직임도 만만찮다. 흔히 생각하듯 기존에 누리던 다수자로서의 위치를 포기하기 싫어서라거나 차별에 둔감한 사람들의 게으름 때문만은 아니다. 정치적 목적을 위해 언어를 인위적으로 변화시키는 것, 특히 톱다운 방식으로 일방적 지시에 의해 언어 규범을 바꾸는 것에 대한 반발이다. 정치 집단과 관련이 없는 언어학자들이 반대하는 이유도 들어볼 필요가 있다.

스위스의 공식 언어는 4개(독일어, 프랑스어, 이탈리아어, 로망슈어)이고 언어권별 방송사가 따로 있다. 그중 프랑스어권 공영방송인 RTS가 2021년 2월에 새로운 보도 가이드라인을 내놨다. 앞으로 방송에서 '성 중립 언어'를 쓰겠다는 것이다. 프랑스어는 명사와 대명사에 성 구분이 있는 언어다. 예를 들어 '모두'를 뜻하는 대명사의 남성형은 tout(복수형 tous), 여성형은 toute(복수형 toutes) 다. 전에는 뉴스 프로그램을 시작할 때 시청자에게 "Bonne soirée à tous(여러분, 좋은 저녁입니다)"라고 인사를 했다. 시청자 전체를 지칭하는 '여러분'을 남성 복수형 대명사로 쓴 것이다. 앞으로는 이 표현에 여성 복수형과 남성 복수형 대명사를 함께 써서 "Bonne soirée à toutes et à tous"로 한다는 게 RTS의 새 방침이다.

가이드라인 발표 직후 스위스의 프랑스어 연구 기관인 DLF(Délégation suisse à la langue française)가 방송사에 공개 편지를 보냈다. "공영방송에서 공정한 언어만 쓰도록 제한하는 건 언어를 '무기화'하는 것이다. 프랑스어에 치명적인 덫이 될 수 있다. 프랑스 학술원(Académie française)조차도 성 중립 언어 쓰기 운동을 달가워하지 않는다"는 내용이다. DLF는 여기서 한발 더 나갔다. 스위스 정부의 공식 행사에서 공정한 언어 사용을 금지하는 내용의 헌법 개정안을 국민투표에 부치겠다고 밝혔다. 공정한 언어 사용을 불법화하겠다는 뜻이다. DLF 회장인 오렐 샬레는 언론 인터뷰에서 이렇게 말했다. "공정한 언어는 임의적으로 만들어져서 남용되고 있다. 많은 사람을 포용한다고 하지만, 실제로는 그 복잡성 때문에 사람들을 소외시키는 결과를 낳는다. 공정한 언어 운동은 성차별의 근본적인 문제는 건드리지 않고 언어만 바꾸려 한다."

스위스 중도파 정당인 기독민주당 의원이자 프랑스어 교수인 벤자민 로뒤도 공정한 언어 운동에 반대한다. "성 포용 언어 때문에 생기는 철자법과 문장 구조의 급격한 변화는 분열된 언어, 해체된 표현을 낳는다. 이것은 텍스트 해독이 불가능해지는 혼란으로 이어질 수 있다. 언어를 그냥 만들어낼 수는 없다. 언어는 몇 가지 기본 규칙에 따라 전체 인구가 이해하고 받아들여야 하는 것이다"라는 게 그의 주장이다.

로뒤 의원이 말한 텍스트 해독 불가능성이란 뭘까. 공정한 언어가 앞서 든 예시처럼 '여성 여러분과 남성 여러분(à toutes et à tous)' 정도의 수준이라면 별문제가 없다. 그러나 현재 진행되는 논의는 이보다 더 복잡하다. 우선 독일어의 경우를 보자. 역시 명사의 남녀 성 구분이 있는 독일어에서 남성 독자는 Leser(복수형 Leser), 여성 독자는 Leserin(복수형 Leserinnen)이다. '독자 여러분에게'라고 쓸 때 전에는 남성 복수형 Leser만 써서 전체를 대변했다. 요즘은 남성형과 여성형을 한 단어로 만들어 쓰는데, 이를 위한 방법이 네 가지 있다. ①LeserInnen(남성형 복수에 여성형 복수를 연결시키되 연결 부분을 대문자로 씀), ②Leser_innen, ③Leser*innen, ④Leser/innen이 그것이다. 어떤가. 혼란스럽지 않은가. 이런 '트렌드'에 대해 잘 모르거나, 읽고 쓰는 데 장애가 있는 사람은 이 같은 변화를 어떻게 받아들일까.

같은 상황에서 프랑스어의 경우 중간 점을 찍는 방법을 주로 쓴다. 그 결과 '파리 사람'을 뜻하는 parisien·ne·s(남성형, 여성형, 복수형 순)라는 새로운 형태의 단어가 등장했다. 일부 프랑스 언어학자는 이 방식에 거세게 반대하고 있다. 난독증 같은 언어 장애나 학습 장애가 있는 사람, 또 글쓰기를 처음 배우는 학생들에게 점으로 분리된 단어가 언어 학습을 할 때 큰 난관이 될 수 있다는 이유다. 장 미셸 블랑케 프랑스 교육부 장관은 이런 이유 때문에 2021년 5월 5일 학교에서 성 포용적 언어 사용을 금지하는 방침을 발표했다. 고정관념에 맞서 싸우고 누구나 동등한 기회를 누리도록 돕는 게 언어(프랑스어)의 역할인데, 공정한 언어의 복잡한 규칙과 불안정성이 오히려 이런 목적을 이루는 걸 방해한다는 게 블랑케 장관의 말이다.[19] 차별을 없애려는 시도가 의도와 관계없이 다른 종류의 차별을 낳을 수 있다는 지적을 간과해선 안 될 것이다. 인간이 보편적 언어를 통해 차별에 저항하는 수단으로서의 말과 글을 발전시켜 왔는데, 특수한 언어를 만든 결과 학습에서 소외되는 이들이 생기면 말과 글이 갖는 힘도 약해진다는 주장에 대해서도 깊이 생각해볼 필요가 있다.

스페인어는 어떨까. 대부분의 스페인 명사는 어미에 따라 성별이 구분된다. 명사 앞에 붙는 관사도 성별에 따라 다르다. 예를 들어 '친구들'이 남성일 때는 los amigos, 여성이면 las amigas다. 스페인에서 공정한 언어 쓰기 운동을 주도하는 이들은 어미 o와 a 대신 e를 사용하는 방법을 만들어냈다. 즉 les amiges가 성 구분 없는 친구들을 뜻한다. 이 표현은 남녀 구분을 하지 않음은 물론, 스스로를 남성과 여성 중 어느 쪽으로도 정체화하지 않는 사람들까지 포함한다는 점에서 독일어나 프랑스어보다 포용 범위가 더 넓다고 할 수 있다. 물론 사전에는 없는 말이다. 스페인어를 쓰는 남미 국가 중 특히 아르헨티나와 칠레에서 젊은 세대 중심으로 'e 쓰기 운동'이 활발히 일어나고 있다. 스페인에서는 현재 좌파 연립정부를 구성하고 있는 포데모스Podemos 정당이 앞장서서 이 운동을 주도한다. 이 정당 소속인 양성평등부 장관 이레네 몬테로가 2021년 4월 16일 연설에 앞서 인사를 하면서 "Todas, todos y todes"라고 말해서 화제가 됐다. '여러분'이라는 뜻의 단어로 todas(여성 복수형)와 todos(남성 복수형)가 있는데 거기에 성 중립형 todes를 덧붙인 것이다.[20]

이 같은 급격한 변화 속에서 혼란이 생기는 건 당연하다. 기관, 개인마다 쓰는 방법이 제각각이고, 그러다 보니 인터넷 검색에서도 노출 결과가 달라진다. 앞서 로뒤 의원이 말한 '텍스트 해독 불가능'은 그런 문제의식을 담고 있다. 그런데 정말로 성 중립 언어를 쓰면 정말 텍스트 이해가 더 어려워질까. 검증이 필요하다.

스위스 브라운슈바이크공과대학 심리학자들이 이 주제로 한 실험이 있다. 같은 내용의 독일어 텍스트를 두 버전으로 만들었다. 하나는 남성 명사가 전체를 대변하도록 쓰이는 기존의 방식, 다른 하나는 남성형과 여성형을 함께 사용하는 방식이다. 이걸 학생 355명에게 읽도록 하고 이해도를 측정했다. 결과는? 두 텍스트 이해도에 유의미한 차이가 없었다. 여성형을 함께 쓰는 게 복잡하고 경제적 효용이 떨어진다고들 주장하지만 실제로 읽는 사람에겐 걸림돌이 아니었다는 거다.[21] 물론 독일어가 아닌 프랑스어나 스페인어에선 실험 결과가 달라질 수 있다. 변화의 정도에 따라, 학교교육 방식에 따라서도 다른 결론이 나올 수 있다. 더 많은 연구를 통해 공정한 언어의 영향을 알아볼 필요가 있다.

207

우리의 언어는 진화하고 있는가

유럽의 성 중립 언어 논란을 보면, 명사 성 구분이 없는 한국어는 얼마나 '공정하기 쉬운' 언어인가 싶다. 그러나 무성 명사에 굳이 성별을 덧붙여 '여교사'니, '여류 작가'니 하는 단어를 쓰는 걸 보면 언어가 아니라 사용자가 문제라는 생각도 동시에 든다.

터키나 이란의 언어엔 성별 구분이 없지만, 이 나라들의 여성 인권이 독일, 프랑스, 스페인보다 낮지 않다는 점도 시사하는 바가 크다. 명사 성 구분이 없는 언어라고 해서 그 언어를 쓰는 사회에 성차별이 없는 건 아니다. 성 중립 언어를 쓴다고 해서 다른 노력 없이 저절로 성 평등이 이루어지는 것도 아니다. 성 중립 언어의 필요성을 도외시하는 게 아니라, 언어와 실제 세계가 함께 변해야 한다는 뜻이다. 공정한 언어 사용이 현실을 바람직한 방향으로 이끌 수 있다는 건, 언어가 현실을 반 발짝 정도 앞서갈 때 유효한 주장이다.

반 발짝 넘게 앞서간다는 건 어떤 경우일까. 미국 뉴욕 맨해튼의 사립학교인 그레이스처치스쿨Grace Church School은 2020년 9월에 '포용적 언어 가이드라인'을 배포했다. 학생들에게 '엄마', '아빠', '부모' 같은 호칭을 쓰지 말라는 권고다. 학생들의 가정 상황을 유추해 차별을 조장할 수 있다는 이유다. '소년과 소녀(boys and girls)', '숙녀와 신사(ladies and gentlemen)' 같은 표현도 쓰지 않도록 했다. 대신 '어른(grown-ups)', '사람들(folks)', '보호자(guardians)' 등을 사용하라는 내용이다. 의도는 좋지만, 학생들이 '엄마', '아빠' 같은 말이 혐오와 차별을 조장한다는 걸, 그래서 쓰지 말아야 한다는 걸 받아들이기 쉬울까.

앞서 스위스 교육청이 보내는 뉴스레터는 '부모님과 법적 보호자님께'라는 표현을 쓴다고 했다. 둘의 차이는 무엇인가. 미국 그레이스처치스쿨의 가이드라인은 존재하는 말을 쓰지 못하게 막았다. 스위스 교육청 뉴스레터는 기존의 단어에 새 표현을 덧붙여 썼으며, 그 말을 다른 이들이 따라 쓰도록 강제하지도 않았다. 같은 의도라도 실행하는 방식이 다르다. 그레이스처치스쿨의 가이드라인을 보도한 미국 기사는 끝에 '2020~2021학년도 이 학교의 학비는 5만7,330달러(약 6,380만 원)'라는 내용을 덧붙이고 있다.[22] 주관적 느낌일지 모르지만 비꼬는 듯한 표현이다. 정치적 올바름이 교육 수준 높고 부유한 사람들의 액세서리처럼 쓰인다는 지적은 이미 많이 나왔다. 현실에 발붙이지 않은 훈계, 정치적 올바름을 기준으로 또다시 내 편과 네 편을 분리하는 태도라는 비판을 받아들여야 한다.

다른 제도와 달리 언어(구어, 문어)는 소통을 위해 모두가 매일같이 쓰는 도구다. 사람들은 필수적인 도구를 안정적으로 쓰고 싶어 한다. 다른 사안에서 진보적인 입장의 사람들도 언어 사용 문제에서는 보수적인 태도를 보일 때가 많은 건 그 때문이다. 공정한 언어 사용의 도덕적 의미도 중요하지만, 그 변화의 최종적 목적이 무엇이며 그 목적을 달성하는 데 이 방법이 어떤 영향을 미칠지 생각해볼 필요가 있다. 우리에게 필요한 건 차별 없는 세계, 그리고 그 세계에 맞춰 진화하는 언어다. "변화에 맞춰 진화하지 않는 언어는 결국 사멸한다"(취리히대 언어학 교수 노아 부벤호퍼). 우리의 언어는 적절히 진화하고 있는가. 진화 과정에서 피해를 보는 이들은 없는가.

209

15장
프라이버시, 어디까지 지켜야 하나

한국에 메신저앱 카카오톡이 있다면 유럽엔 왓츠앱이 있다. 페이스북이 인수한 미국 회사로 유럽에서도 가장 보편적으로 이용하는 메신저다. 카카오톡처럼 개인 간의 기본적인 연락은 물론 단체 채팅방 용도로도 쓰인다. 나도 아이 학급의 학부모 모임, 같은 동네 여성들 모임 등 여러 단체 채팅방에 속해 있다. 그런데 2021년 3월 갑자기 왓츠앱에서 탈퇴한다는 사람들이 속출했고, 그 때문에 다른 스위스 메신저로 단체 채팅방을 옮기는 일이 여기저기서 생겼다.

이것은 왓츠앱이 개정한 약관 때문에 벌어진 일이다. 개정 약관의 핵심은 모회사인 페이스북과 데이터를 공유한다는 것으로, 공유 정보에는 사용자 전화번호, 위치, 모바일 기기 정보, IP 주소 등이 포함됐다. 왓츠앱을 사용하면 자동으로 이 같은 정보가 페이스북에도 전달된다는 의미다. 개인 정보와 관련해 사용자들의 신뢰를 잃은 지 오래인 페이스북과 데이터를 주고받는다고 하니, 그럴 바에야 다른 메신저를 쓰겠다며 탈퇴가 급증했다.

당시 동네 여성들의 단체 채팅방에서는 그러면 어디로 옮겨

갈 것인지, 탈퇴하지 않는 사람들을 위해 왓츠앱 채팅방은 그대로 유지할 것인지 등을 놓고 며칠에 걸쳐 논의가 이어졌다. 개인 정보를 보호하기 위해 무조건 탈퇴해야 한다는 의견과, 그동안 쌓아온 콘텐츠와 채팅방 멤버를 그대로 유지하는 게 더 중요하다는 의견이 대립했다. 그때 한 여성이 했던 말이 기억에 남는다. "개인 정보를 페이스북과 공유하는 게 그렇게 중요한가요? 나는 테러리스트도 아니고 숨길 게 없어서 내 개인 정보를 페이스북이 들여다보든 말든 상관없는데."

'숨길 게 없다면 공개 못 할 이유도 없다'는 건 흔한 논거다. 언뜻 그럴듯하게, 합리적으로 들린다. 개인 정보 논쟁에서 워낙 자주 나와서 영어권에서는 'nothing to hide argument'라는 이름까지 붙었다. 2020년 11월에 추미애 전 법무부 장관이 들고나온 '휴대전화 비밀번호 해제법'도 그런 맥락에서 등장했다. 이것은 당시 검·언 유착 의혹 사건에 연루됐던 한동훈 검사장을 겨냥한 것으로, 추 전 법무부 장관은 수사 방해 등 특정 상황에서 법원의 명령에 따라 휴대전화 비밀번호 해제를 강제할 수 있는 법률 제정을 검토하도록 했다. 추 장관은 "비밀번호 안 알려주고 협조 안 하면 어떻게 수사를 하겠나. 진실이 힘이고 무기인데, 억울하면 수사에 협조하는 게 당연하다"고 말했다. '개인 정보 공개＝진실'이라는 도식을 만든 것이다.[23] 이 법안을 지지하는 사람들은 한 검사장이 거리낄 게 없다면 왜 휴대전화 비밀번호를 공개하지 않느냐고 몰아세웠다. 반대 측에서는 비밀번호를 강제로 공개하도록 하는 법안이 인권을 유린하는 반헌법적 발상이라고 주장했다.

이 논리는 코로나19 초기 감염을 저지하기 위해 개인의 동

211

선을 추적, 공개하는 과정에서도 등장했다. 전염병 확산을 막는
게 그 무엇보다 중요한 시기인데 프라이버시를 내세우는 이유가
뭐냐, 숨기는 게 있어서가 아니냐는 거다. 이런 논리는 한국에서
별 저항 없이 쉽게 받아들여진 듯하다. 개인의 동선이 시간별로
낱낱이 공개되는데도 이를 문제 삼는 일이 거의 없었으니 말이
다. 사생활 보호 문화가 아시아보다 훨씬 강한 유럽에서는 그 정
도의 동선 공개는 이뤄지지 않았지만, 확진자 접촉 여부를 알기
위해 '코비드 앱'으로 모르는 사람끼리 블루투스 신호를 교환해
왔다. 여기 반대해 앱을 설치하지 않는 사람들도 많았다. 팬데믹
위기 앞에서 개인 정보를 우선시하는 주장은 힘을 잃었지만 그만
큼 개인 정보에 관한 활발한 논의가 일어나는 계기도 됐다. 숨기
는 게 있든 없든 개인의 프라이버시를 보호해야만 한다면, 그 이
유는 뭘까.

'숨길 게 없다면 공개하라'는 주장의 문제점

2010년 8월 초 어느 날, 스페인 남성 K가 탄 비행기가 바르셀로
나 공항에 착륙했다. K는 미국 라스베이거스에서 열린 컴퓨터
보안 콘퍼런스에 참석했다가 집으로 돌아가는 길이었다. 수하
물이 나오길 기다리던 그는 자기 가방을 발견하고 깜짝 놀랐다.
앞면에 대문자 L 모양으로 크게 칼집이 나 있었고 그 위는 테이
프로 봉해져 있었다. 가방에 붙은 쪽지엔 이렇게 쓰여 있었다.
'TSA에서 수하물을 조사했음'.

　　TSA(Transportation Security Administration)는 미국 국토안보
부 산하 조직인 교통보안청이다. 9·11 테러 이후 미국 항공 보안

을 주도하고 있다. 국가 안보라는 명분은 TSA가 개인의 소지품을 본인이 없는 자리에서 확인하는 것을 가능하게 만들었다. K는 "라스베이거스에서 기념품으로 전문가들이 쓰는 특별한 컴퓨터를 하나 샀는데, 모양이 특이한 전자 기기가 검색대에서 감지되자 TSA가 가방을 열어본 것 같다"고 말했다.

내 친구 K에게 일어난 일처럼 보안 요원이 여행 가방을 훼손하는 건 사실 드물다. 요즘은 TSA가 칼을 대지 않고도 대부분의 여행 가방을 열 수 있다. 'TSA 승인 자물쇠' 덕분이다. 그게 뭔지 모른다면, 지금 당신의 여행 가방을 한번 살펴보기 바란다. 비밀 번호를 설정하게 되어 있는 자물쇠 부분에 빨간 다이아몬드 마크가 있나? 그 옆에 TSA00으로 시작하는 번호와 열쇠 구멍이 보이는가? 당신은 여행 가방을 살 때 이 구멍에 맞는 열쇠를 받은 기억이 없을 것이다. 열쇠 구멍은 당신을 위한 것이 아니라 TSA를 위한 것이기 때문이다.

TSA는 이런 시스템이 적용된 자물쇠를 열 수 있는 마스터키를 갖고 있다. 미국에서건 한국에서건 유럽 국가에서건, 요즘 나오는 여행 가방 대부분은 TSA 승인 자물쇠를 장착했다. K는 TSA 시스템이 적용되지 않는 여행 가방을 이용했다가 가방이 찢어지는 일을 겪었고 보상도 받지 못했다. 미국 국가 안보를 위한 정당한 수색이라는 이유 때문이다.

찢어져 공개된 것이 가방 속 내용물이 아니라 다른 것이었다면 어떨까. 매주 시켜 먹는 배달 음식 리스트라면, 친구와의 통화 내역이라면, 서점에서 산 책 목록이라면, 차 기름을 넣은 주유소 위치라면? 별것 아닌데 뭐가 문제냐고 하는 사람들이 있을 것이

213

다. 게다가 만약 거기에 '테러 방지' 같은 정당한 목적이 있다면, 자발적으로 그런 사소한 정보를 내놓는 사람들도 많을 것이다. K에게도 '마약을 숨겨온 것도 아닌데, 쉽게 열어볼 수 있게 TSA 자물쇠를 쓰지 그랬어. 그럼 가방이 찢어지지도 않았을 텐데'라고 말한 사람들이 있었다.

대니얼 솔로브Daniel J. Solove 미국 조지워싱턴대 로스쿨 교수는 프라이버시법의 세계적 권위자다. 2011년 출간된 저서 《숨길 게 없다면: 프라이버시와 보안의 잘못된 거래》(*Nothing to Hide: The False Tradeoff Between Privacy and Security*)는 '거리낄 게 없다면 공개 못 할 이유가 뭔가'라는 주장의 문제점을 조목조목 반박하는 책이다.

솔로브 교수는 우선 '사소해 보이는 작은 데이터 조각들이 모여 만들어진 집합체'가 문제라고 말한다. 굳이 보호할 필요를 못 느끼는 정보라 해도, 합쳐지면 예상하지 못했던 결과가 도출된다. 예를 들어보자. 누가 서점에서 암에 관한 책을 한 권 샀다. 이 자체는 큰 의미가 있는 개인 정보가 아니다. 그런데 같은 사람이 가발도 샀다면? 가발을 사는 데도 수많은 이유가 있을 수 있다. 하지만 암 관련 책과 가발 구매라는 정보 조각이 합쳐지면, 그 사람이 암에 걸려 현재 항암 치료 중이라는 추측이 가능해진다. 서점과 가발 가게에서 쓴 신용카드 내역으로부터, 그가 알리기 싫었을 수도 있는 암 치료 중이라는 정보가 드러난다. '전체는 부분의 합보다 크다'는 철학적 명제를 떠올려보자. 별것 아닌 정보 조각들이 합쳐지면 예상을 넘어서는 결과를 낳을 수 있다. 사소한 정보라도 보호해야 할 근거다.

또 다른 문제는 정보가 수집 과정에서 왜곡될 위험이다. 암에 관한 책과 가발을 산 사람이 실은 본인이 암에 걸린 게 아니라 가족 중 암 환자가 있었던 것이라고 해보자. 그런데 자신이 암에 걸렸다는 잘못된 정보가 퍼져 직장에서 이로 인한 불이익이나 차별을 받았다면 어떨까. 사실인 정보라도 함부로 유출되면 안 되는데, 새어나간 것이 심지어 왜곡된 정보라면?

솔로브 교수는 위 책에서 좀 더 그럴듯한 사례를 제시한다. 누군가 최근 메스암페타민(마약류 각성제) 제조 원리에 대한 책을 여러 권 샀다는 사실이 신용카드 내역을 통해 알려지게 됐다고 하자. 관리 당국은 그가 집에서 몰래 메스암페타민을 제조한다는 '합리적' 의심을 품는다. 그런데 실은 그는 소설가이고, 메스암페타민을 집에서 제조하는 사람이 주인공인 소설을 쓰고 있었을 뿐이다. 책을 산 건 자료 조사 때문이었다. 하지만 새어나간 신용카드 내역 때문에 이 사람은 당국의 마약 사범 감시 리스트에 오를 수도 있다.

이런 일은 실제로도 일어났다. 2011년 미국 《워싱턴 포스트The Washington Post》에 보도된 캐서린 테일러라는 여성이 겪은 일이다.[24] 기사를 바탕으로 사례를 재구성하면 이렇다. 아칸소Arkansas주에 사는 캐서린은 몇 년 동안 계속 취업에 실패했다. 문제가 뭔지 알 수가 없었는데, 지역 적십자사에 지원했다가 거절당한 뒤에야 이유가 밝혀졌다. 적십자사의 채용 거절 편지에 '초이스 포인트'라는 개인 정보 브로커의 자료가 동봉돼 왔다. 그 자료엔 캐서린이 '메스암페타민을 제조해 판매하려 했다가 기소됐다'는 내용이 포함돼 있었다. 전혀 근거 없는 얘기였다. 나중에 알

215

고 보니 캐서린과 이름과 생일이 같은 다른 여성에 대한 내용이었다. 캐서린은 그제야 암암리에 돌고 있던 자신에 대한 잘못된 정보로 인해 취업에도 실패하고 신용 등급도 내려간 걸 알았다. 등급이 떨어질 대로 떨어져서 신용카드로 식기세척기도 사지 못했고 대출도 남편 이름으로 받아야 하는 상황이었다.

캐서린은 초이스 포인트에 요구해 잘못된 정보를 삭제했지만 그게 끝이 아니었다. 개인 정보 브로커들끼리 정보를 교환하기 때문이다. 캐서린은 자신에 대한 잘못된 정보를 보유한 브로커를 최소 10곳 확인하고 소송을 걸었다. 하지만 전부 찾아 정보를 삭제시키는 건 불가능했다. 자신이 메스암페타민을 제조해 판매하려 했다는 내용이 인터넷에서 끝도 없이 나왔다. 그는 '디지털 낙인'이 찍힌 채로 살면서 스트레스를 받아 심장 문제가 악화됐다고 한다. 캐서린은 그래도 문제를 발견했다는 점에서 최악의 경우는 아니다. 많은 사람이 그런 파일의 존재조차 모르고 살기 때문이다.

개인이 숨길 게 있는지 없는지는 개인 정보 보호의 중요성과 아무 관련도 없다. 정보가 자산이고 권력인 시대에 내 손을 떠난 개인 정보가 어떤 무기로 가공될지 아무도 장담할 수 없기 때문이다. 이런 큰 잠재적 피해에도 개인 정보를 수집해야만 하는 상황이 있을까. 있다. 테러 방지, 전염병 대응 등 더 큰 공공의 이익이 얽힌 경우다. 이 경우 정부나 기업은 '반드시 필요한 만큼, 제한적으로' 정보를 모을 것을 보장하고 합법적으로 프라이버시를 침해한다. 대부분의 선량한 시민은 여기 협조한다. 그러나 이 경우에도 정부가 맡은 역할을 제대로 하는지 철저히 감시할 필요가 있다. 좋은 의도로 조심스럽게 수집한 개인 정보조차 잠깐의 실수로 악용되는 일이 흔하다.

다시 처음에 제시한 TSA 승인 자물쇠로 돌아가보자. 테러를 미리 막기 위해 항공 수하물을 조사하는 건 이해 가능한 명분이고, 미국 국토안보부 정도의 기관이라면 내 개인 정보를 맡겨도 될 듯하다. 그런데 2014년 사고가 터졌다. 미국《워싱턴 포스트》기자가 TSA 승인 자물쇠와 관련된 기사를 쓰면서, 별생각 없이 TSA가 보유하고 있는 7가지 종류의 마스터키를 책상 위에 죽 늘어놓고 사진을 찍어 기사와 함께 인터넷으로 내보낸 것이다. 대단히 정밀한 사진은 아니었지만 누군가 3D 프린터를 이용해 마스터키를 복제하기 충분한 자료였다.《워싱턴 포스트》는 실수를 인지하고 바로 기사를 내렸지만 마스터키 디자인은 인터넷에 순식간에 퍼졌다.[25] 내 여행 가방 열쇠를 누군가 3D 프린터로 만들어 가질 수 있다는 뜻이다. 합법적이고 통제된 환경에서 쓰일 줄 알았던 개인 정보가 뒷문으로 빠져나가 악용될 가능성이 언제든 있음을 경고하는 에피소드다.

217

'잊힐 권리'와 GDPR

유럽에서는 강력한 프라이버시 보호 정책을 펴고 있다. 대표적인 것이 '잊힐 권리(right to be forgotten)'다. '삭제권(right to erasure)'이라고도 한다. 잊힐 권리는 스페인에서 있었던 사건에서 비롯됐다. 스페인 변호사 마리오 코스테하 곤살레스가 2009년 구글에서 자기 이름을 검색해보다 10년 전 기사를 발견했다. 자신의 부채 때문에 부동산을 공매 처리하라는 법원의 판결이 나온 신문 기사였다. 자신이 내야 할 연금 보험료를 얼마나 연체했었는지 액수까지 나와 있었다. 곤살레스는 해당 신문사 《라 방가르디아La Vanguardia》와 구글에 기사를 삭제해달라고 요청했으나 '기사 내용이 사실이며 법적으로 문제없다'며 거절당했다. 그러자 곤살레스는 스페인 법원에 소송을 제기했는데 법원은 신문 기사는 놔두고 구글에만 관련 링크를 삭제하라는 판결을 내린다. 구글은 이에 불복하고 스페인 고등법원에 항소하고, 이 사건은 유럽사법재판소에까지 올라간다.

유럽연합의 최고 재판소인 유럽사법재판소는 2014년 5월 13일, 구글에 곤살레스의 부채와 관련된 링크를 삭제하라는 판결을 내린다. 그러면서 '개인은 자신의 정보에 대한 권리가 있다. 검색 엔진은 사용자들이 잊히기를 원할 경우 특별한 사유가 없다면 일정 시간이 지난 뒤 링크를 삭제해야 한다. 일반적인 인터넷 이용자에게 '정당한 이익' 관점에서 정보 접근권이 있으나, 이번 사건에서는 그 이익보다 개인의 프라이버시가 더 중요하다'고 밝혔다. 곤살레스의 부동산 공매 정보처럼 설사 합법적으로 공개된 정보라 해도, 관련된 개인이 요청할 경우 공공의 이익과 비교한 뒤 데이터를 삭제할 수 있다는 것이다. 세계 최초로 '잊힐 권리'가 언급된 판결이다.

이 판결은 큰 지지와 반발을 동시에 받았다. 구글은 판결 내용이 '실망스럽다'고 했고, 구글이 회원으로 가입해 있는 컴퓨터통신산업협회는 "유럽에서 대규모 사적 검열의 문을 열었다"고 비난했다(구글이 당사자이긴 해도 유럽사법재판소의 판결이므로 그 효력은 유럽 내에만 미친다). 표현의자유를 옹호하는 영국의 시민

단체 '인덱스 온 센서십Index on Censorship'은 "진실한 내용을 삭제하는 것은 표현의자유를 훼손하는 것이다. 이번 판결은 검색 엔진의 역할과 책임을 오인한 퇴행적 판결"이라는 성명을 냈다.[26] 개방형 온라인 백과사전 위키피디아를 만든 지미 웨일스는 "이번 판결은 내가 본 것 중 가장 광범위한 인터넷 센서십이다. 구글이 강경하게 저항하기를 바란다"고 말했다.[27]

반면 비비안 레딩 당시 유럽연합 사법 담당 집행위원은 "이번 판결은 유럽 개인 정보 보호의 확실한 승리다. 개인 정보가 전례 없는 규모와 속도로 전 세계적으로 퍼지는 오늘날의 환경에서 이런 권리는 특히 중요하다"라고 평가했다.[28] 레딩 집행위원은 이날 발표한 입장문에서 개인 정보를 떠받치는 네 개의 기둥이 있다고 했다. ①잊힐 권리 ②투명성(transparency) ③논쟁의 여지 없는 프라이버시(privacy by default) ④데이터의 귀속 지역에 관계 없는 정보 보호(protection regardless of data location)다.

지미 웨일스는 구글이 저항하기를 바란다고 했지만, 구글은 현재 유럽사법재판소의 결정대로 개인의 삭제 요청을 받은 정보를 지우고 있다. 요청이 있다고 다 삭제하는 건 아니고 공공의 이익과 비교한 뒤 삭제한다. 판결이 나온 뒤 첫 삭제가 이뤄진 2014년 5월 29일 이후 2021년 5월 31일 현재까지 총 173만9,296건의 URL이 삭제됐는데 이는 전체 요청 건수의 약 47퍼센트에 해당한다.[29] 1년에 약 25만 건의 URL이 지워지는 셈이다.

사람들이 인터넷에서 지우고 싶어 하는 정보는 어떤 것일까. 구글은 〈투명성 보고서〉에서 '잊힐 권리'에 의해 삭제된 정보 샘플을 소개하고 있다. 예를 들어 프랑스에선 한 의사가 자신의 전문적 자질을 비판한 환자의 인터뷰 기사를 삭제해 달라고 요청했다. 구글은 이 의사가 의료 과실로 기소된 적이 없음을 참고해 내용을 삭제했다. 오스트리아에선 대리모를 고용했다가 임신 후 사례금을 놓고 갈등을 빚었던 부부가 관련 기사를 삭제해 달라고 요청했다. 구글은 7년 전 사건이고 기사에 민감한 개인 정보가 포함됐다는 점을 근거로 삭제를 허용했다. 독일에선 15년 전 강간으로 고소됐다가 무혐의 판결이 내려진 기자가 재판 관련 기사 삭제를 요청했고 받아들여졌다.

'잊힐 권리'는 말 그대로 권리다. 모든 권리가 항상 법적으로 보장받는 건 아니다. '잊힐 권리'는 어느 정도로 보장을 받을까? 처벌 규정도 있을까? 있다. 이 권리는 전 세계에서 가장 강력한 프라이버시 보호법인 유럽연합의 GDPR을 통해 보장되고, 따라서 침해할 경우 엄청난 벌금이 부과된다. GDPR에 대해 조금만 더 자세히 살펴보자.

GDPR(General Data Protection Regulation: 유럽연합 일반 개인 정보 보호법)은 유럽연합 의회에서 2016년 통과되어 2018년 5월 25일부터 발효된 법이다. 유럽의 프라이버시 관련 규정을 말할 때 제일 처음 나오는 게 GDPR이다. 유럽에서 GDPR은 '개인 정보 보호법'과 동의어나 마찬가지로 쓰인다. GDPR 전에도 개인 정보를 보호하는 규정이 있긴 했다. 1995년 통과된 유럽 개인 정보 지침(European Data Protection Directive)이 그것이다. 여기서 최소한의 데이터 보호 기준이 마련됐다. 하지만 '지침'이라는 말에서 알 수 있듯이 법적 구속력이 없었고 유럽연합 회원국들 사이에 이를 적용하는 방식이 달라서 문제가 됐다. 1990년대 이후 인터넷이 급

속도로 발달한 점도 새로운 규정을 필요로 했다. 1994년 온라인 최초의 배너 광고가 등장하고, 2000년 이후 온라인 뱅킹이 보편화한다. 2011년에는 구글 지메일 이용자가 이메일을 엿본 혐의로 구글을 고소하는 일이 발생한다. 이런 배경에서 기존의 유럽 개인 정보 지침을 업그레이드한 것이 GDPR이다.

GDPR에서 말하는 개인 정보란 무엇인가. 개인을 직접적, 간접적으로 식별할 수 있는 모든 정보가 개인 정보다. 이름, 이메일 주소 등은 말할 것도 없고, 지역, 인종, 성, 생체 데이터, 종교, 웹 쿠키, 정치적 의견도 개인 정보에 해당한다. 이런 정보가 익명으로 게시됐다 하더라도 누군가 그것으로부터 당사자를 추측할 수 있다면 이 역시 개인 정보다. GDPR은 개인 정보를 처리하는 기관이 지켜야 할 보호 원칙을 7가지 제시한다.

221

①적법성, 투명성, 공정성에 따라 정보를 수집하고 보관할 것.
②제한된 목적으로만 사용할 것.
③필요한 최소한의 데이터만 수집할 것.
④정확한 정보를 수집할 것.
⑤보관 기간을 제한할 것.
⑥왜곡되지 않은 정확하고 진실한 정보를 수집하고 기밀을 유지할 것.
⑦이 모든 것에 수집자가 책임을 질 것.

정보 처리 기관의 의무가 위 7가지라면, 정보의 주체(소유주)가 가진 권리는 다음 8가지다.

①자신의 정보가 어떻게 처리되는지 알 권리.

②처리되고 있는 자신의 정보에 대한 열람권(접근권).

③부정확하고 불확실한 개인 정보에 대해 수정을 요구할 권리
(개정권).

④수집했던 정보를 삭제하도록 요구할 권리(삭제권, 잊힐 권리).

⑤정보를 제한적으로 처리하라고 요구할 권리.

⑥본인의 정보가 여러 서비스에 재사용될 수 있도록 요구할 권리.

⑦정보 처리에 반대할 권리.

⑧정보 처리 과정에서 자동적으로 내려지는 결정에 대해 선택을
할 권리.

이 중에서 네 번째 권리가 앞서 말한 '잊힐 권리'다. 유럽사법
재판소의 2014년 판결이 2018년 발효된 GDPR에 각인됨으로써
강력한 힘을 얻은 것이다.

GDPR에 명기된 의무를 위반하거나 권리를 침해할 경우 천
문학적 벌금이 부과된다. 2,000만 유로(약 272억원) 또는 전체
수익의 4퍼센트에 해당하는 금액 중 더 높은 금액을 내야 한다.
GDPR은 유럽의 규정이지만 유럽에만 해당하는 게 아니다. 미국
기업이건 한국 기업이건, 유럽연합 거주자의 데이터를 처리하거
나 이들에게 상품이나 서비스를 제공하는 모든 기업에 GDPR이
적용된다. 이 때문에 구글, 페이스북 등을 포함해 수백 개 기업이
벌금 선고를 받았다. GDPR 발효 후 첫 20개월 동안 부과된 총 벌
금 액수는 1억1,400만 유로(약 1,548억 원)에 이른다. 벌금과 별도
로 데이터 주체인 개인이 손해배상 청구를 할 수도 있다. 강력한

개인 정보 보호 규정의 상징이 된 GDPR은 유럽 밖에도 영향을 미쳤다. 브라질의 LGPD, 캘리포니아의 CCPA 등이 GDPR을 본떠 만들어졌다. 캐나다와 호주도 새로운 데이터 보호 법안을 준비하고 있다.[30]

표현의자유 vs 프라이버시

인터넷에 떠도는 자신의 개인 정보 때문에 부당한 대우를 받다가 '잊힐 권리' 덕분에 이를 삭제하고 마음의 평화를 얻게 된 인터넷 사용자들이 많다. 하지만 정보 삭제가 공공의 이익이나 표현의자유를 침해한다는 반대 논리는 가볍지 않다. 시간이 오래 지났다는 이유로 과거의 범죄에 관한 기사가 삭제되어도 될까? 어떤 상품이나 서비스에 대한 고객의 평가가 사업에 나쁜 영향을 미친다는 이유로 지워져도 될까? 정치인들의 과거 비리나 범죄자의 범죄 사실이 삭제되어 시민의 알 권리가 제한된다는 우려는 타당하다.

고려대 법학전문대학원 박경신 교수[31]는 유럽사법재판소의 '잊힐 권리' 판결이 나온 직후 국내 언론에 기고한 칼럼에서 "'잊힐 권리'는 프라이버시와 전혀 무관하게 단순히 '자신이 싫어하는 과거를 타인의 기억으로부터 삭제할 수 있는 권리'로 확장되고 있다"고 썼다. 명예훼손이나 사생활 침해가 아닌 합법적인 정보를 지운다는 건 국가의 힘을 빌려 다른 사람의 기억에서 진실을 없애버리는 행위라는 것이다. "잊힐 권리를 주장하는 자는 대중들 사이의 합법적인 소통을 차단하고 검열하여 자신이 좋아하는 이미지를 구축하겠다는 것"이라는 게 박 교수의 주장이다.[32]

223

정보를 어디까지 공개하고 어디부터 차단할 것인가, 개인의 권리와 공공의 이익이 갈라지는 부분은 어디인가. 표현의자유와 프라이버시는 대립하는 성격이면서도 민주주의를 받드는 양대 가치이기 때문에 판단이 쉽지 않다.

한 가지 짚고 넘어갈 것은, 왜 유럽에서 이처럼 강력한 개인정보 보호 규정이 만들어졌느냐는 의문이다. 유럽이 세계 다른 지역보다 표현의자유를 덜 중시해서 프라이버시를 강력히 보호하고 있는 걸까? '《샤를리 에브도》 사건'으로 상징되는, 성역 없는 표현의자유를 내세우는 유럽에서? 이건 좀 다른 시각으로 볼 필요가 있다. 유럽이 프라이버시에 유독 까다로운 건 개인주의가 발달한 문화 말고도 이유가 또 있다. 구글, 페이스북 등 개인 정보를 취급하고 저장하는 전 세계 주요 IT 기업은 다 미국 회사다. 유럽의 인터넷 사용자들이 자발적으로 미국 회사에 제공하는 개인 정보는 그대로 그들의 자산이 된다. 이것은 정치적 감시 수단으로 쓰일 수도, 디지털 경제를 더 풍요롭게 하는 자원으로 이용될 수도 있다. 유럽이 염려하는 건 이 같은 정보 권력의 불균형이다.

IT 기업 CEO 출신의 프랑스 전 경제부 장관이자 유럽연합 집행위원인 티에리 브르통은 '데이터 국지화' 정책을 강력하게 지지한다. "유럽에서 생산되는 데이터는 유럽 내에서만 처리돼야 한다"는 게 그의 주장이다. 잠깐 앞으로 돌아가보자. '잊힐 권리'에 대한 유럽사법재판소의 판결을 환영했던 비비안 레딩 유럽연합 사법 담당 집행위원은 개인 정보를 떠받치는 네 개의 기둥 중 네 번째가 '데이터 귀속 지역에 관계 없는 정보 보호'라고 했다. 어느 나라, 어느 회사에서 데이터를 처리하든, 그게 유럽 시민의 데이터라면 유럽의 프라이버시 규정을 적용해야 한다는 의미다. 레딩 집행위원은 "미국 소셜 네트워크 기업이라도 유럽에 수백만 명의 사용자를 두고 있다면 유럽연합 규정을 따라야 한다. 유럽연합 소비자를 상대하는 비-유럽연합 데이터 기업에 맞서기 위해 국가적 차원의 프라이버시 감시 기구에 조사 권한이 주어져야 한다"고 주장했다.

이쯤 되면 프라이버시가 개인의 은밀한 취향 정도에 한정된 것이 아님을 알 수 있다. 프라이버시 침해의 폐해는 '빅 브러더가 당신을 지켜보고 있다'는 상징적 표현 하나에 다 담기 어렵다. 기술 발달로 인해 개인 정보가 수집되고 처리되는 과정이 전보다 훨씬 복잡해졌고, 대규모로 수집된 개인 정보는 한 사람의 사생활 침해에서 끝나는 게 아니라 국가의 정치, 경제에도 영향을 미친다.

IT 기술에 많은 것을 의존하는 일상에서 어느 정도의 사생활 침해는 감수해야 할 것이다. 필요악이다. 팬데믹이 전 지구를 휩쓰는 상황에서 개인의 감염 이력이나 동선을 일부 공개하는 건 피치 못할 결정이다. 그러나 결과적으로 개인 정보를 제공하더라도 그것이 처리되는 과정을 주시해야 한다. '숨길 게 없다면 공개해도 된다'는 주장과 '사생활 침해에도 불구하고 이점이 훨씬 크기 때문에 희생을 감수하고 정보를 공개해야 한다'는 주장은 전혀 다르다. 사안별로 이점과 희생의 크기를 비교해 판단하는 노력이 필요하다. 무엇보다 프라이버시가 인간의 존엄성과 맞닿아 있다는 걸 인식해야 한다. 당장 피 흘리고 쓰러지는 사람이 없다고 그 무게를 폄하해선 안 된다. "다른 사람들이 나에 대해 알지 못하는 것, 나는 그것으로 살아간다"(오스트리아 작가 페터 한트케).

225

16장
과거라는 이름의 외국

"이름을 바꿔라"

스위스 수도 베른의 코른하우스 광장에 카페가 하나 있다. 2016년 10월에 문을 연 이곳은 커피와 빵이 맛있기로 소문났고 술도 함께 판다. 유명하다고는 해도 동네 맛집 정도에 불과한 이곳이 2020년 여러 스위스 언론과 소셜 미디어에서 논란거리가 됐다. 자초지종은 다음과 같다.

미국에서 흑인 조지 플로이드의 죽음을 계기로 BLM 시위가 급속히 번져나가던 2020년 5월 말, 베른과 취리히 등 스위스 대도시에서도 같은 시위가 일어났다. 베른의 이 카페는 연대의 의미로 가게 앞 유리창에 검은색 종이를 붙였다. 그런데 시위 참가자들이 그걸 보고 힘을 얻기는커녕 이곳을 비난하고 나섰다. 카페 이름이 '식민지 바(Colonial Bar)'라는 게 문제였다.

먼저 '말과 소리(Wort+Laut)'라는 시민단체가 항의 편지를 보냈다. "가게에 '식민지 바'라는 이름을 붙인 이유가 뭡니까? 식민 지배를 해서 좋았습니까? 아니면 식민지에서 유럽으로 커피를 들여온 것에 대해 고맙다고 말하고 싶은 것입니까? 많은 나라가 아직도 식민주의의 잔재로 고통받고 있습니다. '식민지 바'라는 이름은 과거 역사에 대한 무지와 나이브naive함을 드러내는 것입니다" 이에 동조하는 사람들이 '이름을 바꿔라(Change Your Name)'라는 제목으로 항의 편지를 써서 식민지 바에 보냈다. 반응은 빨랐다. 2020년 6월 3일, 이 가게는 '더 이상 예전 이름을 쓰지 않겠다'고 공지하고 간판 글자 중 '식민지'를 뗐다. 새 이름이 정해질 때까지 당분간 그냥 '바'라고 불리게 된다.

그래서 모두가 만족했을까? 아니다. 더 큰 논쟁은 그 이후 일어났다. 가게가 이름을 바꾸기로 한 것을 놓고 '비겁한 결정'이라는 의견을 내놓는 사람들이 많았다. 식민지라는 이름을 없앤다고 해서 식민 지배의 역사를 바꿀 순 없다는 것, 오히려 부끄러운 역사를 지우려는 시도라는 것, 일부 정치 세력의 요구에 상업 시설이 굴복한 것이라는 이유였다.

227

급하게 이름을 바꾸기로 한 결정이, 역사의식보다는 일단 비판 여론을 피하기 위한 선택이었다는 지적은 일리가 있는 듯하다. 베른의 지역 일간지 《베르너 차이퉁Berner Zeitung》은 기사에서 "BLM 시위로 미국의 절반이 불타고 있고 여기 베른에서도 같은 시위가 벌어지는 상황에서, 인종주의자로 찍히고 싶은 사람은 아무도 없을 것"이라고 꼬집었다. 카페 주인도 "사람들이 나에 대해 좀 더 잘 알았더라면 나를 식민주의자라고 하진 않았을 것"이라면서도, "지금은 불에 기름을 부을 때가 아니다. 일단 불을 끄고 봐야 한다"고 말했다

논란의 와중에 '식민지 바'가 들어선 건물의 역사가 알려졌다. 1900년대에 같은 자리에는 '식민지 상점(Kolonialwarengeschäft)'이 있었다. 아프리카나 남아메리카의 피식민지로부터 들여온 이국적인 물건과 식품을 판매하는 가게였다. 커피, 바닐라, 시나몬 같은 식료품을 주로 취급했다. 스위스는 바닷길이 없는 국가라 직접적인 식민 지배를 한 적이 없지만, 스위스 상인과 투자자들은 다른 유럽 국가들의 식민 지배에 자금을 대는 등 간접적으로 동참함으로써 물품을 조달받았다. 세계 최고라는 스위스 초콜릿의 원재료인 코코아도 유럽이 식민지 삼았던 중남아메리카가 원산지다. '식민지 상점'은 식민지의 독립과 함께 사라졌고 가게 간판은 다른 이름으로 덧칠됐다. 카페의 주인이 그 이름을 가져온 건 건물에 깃든 이런 역사 때문이었다. 주인의 해명과 별개로, 그 이름이 과거에 대한 송가頌歌인지 아니면 반성문인지는 보는 이의 해석에 달렸겠지만.

228 　　사실 '식민지 바'는 스위스에서 일어나고 있는 '이름 바꾸기' 논란의 극히 일부분일 뿐이다. 스위스 취리히 중앙역 앞엔 앨프리드 에셔Alfred Eschers의 동상이 서 있다. 에셔는 스위스 철도 산업의 선구자이자 크레디스위스 은행의 설립자다. 그런데 그가 쿠바에 소유한 커피 농장에서 노예를 부려 부를 쌓았다는 점을 근거로 그의 동상을 철거하자는 주장이 나왔다. 동상이 세워진 건 1889년인데 최근 들어서야 철거 주장이 제기되는 걸 어떻게 봐야 할까. 동상의 역사적 의미에 대한 깊은 고찰이라기보단 현재 일어나는 정치적 운동의 영향이 클 것이다. 좋든 나쁘든 스위스 근대사에서 에셔가 차지하는 비중을 고려하면, 그의 동상이 쉽게 철거될 것 같지는 않다.

　　스위스 알프스산맥에 있는 산봉우리 중 하나인 아가시호른

Agassizhorn도 도마에 올랐다. 이 산봉우리 이름은 스위스에서 태어나 미국으로 귀화한 지질학자 루이 아가시Louis Agassiz의 이름을 딴 것인데, 그는 흑백 인종 분리를 주장한 유명한 인종주의자였다. 그 때문에 시민운동가들이 아가시호른의 이름을 바꾸자는 청원을 했으나 무산됐다. 이 산봉우리가 속한 지역의 시장은 "아가시가 역사에 미친 긍정적인 면과 부정적인 면을 함께 기억해야한다. 이름을 없앤다고 (부정적) 역사를 지울 순 없다"고 기각 이유를 밝혔다.

　　스위스에서 최근 일어나고 있는 이 같은 변화는 '정치 운동의 세계화'를 실감하게 한다. 세계화는 물품과 서비스의 교역뿐아니라 우리의 일상을 지배하는 사상에도 힘을 발휘한다. 인종이나 과거사 문제에 있어 (미국으로 대표되는) '세계 표준'을 따라야한다는 주장과, '역사와 전통'을 함부로 수정할 수 없다는 주장이대립하고 있다. '식민지 상점'이라는 간판이 덧칠된 지 반 세기 넘게 흐른 지금, 같은 자리의 '식민지 바'가 이름을 바꾸게 된 상황을 어떻게 봐야 하나. 만약 '식민지 상점' 주인이 2020년 살아 돌아온다면 뭐라고 할까. 픽션이긴 하지만 이 상황에 들어맞는 이야기가 있다.

"과거라는 이름의 외국"

《립 밴 윙클Rip Van Winkle》은 미국 작가 워싱턴 어빙Washington Irving의 단편소설이다. 아직 영국 통치하에 있던 시절의 미국 뉴욕에 립 밴 윙클이라는 한량이 살았다. 어느 날 사냥을 나갔다가 유령들을 만난 그는 유령들이 주는 술을 마시고 취해서 잠이 들었다. 깨어나보니 흰 수염이 가슴을 덮을 만큼 자라 있고, 갖고 있던 총엔 녹이 슬었다. 마을로 돌아가보니 뭔가 달라졌다. 여관에 걸려있던 영국 왕 조지 3세의 초상화는 다른 사람, 즉 미국의 초대 대통령 조지 워싱턴George Washington의 초상화로 덧칠돼 있다. 립 밴 윙클은 아무것도 모르고 조지 3세에 충성하는 말을 했다가 왕당파로 몰려 곤욕을 치른다. 그는 다 커버린 아들과 딸을 만나고서야 자신이 술 취해 잠든 사이 20년이 흘렀다는 걸 알게 된다. 그동안 미국독립전쟁이 일어났고, 그가 알던 세상은 영국의 식민지에서 독립한 미국으로 변해 있었던 것이다.

오랜 잠에서 깨어나 세상 바뀐 줄 모르고 영국 왕을 찾는 립 밴 윙클이나, 그 왕의 초상화 위에 급히 새 대통령의 얼굴을 덧칠해놓고 그걸로 새로운 세상이 됐다고 믿는 마을 사람들이나, 현재 진행 중인 역사에 대입해도 낯설지가 않다. 과거를 비판 없이 좋은 시절로 정당화하는 이들은 립 밴 윙클이고, 동상 철거하고 이름 바꾸는 게 새 세상을 만드는 데 가장 중요한 일이라고 보는 이들은 마을 사람들이다. 분명 같은 시대를 살지만 립 밴 윙클과 마을 사람들처럼 서로 다른 기억과 해석 때문에 소통이 안 되는 경우가 흔하다.

'식민지 바' 이슈와 관련해 스위스 언론《NZZ》의 일요판 매거진에 실린 글이 있다. 제목이 무려 '식민 지배를 받아 다행(Zum Glück kolonialisiert)'이다.[33] 글쓴이는 "지난 3,000년 세계 역사에서 누가 다른 누군가를 지배하고 정복하지 않은 적은 한순간도 없었다. 지배가 나쁘게만 평가되는 것은 아니다. 세계사의 최고 제국주의자인 이탈리아인, 즉 로마인은 유럽 다른 나라들에 철학과 와인, 문학을 전해줬다. 로마인 덕분에 스위스는 새로운 문명의 단계로 도약했다." 이 신문의 또 다른 기사는 이렇게 쓰고 있다. "과거에 일어난 모든 일에 지금 세대가 죄책감을 느낄 필요는 없다. '모국(Mutterland: 식민지를 착취한 지배 국가를 의미)'이 아프리카에 전해준 것 중엔 트럭, 기차, 약품도 있다. 일부 지역엔 문자까지 알려줬다." 마치 잠이 덜 깬 립 밴 윙클이 하는 말 같지만, 식민 지배의 정당화라는 문제를 넘어서 식민 지배를 보는 과거와 현재의 시각 차이에 대해서는 생각해볼 만하다.

무대를 동아시아로 옮겨보자. 여전히 진행 중인 과거사 이슈 중 대표적인 것이 일본군 위안부 문제다. 그런데 몇 년 사이 있었던 일들을 보면 이것이 한국과 일본 사이의 문제일 뿐 아니라 한국 사회 내부의 문제로도 보인다. 고령의 당사자들은 세상을 뜨고 있고, 사과와 배상에 대한 요구는 계속 이어지는데, 요구 주체인 정의기억연대(정의연) 윤미향 전 이사장의 불투명한 경영이 문제가 되자 여론이 반으로 갈라졌다. 위안부 이슈에 대해 다른 관점에서 쓴 전문가(박유하 교수)의 책은 위안부 명예훼손 혐의를 받아 매장됐으며, 반대쪽의 어떤 이들은 일본 총리로 암시되는 인물이 소녀상 앞에 무릎 꿇고 사과하는 조형물을 만들어 자위自慰했다. 오래된 일도 아닌데 일본은 그렇다 쳐도 같은 한국인의 시각이 이토록 다른 것은 '역사 바로보기'에 지역뿐 아니라 세대의 관점이 개입됐다는 사실을 보여준다.

"과거는 외국이다. 거기서 사람들은 다르게 산다." 이것은 영국 작가 L.P. 하틀리의 소설《중매인》의 첫 대목이다. 문학평론가 유종호는 자신의 에세이《과거라는 이름의 외국》에서 이 문장을

231

인용하면서, 한국의 세대 갈등에 대해 다음과 같이 쓰고 있다.

근접近接 과거에 관한 한 사람들은 그것을 낯선 외국이라 생각하지 않는다. 그러나 현기증 날 정도의 격심한 정치적 사회적 변화를 겪은 20세기의 한국에서 근접 과거는 원격遠隔 과거 못지 않은 '외국'이 되어 있다 해도 틀리지 않는다. 우리는 흔히 세대 간 소통의 어려움을 얘기하는데 이것은 어찌 보면 당연한 일이기도 하다. 사실상 외국인끼리의 소통에서 어려움이 생기는 것은 불가피할 것이기 때문이다.[34]

일제의 위안부가 오래되지 않은 역사라 해도 변화가 빠른 한국 사회에선 사실상 낯선 외국의 일이나 마찬가지고, 그 역사를 제대로 보려면 외국어 통역 수준의 해석이 필요하다는 뜻이겠다. 역사학자 E.H.카는 '역사는 과거와 현재 사이의 끝없는 대화'라고 했지만, 단순한 대화가 아니라 통역이 필요한 대화라면 어떻게 해야 하나.

유종호는 같은 책에서 "과거가 외국이며 거기서 사람들이 우리와 다르게 생각하고 거동하며 살고 있다는 것을 실감시키기 위해서는 정치 연대기가 아닌 사회사의 교육이 필요하다"고 말한다. 당시 사람들이 뭘 먹고 살았는지, 먹고 살기 위해 무슨 일을 했는지, 어떤 말을 썼고 무엇 때문에 기뻐하고 슬퍼했는지에 대한 연구가 이뤄져야 정확한 통역이 된다는 것이다. '식민 지배를 받아 다행'이라고 했던 스위스 언론인도 노예나 다름없었던 식민지인의 일과에 대해 알게 되면 생각이 바뀔지 모른다. 위안부의 당시 일상에 대한 꼼꼼한 재구성 없이 위안부를 하나로 뭉뚱그려진 이미지로 그리는 것은 통역이 아니라 혼잣말이다. 전 세계적으로 역사 바로 세우기 붐이 일고 있지만, 철저한 고증 없이 이해관계에 따라 일부분만 부각하는 역사는 '강자와 약자 사이의 끝없는 대화'일 뿐이다. 힘이 역전되면 언제든 다시 뒤집어질 수 있는.

독일의 과거사

스위스에서 알게 된 독일인 친구 K는 아이 둘을 키우는 엄마다. 거침없이 솔직한 성격이라 그와의 대화는 늘 흥미진진하다. 2020년 크리스마스를 앞두고 K는 코로나19 때문에 휴일을 독일 본Bonn에 있는 친정에서 보내는 게 가능할지 모르겠다며 속상해했다. 그리고 왜 아직도 마스크를 안 쓰는 사람들이 있는지 모르겠다고 화를 냈다. 어떤 사람들이 마스크를 쓰지 않는지 얘기를 나누다, 스위스의 정통파(orthodox) 유대인들이 도마 위에 올랐다. K가 말했다. "그 사람들은 정부 지침보다 자기들 교리가 더 중요하니까 말이야. 아, 물론 독일인인 내가 이런 말을 함부로 하는 건 좀 곤란하겠지만." 그는 농담이라는 듯 웃었지만 그건 뼈 있는 웃음이었다. 내용이 뭐가 됐건 독일인이 유대인을 비판하는 건 과거사에 얽힌 '원죄'가 있으니 조심스럽다는 의미였을 거다. 나는 알면서도 물어봤다. "네 또래도 유대인에 대해선 아직 좀 그런가 보네?", "그걸 말이라고". 40대인 K가 홀로코스트가 벌어졌을 때 세상에 태어나지도 않았다는 것은 중요하지 않다. 과거사의 꼬리는 길고 길어서, 이쯤이면 됐다 싶어 돌아봐도 과거로 통하는 문은 여전히 열려 있다.

233

소설《책 읽어주는 남자》로 전 세계적으로 잘 알려진 독일 작가 베른하르트 슐링크Bernhard Schlink의 본래 직업은 법학자다. 헌법재판소 재판관이었고, 2005년 게르하르트 슈뢰더Gerhard Schröder 총리의 연방의회 해산 명령과 관련된 소송에서 정부 측의 법정대리인을 맡기도 했다. 영화 〈더 리더〉로 제작되기도 한 위 소설을 비롯해 슐링크가 쓴 책 상당수는 과거사를 주제로 한 것이다. 독일인 슐링크가 과거사에 대해 쓴 여러 책에는 한 가지 의문이 반복해 등장한다. 만약 문명사회라 믿었던 그 당시에도 그런 끔찍한 행위를 저질렀다면 지금도 그런 일이 다시 반복되지 말라는 법이 있느냐는 의문이다. 슐링크는 이를 얼음판 위에 선 행위로 비유한다. 겉보기엔 단단해 보이지만 그 두께를 쉬이 가늠할 수 없는 얼음판. '우리가 지금 딛고 선 얼음은 얼마나 안전한가'라는 게 그의 질문이다. 역사와 함께 얼음이 절로 두꺼워지는가? 개인이 반성하면, 국가의 법과 제도를 수정하면, 그 얼음은 더 단단해지는가?

단단한 줄 알았던 얼음이 작은 충격에 금 가는 것은 인류의 역사가 증명한다. 박제된 줄 알았던 식민 지배와 전쟁, 독재, 노예제 같은 역사가 21세기에 부활해 새로운 갈등을 일으키고 있는 것을 본다. 독일은 그나마 과거사 청산을 가장 잘해온 축에 속하는 나라다. 수용소를 박물관으로 개조해 참혹한 과거를 기억하고, 지도자가 과거 피해자들에게 공개적으로 수차례 사과했다. 그럼에도 슐링크나 내 친구 K처럼, 그것이 집단의 죄의식이든 불만이든 간에, 독일인은 과거사의 잔재에서 벗어나지 못한다. 그렇다면 독일처럼 적극적으로 과거사와 맞대면하지 않은 나라의 경우는 어떨까.

스페인의 과거사

스페인의 역사에는 한국과 비슷한 부분이 여럿 있다. 내전, 군부 쿠데타로 시작된 오랜 독재, 지역 갈등 등이 그것이다. 스페인의 과거사 청산 방식을 짚어보기 전 스페인의 근현대사부터 훑어봐야 할 것 같다. 1931년, 스페인의 입헌군주제가 무너지고 제2공화정이 탄생한다. 하지만 전통적 엘리트 계층인 귀족층, 군부, 교회는 이 변화를 반기지 않았다. 1936년 7월 17일, 프란시스코 프랑코 장군(이하 프랑코)을 중심으로 군부가 쿠데타를 일으킨다. 그 유명한 '스페인 내전'의 시작이다. 사실 내전 초기부터 프랑코 반란군이 우세했다. 히틀러의 독일과 무솔리니의 이탈리아로부터 군사적·물질적 지원을 받았기 때문이다. 반면 정부(공화파)는 소련의 지원을 받긴 했지만, 지리적으로 너무 먼 데다 독일이나 이탈리아의 지원에 비교할 바가 안 됐다.

그런 공화파를 돕기 위해 당시 전 세계 50개국에서 4만여 명이 모여 '국제 여단'을 꾸렸다. 이들에게 스페인 내전은 스페인만의 문제가 아니었다. 전 세계 민주 세력과 파시즘 세력 간의 싸움이었다. 당시 이탈리아 출신 국제 여단 병사들의 구호는 '마드리드를 거쳐 로마로 간다!'였다고 한다. 스페인에서 프랑코를 막아내면 이탈리아의 파시즘 세력도 꺾을 수 있다는 희망이 담긴 구호였다. 국제 여단에는 미국 작가 어니스트 헤밍웨이, 영국 작가 조지 오웰 등도 포함돼 있었고, 이들은 《누구를 위하여 종은 울리나》, 《카탈루냐 찬가》 등의 작품에서 직접 겪은 스페인 내전을

3부 논쟁으로 보는 유럽 사회

묘사했다.

1939년 4월 1일, 반란군이 수도 마드리드를 탈환하면서 내전이 종료되고 프랑코 정부의 독재가 시작된다. 그는 고문과 숙청뿐 아니라 반대 세력의 영유아 자녀까지 납치하는 무자비한 독재를 40년 가까이 이어나갔다. 이 어두운 시기는 1975년 11월 프랑코가 사망하고서야 끝난다.

스페인 내전을 배경으로 한 예술 작품 중엔 파블로 피카소의 〈게르니카Guernica〉도 있다. 1937년 4월 26일 오후, 스페인 북부의 바스크 지역에 있는 인구 5,000여 명의 작은 도시 게르니카가 비행기 폭격을 받아 주민의 3분의 1이 사망하고 전체 건물의 4분의 3이 파괴됐다. 프랑코가 독일의 히틀러에게 공화파 정부를 지지하는 게르니카에 대한 공격을 요청했고, 독일 공군이 이곳에서 신무기의 성능을 실험했던 것이다. 당시 파리에 있었던 피카소가 이 소식을 듣고 한 달 만에 완성한 것이 〈게르니카〉다. 작품은 파리 만국박람회에 출품돼 전 세계에 이 작은 도시의 비극을 알렸다. 하지만 프랑코는 개입을 부인하고 공화파 군대의 짓이라고 덮어씌웠다. 관련자들의 증언으로 진실이 드러난 건 1970년대 말이 되어서였다.

스페인 군부 쿠데타와 이어진 독재는 한국 근대사의 궤적과 놀랍도록 유사하다. 특히 게르니카 폭격은 1980년 5월 광주를 연상시킨다. 물론 세부 내용은 다르지만, 한 지역 전체가 희생된 점, 외부에선 무슨 일이 일어났는지 정확히 몰랐던 점, 원인을 다른 데로 돌리려 했던 점, 이후로도 오랫동안 지역 갈등의 불씨가 된 점이 비슷하다. 무엇보다도 과거사가 현재 정쟁의 원인이 된다는 점이 그렇다.

'동족상잔'의 내전과 오랜 독재가 끝난 뒤 스페인 사람들은 어떻게 과거를 정리했을까. 프랑코의 뒤를 이은 건 미리 후계자로 지목됐던 후안 카를로스 1세Juan Carlos I다. 독재 체제에서 군주제로의 복귀이긴 했지만, 후안 카를로스 1세는 정당 활동의 자유를 보장하는 등 민주주의 개혁을 한다. 새로운 스페인의 탄생이었다. 이 시기를 스페인 사람들은 '라 트란시시온La Transición(이행기)'이라고 부른다. 놀라운 건 혼돈의 시기여야 할 '이행기'가 아주 평화로웠다는 점이다. 그 이유는 프랑코 사후 첫 선거를 통해 구성된 의회가 이른바 '망각협정(Pacto del olvido)'을 맺고 1977년 '사면법(Ley de Amnistía)'을 통과시켰기 때문이다.

사면법의 핵심 조항은 이렇다. '1976년 12월 15일까지 저질러진 모든 정치적 의도를 가진 행위는, 그로 인해 어떤 결과가 초래되었는지에 관계없이 모두 사면 대상에 포함시킨다.' 좀 더 구체적으로는, '(독재) 정부 당국, 국가공무원, 공안 요원들이 인권을 억압할 목적으로 저질렀을지 모르는 범죄'가 사면 대상에 포함된다고 규정했다. 한마디로 말해 가해자의 죄를 묻지 않는 법, 피해자의 망각을 강요하는 법이다.

이 법 덕분에 스페인이 빠르게 정치 안정을 이루고 민주 사회로 진입했다고 평가하는 사람도 많다. 스페인 전 총리 호세 마리아 아스나르Jose Maria Aznar는 트란시시온을 이렇게 평가했다. "화합의 정신이 '트란시시온'에서 태어났다. 화합은 무덤과 뼈를 파헤치고 서로 머리를 들이받으며 만들어지는 게 아니다. 그건 이 나라의 미래를 위해 매일 열심히 일함으로써 만들어지는 것이다." 실제로 스페인은 북대서양조약기구 가입(1982), 유럽연합 가입(1986) 등 이행기 이후 비약적인 정치적 발전을 이뤘다.

하지만 '지난 일은 잊고 용서하자'는 게 말처럼 그리 쉬운 일인가. 내전과 독재 시기에 고문받고 투옥되고 처형당한 뒤 알 수 없는 곳에 묻힌 희생자들과 그 가족에게 1977년의 사면법은 어떤 의미였을까. 사면법이 말하는 용서의 주체는 누구일까. 피해자들은 '용서할 권리'마저 정치인들에게 빼앗긴 게 아닐까.

피해자의 '용서할 권리'

'용서할 권리' 하면 떠오르는 것이 이청준의 단편 〈벌레 이야기〉(영화 〈밀양〉의 원작 소설)다. 마흔 넘어 얻은 아들이 유괴되어 살해당하자, '아내'는 범인에 대한 증오와 복수심 때문에 제정신이 아니다. 그런 아내에게 이웃에 사는 기독교인 '김 집사'는 종교의 힘으로 평화를 찾으라고 한다. 김 집사의 끈질긴 권유로 아내는 교회에 나가고, 마침내 범인을 용서할 마음까지 먹는다. 아내는 사형이 집행되기 전 그를 찾아가 용서한다는 말을 전하려 한다. 그런데 막상 범인을 만나고 보니, 그는 이미 감옥에서 종교에 귀의해 신에게 용서를 받았다는 것이 아닌가. 아내는 죽음을 앞두고 평온한 범인의 얼굴을 보며 전보다 더 큰 절망에 빠진다.

집사님 말씀대로 그 사람은 이미 용서를 받고 있었어요. 나는 새삼스레 그를 용서할 수도 없었고, 그럴 필요도 없었어요. 하지만 나보다 누가 먼저 용서합니까. 내가 그를 아직 용서하지 않았는데 어느 누가 나 먼저 그를 용서하느냔 말이에요. 그의 죄가 나

밖에 누구에게서 먼저 용서될 수가 있어요? 그럴 권리는 주님에게도 있을 수가 없어요. 그런데 주님께선 내게서 그걸 빼앗아 가버리신 거예요. 나는 주님에게 그를 용서할 기회마저 빼앗기고 만 거란 말이에요. 내가 어떻게 다시 그를 용서합니까.[35]

용서는 피해자의 권리다. 슐링크도 과거사와 관련한 저서에서 "용서하지 않을 권리도, 용서할 권리도, 오직 피해자가 갖는다. 피해자가 용서하지 않는 것에 대해 범죄자의 가족, 후손, 친구, 더구나 정치가들이 용서를 구할 수는 없다"고 쓰고 있다. 스페인 사면법은 그 권리를 피해자들에게서 빼앗았다고도 볼 수 있다. 이행기 이후의 스페인 사회는 신에게 용서받았다는 범인의 얼굴처럼 평온했지만 풀리지 않은 갈등은 수면 아래 그대로 놓여 있었다.

239

그것이 다시 떠오른 건 1990년대 말이다. '예전의 기억을 회복하자'는 움직임이 일어난 것이다. 프랑코 시대에 정치적 이유로 처형당한 뒤 집단으로 묻힌 사람들의 매장지를 찾아내자는 운동이 후손들에 의해 시작됐다. 한동안 잠잠하다 변화가 생긴 이유에 대해, 서울대 김원중 교수는 관련 논문에서 두 가지를 지적한다.[36] 첫째, 내전과 독재를 경험하지 않은 새로운 세대의 출현이다. 과거사와 정면으로 맞대면하는 걸 두려워하지 않는 것이다. 둘째, 세계적으로 과거사 청산 바람이 불었다는 점이다. 칠레나 아르헨티나 등 같은 스페인어권인 라틴아메리카의 과거사 청산 사례가 미친 영향이 컸다(세대 교체 및 외부로부터의 영향, 이것은 현재 조지 플로이드의 죽음을 계기로 전 세계적으로 일어난 과거사 청산 움직임에도 적용된다).

이런 분위기는 2004년 사회당이 재집권에 성공하면서 급물살을 탔다. 그해 9월 '내전과 프랑코 체제 희생자들의 상황을 조사하기 위한 범정부위원회'가 구성되고, 2007년 '역사기억법 (Memoria Histórica)'이 통과됐다. 법의 정식 명칭은 '내전과 독재 시기에 폭력과 박해를 당한 이들의 권리를 인정, 증진하고 그 실천 방안을 마련하기 위한 법안'이다. '지난 일은 다 잊고 용서하기로 하고 새 출발하자'며 맺었던 1977년의 망각협정이, 30년이 지난 2007년 '과거의 일을 정확히 정리하자'는 역사기억법으로 다시 태어나는 순간이었다.

30년 전의 망각협정과 사면법에 비하면 큰 발전이지만, 역사기억법에는 여전히 논쟁거리가 많다. 피해 보상금 지급이 이뤄지긴 했으나 가해자의 잘못에 대해선 거의 다루지 않는다. 집단 매장지 발굴 역시, 정부가 협력은 하되 사실상 개인이 주도하게 돼 있다. 국제사면위원회는 역사기억법 제정 1주년 즈음 스페인 정부의 그런 태도에 대해 '국가가 해야 할 일을 여전히 시민단체, 희생자와 그 가족에게 떠넘기고 있다'고 지적하기도 했다. 아직도 갈 길이 멀긴 하나, 스페인의 과거사 청산을 통해 알 수 있는 것이 있다. 제대로 해결하지 않은 채 덮어버린 과거사는 언제고 되살아난다는 점이다. 가해자는 잊어도 피해자는 잊지 않는다. 정확한 기억을 복구하고 피해자에게 '용서할 기회'가 주어지는 것이 진정한 과거사 청산이다.

2017년 6월 스페인 정론지 《엘 파이스》가 독재자 프랑코 사후 처음 치러졌던 민주 선거 40주년을 기념해 내보낸 논평을 보

자. "1977년 이후 40년은 스페인 근현대사에서 가장 깊고 길게 민주주의가 유지된 역사다. 인간에 내재하는 모든 불완전성과 오류에도 이 모든 걸 이뤄낸 세대의 성취를 무시하는 건 부당하다. 민주주의로의 전환은 '두 개의 스페인' 중 어느 한쪽이 아니라 모두를 위한 것이다. 오늘날 스페인은 서구 세계 최고의 민주주의 국가와 나란히 서 있다. 이런 현실에 자족해서도 안 되지만, 그렇다고 그걸 폄하하지도 말아야 한다."[37]

2021년 한국에도 적용되는 말이다. 더불어민주당이 당론으로 채택하고 통과시킨 '5·18 민주화 운동 등에 관한 특별법(5·18 특별법)' 개정안은 5·18 민주화 운동에 대한 악의적 왜곡을 처벌하고 진상 규명 활동 등을 확대하는 내용이다. 2021년 1월 5일부터 시행 중이다. 새로운 세대는 잘 모르는 역사적 사실, 정치적 의도를 갖고 그것을 왜곡하는 사람들, 그에 따른 희생자의 상처 등, 여러모로 스페인의 '역사기억법'과 배경이 겹친다. 다른 점은, 스페인의 '역사기억법'이 희생자 피해 보상에 무게를 두었지만 한국의 '5·18 특별법'은 가해자 처벌에 집중한다는 점이다. 개정안 제8조는 5·18 민주화 운동을 비방, 왜곡하는 경우 5년 이하의 징역이나 5,000만 원 이하의 벌금에 처하도록 하고 있다. 이 법안은 무엇보다 표현의자유를 심각하게 침해할 소지가 있다. 그 점을 차치하더라도, 법안의 목적이 정확히 무엇인지 짚을 필요가 있다. 진상 규명은 중요하다. 그런데 진상 규명의 목표는 처벌인가, 아니면 화해인가. 우리가 딛고 선 얼음을 더 단단하게 만들어주는 건 단죄인가, 아니면 용서인가. '용서할 권리'를 행사하는 건 정치인들인가, 아니면 피해자들인가.

241

〈벌레 이야기〉를 쓴 이청준 역시 슐링크처럼 과거사 문제에 천착해 온 작가다. 그가 세상을 떠나기 얼마 전 내놓은 단편 〈지하실〉도 그 연장선상에 있다. 〈지하실〉 출간 직후 그가 한 언론사와의 인터뷰에서 남긴 말의 울림이 크다.

지난 일들 가운데는 후문만 남고, 당사자들이 숨져 진실은 결국 규명하지 못한 채 다시 편 가르기 하거나 상처만 크게 할 위험이 있습니다. 거기다 우리 현대사가 너무 격동의 세월이고, 번갈아 가면서 가해자와 피해자가 생겼던 면이 있습니다. 너무 피해자 입장만 강조하다 보면 도를 넘어버릴 수가 있지요. 서로 '뉘우치는 가해자'의 정서를 가져야 긴 화해의 길로 갈 수 있을 겁니다.[38]

4부

코로나 시대와 다문화

17장

셍겐 조약과 유럽연합의 미래

코로나 보조금과 유럽연합 내 공정 논쟁

코로나19 1차 유행이 주춤해진 2020년 5월 말 유럽의 소셜 미디어를 달군 그림이 하나 있다(오른쪽 첫 번째 그림 참고). 5월 28일 공개된 네덜란드 시사 주간지 《EW》의 표지다. 표지 중간에는 가로선이 그어져 위, 아래가 나뉘어 있다. 먼저 위쪽 그림을 보자. 금발 머리의 노동자들이 열심히 일하고 있다. 작업복을 입은 남성은 톱니바퀴 나사를 돌리고, 비즈니스 정장 차림의 여성은 바삐 걸어가며 통화를 한다. 이제 아래쪽 그림을 보자. 위쪽과 완전 딴판이다. 붉은 셔츠를 입고 멋들어진 콧수염을 기른 검은 머리의 남성이 햇볕을 쬐며 앉아 웃고 있다. 테이블 위에는 와인잔과 보드게임판이 놓여 있다. 그 옆에는 비키니 차림의 여성이 수영장 가에 앉아 스마트폰을 들여다보고 있다.[1]

　이것은 북유럽(금발 머리) 사람들이 공장과 회사에서 열심히 일하는 동안 남유럽(검은 머리) 사람들이 날씨 좋은 해변에서 휴식을 즐긴다는 뜻이다. 그림과 함께 표지에 실린 타이틀은 'Geen stuiver extra naar Zuid-Europa(남유럽에 추가 자금은 그만)'이다.

2020년 5월 30일 발간된 네덜란드 주간지 《EW》 표지.

네덜란드 주간지 《EW》 표지가 공개된 지 하루 만에 포르투갈에서 등장한 패러디판.

추가 자금이란 '코로나 보조금'을 뜻한다. 이 네덜란드 주간지가 나오기 열흘 전에 유럽연합 차원에서 코로나19 타격을 크게 입은 회원국에 보조금을 지원하자는 논의가 시작됐다. 그러니까 이 표지는 북유럽 사람들이 열심히 일하는 동안 남유럽 사람들은 빈둥거리며 유럽연합의 자금 지원 혜택이나 본다는 비난의 메시지다.

그런데 이 논쟁적인 표지가 공개된 지 딱 하루 만에 포르투갈에서 패러디 버전(두 번째 그림 참고)이 등장했다. 위아래가 반반 나눠진 프레임은 똑같은데 내용이 바뀌었다. 이번에는 열심히 일하는 게 검은 머리의 남유럽인이고 해변에서 휴식을 즐기는 건 금발 머리의 북유럽인이다. 위쪽 그림에서는 검은 머리 여성이 바쁘게 걸어가고 있는데, 여성이 손에 든 가방에서 돈이 떨어진다. 그 돈은 아래쪽 그림에서 와인을 마시며 쉬고 있는 금발 머리 남성의 엉덩이 밑에 깔린다. 남유럽(검은 머리) 사람들이 번 돈을 북유럽(금발 머리) 사람들이 깔고 앉아 즐긴다는 뜻이다. 표지 타이틀도 'Geen stuiver extra belastingparadijs(조세 천국에 추가 자금은 그만)'으로 달라졌다.[2] '조세 천국'은 네덜란드를 가리키는 말이다. 법인세 실효세율이 낮은 네덜란드는 다국적 기업을 끌어들여 다른 유럽연합 회원국에 손해를 끼친다는 비난을 받고 있다.[3]

이 패러디 버전에 포르투갈어로 붙은 소제목은 'Gajos que usam meias Brancas na praia tipo ganhem noção FDX(해변에서 흰 양말을 신고 다니는 놈들은 욕먹을 만해)'다. '흰 양말'이란 남유럽인들이 북유럽인들을 비하할 때 쓰는 표현이다. 해변이 많은 남유럽에선 샌들에 양말을 신지 않는데, 숲이 많은 북유럽에선 진드기에 물릴 것을 염려해 여름 샌들에도 발목을 덮는 긴 흰 양말을 신는 경우가 많다. 이유야 어쨌건 남유럽인들은 그것이 자신들이라면 절대 시도하지 않을 촌스러운 패션이라고 생각한다. 패러디 버전에 그려진 북유럽인의 하얀 피부는 의도적으로 붉게 색칠돼 있다. 햇볕을 조금만 받아도 벌게지는 피부나 샌들에 양말을 신는 패션은 남유럽인들이 북유럽인들을 비웃을 때 꼭 등장한다.

흰 양말이니 뭐니 하는 게 치졸해 보이지만, 뒤에는 훨씬 더 복잡한 문제가 있다. 북유럽-남유럽 갈등의 직접적인 원인은 '코로나 보조금'이다. 2020년 5월 18일 앙겔라 메르켈 독일 총리와 에마뉘엘 마크롱 프랑스 대통령은 공동 기자회견을 열고 코로나19로 타격을 크게 받은 유럽연합 국가들에 5,000억 유로(약 684조 원)를 지원하는 방안을 제안했다. 갚아야 하는 대출금이 아니라 조건 없는 보조금이다. 유럽연합 회원국들은 보조금을 놓고 진영이 반반 나누어졌다. 코로나19로 타격을 크게 받은 이탈리아, 스페인 등은 상환 의무 없는 보조금 지원을 환영하는 반면 오스트리아, 네덜란드 등은 대출 뒤 갚아야 한다는 의견을 고수했다. 제바스티안 쿠르츠Sebastian Kurz 오스트리아 총리는 당시 트위터에서 "경기부양책이 조건 없는 보조금이 아니라 대출로 이뤄져야 한다는 오스트리아, 네덜란드, 덴마크, 스웨덴의 입장은 변함이 없다"고 썼다. 독일은 당초 대출 방식을 지지했으나 나중에 보조금으로 태도를 바꿨다. 이에 대해 《EW》는 위 기사에서 '독일이 루비콘강을 건넜다'고 표현했다. 자기들 편인 줄 알았더니 남유럽 편을 들어줬다는 거다. 루비콘강 같은 점잖은 비유를 썼지만 실은 패싸움이다.

각국 정치인들은 협상안을 찾기보다는 소셜 미디어 등을 통해 가시 돋친 발언을 주고받았다. 봅케 훅스트라 네덜란드 재무부 장관은 "몇몇 국가는 경제 문제에 대해 스스로 잘못된 점을 찾아봐야 한다"며 남유럽 자금 지원에 반대했다. 훅스트라 재무부 장관이 자세한 말을 하지 않아도 듣는 사람들은 그게 무슨 뜻인지 다 안다. 남유럽 국가들이 겪는 경제적 어려움은 실업 급여나 노후 연금 같은 복지 혜택을 '남발'했기 때문이니 스스로 허리띠 졸라매서 해결하라는 주장이다. 안토니우 코스타António Costa 포르투갈 총리는 "그 발언은 역겹다(disgusting)"고 반응했다. 코스타 총리는 "유럽연합이 지금처럼 계속 앞으로 나아갈 수 있는지, 아니면 누군가 뒤에 남겨져야 하는지 알고 싶다. 물론 난 네덜란드 얘기를 하는 것"이라고 말했다.[4] 네덜란드가 계속 딴지를 걸면 유럽연합의 미래에서 네덜란드를 제외해야 할 거라는 협박이나 다름없다.

이 와중에 스페인이 실시한 최저생계비 제도가 도마 위에 올랐다. 최저생계비 제도에 관해서는 이 책 앞부분의 기본 소득 파트에서 언급했다. 스페인 정부가 빈곤층 85만 가구(230만 명)에 매월 462유로에서 1,015유로까지의 최저생계비를 지급한다는 내용으로, 2020년 5월 29일에 결정이 내려졌다. 스페인의 빈곤율은 21.6퍼센트로 서유럽에서 가장 높은 수준이다. 이를 해결하기 위해 오래전부터 최저생계비 논의를 진행했는데, 코로나19 팬데믹이 발생해 빈곤층의 어려움이 커지자 제도를 앞당겨 시행하기로 한 것이다.

문제는 여기 드는 예산이다. 스페인 정부는 매년 30억 유로(약 4조1,036억 원)가 추가로 필요할 것으로 추정했다. 그러자 다른 유럽연합 회원국 중 일부가 자국민 복지에 그 정도 돈을 쓰는 스페인에 왜 코로나19 보조금을 지원해야 하냐며 불만을 제기했다. 벨기에 브뤼셀의 한 싱크탱크 선임연구원인 졸트 다르바쉬는 CNBC와의 인터뷰에서 "그 제도가 어떻게 문제를 해결할 수 있을지 모르겠다. 사람들이 일을 안 하고 집에 있도록 장려해선 안 된다. 기업이 직원을 해고하지 않도록 하는 게 더 중요하다"고 말했다. 최저생계비 제도와 관련된 기사에는 '그 돈이 다 어디서 나오느냐', '유럽연합이 주는 코로나 보조금이 스페인 사람들의 기본 소득이 되는 것이냐'는 내용의 댓글이 넘쳤다. 스페인의 국가적 정책에 대해 다른 나라들이 감 놔라 배 놔라 하는 상황이었다. 스페인 입장에서는 이런 참견을 받는 게 황당하고 억울할 수 있지만, 유럽연합 회원국들이 정치적, 경제적으로 아주 긴밀히 연결

돼 있어 생기는 일이다. 벨기에 시민이 자기가 내는 세금이 스페인 빈곤층 지원에 쓰인다고 생각할 수도 있는 것이다. 그게 사실이건 아니건 간에 말이다.

코로나 보조금을 둘러싼 유럽연합 내 국가들의 갈등이 나타나는 양상은 흥미롭다. 갈등의 규모는 다르지만, 어떤 면에서는 계급이나 성별을 둘러싼 한국의 '공정' 이슈와도 닮은 점이 있다. 어려운 상황의 근본적인 원인에 대한 분석보다는 지원이 과하다며, 지원받을 자격이 없다며, '금수저'의 특혜라며, '노오력'을 하지 않았다며, 역차별이라며 진영을 갈라 싸운다. 분명 유럽연합이라는 같은 배를 타고 있지만, 누구도 현재의 유럽연합에 만족하지 못하는 것처럼 보인다. 유럽연합은 본래의 역할과 목적에 실패하고 있는 것 같다. 이제 사람들은 유럽연합이 왜 존재하느냐고 묻는다. 답을 하려면 애초에 유럽연합이 왜 태어났었는지 돌아봐야 한다.

249

유럽연합의 역사

여러분의 손에서 무기를 내려놓는 날이 올 것입니다. 파리와 런던 사이의, 상트페테르부르크와 베를린 사이의, 비엔나와 토리노 사이의 전쟁이, 오늘날 보스턴과 필라델피아 사이에서 전쟁이 난다는 생각만큼이나 얼토당토않게 보일 날이 올 것입니다. 유럽 대륙의 모든 나라가 존엄성과 개별성을 잃지 않으면서도 유러피안 형제애(european brotherhood)로 긴밀한 통합을 이루는 날이 올 것입니다.…… 전쟁터가 물자 거래나 사상을 교환하는 장소로 바뀌는 날이 올 것입니다. 총알과 폭탄이 투표로 대체되는 날이 올 것입니다. 오늘날 우리가 과거의 고문 도구를 전시하듯이, 나중에 박물관에 전시된 대포를 보며 어떻게 예전에는 이런 것이 가능했는지 깜짝 놀랄 날이 올 것입니다.······ 마침내 19세기는 역사에서 최고의 페이지를 차지하게 될 것입니다.

이것은 《레 미제라블》을 쓴 프랑스 작가 빅토르 위고가 1849년 8월 21일 파리 국제평화회의에서 한 연설의 일부다. 이 연설에서 빅토르 위고는 '유럽합중국(United States of Europe)'이라는 표현을 사용했다. 유럽 국가들의 공동체에 대한 아이디어가 최초로 언급된 순간이다.[5] 비록 당시 시대적 배경은 혼란스러웠지만(바로 전해인 1848년에 이탈리아, 프랑스, 독일, 오스트리아 등 유럽 곳곳에서 혁명이 일어났다), 희망도 있었다. 1848년은 연방 국가로서의 스위스가 탄생한 해이고, 이미 대서양 건너 다른 대륙에서는 또 다른 연방 국가(미합중국)가 경제적 번영을 누리고 있었다. 끝없는 전쟁을 종식하고 평화로 나아갈 유일한 해법이 '연방'을 형성하는 것이라는 공감대가 이때부터 만들어졌다.

그러나 빅토르 위고의 꿈이 실현되는 데에는 시간이 한참 더 걸렸다. 유럽은 두 차례의 세계대전을 겪고 초토화된 다음에야 공동체의 필요성을 절감한다. 처음 앞장선 건 독일과 프랑스다. 2차 세계대전의 원흉으로 지목된 독일은 고립되지 않기 위해 편을 만들어야 했고, 프랑스는 강대국이었지만 더 이상 혼자 독일을 견제하는 게 힘든 상황이었다. 1950년 5월 9일, 프랑스 외무부 장관 로베르 쉬망Robert Schuman이 유럽의 석탄 및 철강 산업을 통합하는 초국가적 기구를 만들자고 제안한다. 이른바 '쉬망 선언(Schuman Declaration)'이다. 석탄과 철강은 경제 자원일 뿐 아니라 전쟁 자원이기도 하다. 이것을 함께 통제하자는 건 그 공동체의 주요 목표가 무력 충돌 억지라는 의미다. 독일과 프랑스의 계획에 벨기에, 네덜란드, 룩셈부르크, 이탈리아가 합류해 파리 조약을 맺음으로써 1951년 '유럽석탄철강공동체(European Coal and Steel Community, ECSC)'가 설립된다. 이것이 나중에 탄생하는 유럽연합의 시초다.

이 6개 국가는 1957년 로마 조약을 체결하는데, 여기서 '유럽경제공동체(European Economic Community, EEC)'가 만들어진다. EEC는 석탄과 철강 산업에서 한 단계 더 나아가 회원국 간의 경제 통합을 이루기 위한 기구로, 공동 관세 및 자유로운 이동 등을 내세웠다. 영국, 아일랜드, 덴마크가 1973년 여기 가입한다. 그런데 1973년은 오일쇼크로 경제 위기가 시작된 해다. EEC의 합의를 지키는 것보다 다들 자국 경제를 보호하는 게 더 중요한 상황이었다. 남유럽 여러 나라가 EEC에 가입 신청을 했으나 승인이 늦어진 것도 그 때문이다. 기후가 좋은 남유럽에서 농산물이 더 많이 생산되어 가격이 저렴하다 보니, 이 나라들을 EEC에 포함하면 기존 회원국의 농업 경쟁력이 떨어질까 우려했던 것이다. 결국 그리스(1981년), 스페인과 포르투갈(1986년)은 다른 나라들보다 훨씬 늦게 EEC에 가입한다. 공동체의 목적이 오직 연대라는 건 단순한 생각이다. 당시 마거릿 대처Margaret Thatcher 영국 총리의 "I want my money back(나는 내 돈을 돌려받고 싶다)"이라는 말이 보여주듯, 다들 자국의 이익을 셈하고 있었다.[6]

1989년, 아무도 예상치 못했을 때 베를린장벽이 무너진다. EEC가 동유럽 구공산권 국가들에 문을 열게 된 것이다. 대혼란의 시기였지만 이것이 역으로 공동체에는 도움이 된다. 40년 전인 2차 세계대전 직후에 전쟁 억지를 목적으로 유럽석탄철강공동체를 만들던 초심으로 돌아가게 되어서다. '통합'을 최우선의 목표로, 드디어 1992년 2월 7일 네덜란드에서 '마스트리히트 조약(유럽연합에 관한 조약)'을 체결함으로써 현재 형태의 유럽연합이 설립된다. 독일통일 전까지 중립을 지키며 EEC에 가입하지 않았던 핀란드, 오스트리아, 스웨덴이 1995년 유럽연합에 들어온다. 2004년에는 구공산권의 10개국이 가입한다. 2021년 유럽연합 회원국은 (브렉시트로 영국이 빠져나간 뒤) 총 27개국이다.

유럽연합만으로 유럽 국가들의 연맹 상황을 다 설명할 수는 없다. 유로Euro라는 공동의 통화를 쓰는 유로존Eurozone에는 유럽연합 전체 회원국 중 19개국만 가입해 있다. 비자나 여권 심사 없이 자유롭게 이동할 수 있는 셍겐 지역(Schengen Area)에는 총 26개국이 포함돼 있다. 유럽연합, 유로존, 셍겐 지역에 포함된 국가는 조금씩 다르다. 예를 들어 스위스는 유럽연합 회원국도 아니고 유로화를 쓰지도 않지만 셍겐 지역에는 들어간다.

이처럼 여러 방법으로 초국가적 연맹을 이뤄냈지만 과정이 순탄치는 않았다. 최근 10여 년만 보더라도 2009년 유로존 위기, 2015년 유럽 난민 사태, 그리고 역내 2위 경제 규모였던 영국이 유럽연합을 탈퇴한 브렉시트까지 위기의 연속이었다. 그러다 코로나19 팬데믹이 터진 것이다. 유럽은 선진국답게 잘 대처할 것이라는 기대를 엎어버렸다. 감염자, 사망자 규모는 물론이고 우왕좌왕하는 봉쇄 정책으로 경제도 제대로 지키지 못했다. 유럽연합 집행위원회의 통계에 따르면 유럽연합 27개국의 평균 GDP는 2020년에 6.1퍼센트까지 떨어졌다. 유로존 위기 때인 2009년에 4.3퍼센트 떨어졌던 것과 비교하면 '2차 세계대전 이후 최악의 경제 위기'라는 진단은 과장이 아니다. 게다가 코로나19 팬데믹은 여러 위기가 연쇄적으로 발생한다는 점에서 심각성이 더 크다. 채텀하우스Chatham House(영국왕립국제문제연구소)의 유럽 문제 연구원 페파인 베르그센의 표현에 따르면 "보건(health) 위기로 시작된 것이 경제(economic) 위기로, 이어 정치(political) 위기로, 이어 금융(financial) 위기로 발전했다". 조셉 보렐 유럽연합 외교·안보 정책 고위대표는 현재 유럽의 상황을 '역사의 상처(the scars of history)'라고 지칭했다.

타격을 받지 않은 나라는 없지만, 그렇다고 모든 나라가 똑같은 타격을 받은 건 아니라는 점이 더 큰 문제다. 유럽연합 평균 GDP가 6.1퍼센트 떨어진다는 평균 수치 뒤에는, 네덜란드의 GDP가 3.7퍼센트 떨어질 때 스페인 GDP는 10퍼센트 이상 떨어진다는 차별적 현실이 놓여 있다. 바이러스가 감당할 힘이 부족한 나라를 더 세게 친 것이다.

유럽연합 집행위원회에 따르면 유럽연합이 결성되고 역내 자유로운 노동·자본·서비스의 이동이 허용된 이후 유럽연합의 GDP는 8~9퍼센트가량 늘어났다. 남유럽 국가들은 이렇게 늘어난 부의 대부분이 독일과 네덜란드 등 북유럽 국가로 쏠렸다고 주장한다. 통화 절상의 부작용 없이 무역량을 늘렸기 때문이다. 더 부유해진 만큼 남유럽이 어려울 때 도움을 주는 건 치러야 할

253

비용인데, 그걸 하지 않겠다니 이기적이라는 비난이 나온다. 유럽연합 집행위원회의 설문조사에 따르면, 유로가 법정통화가 되기 직전인 2000년 당시 이탈리아 국민 중 유럽연합 멤버십에 반대하는 의견은 9퍼센트에 불과했다. 하지만 2020년 5월 7일 조사에서는 '떠날 준비가 됐다'고 응답한 비율이 44퍼센트에 이르렀다. 안토니우 코스타 포르투갈 총리는 "유럽연합이 할 일을 하지 않으면 다 끝난 것"이라고 말하기도 했다. 빅토르 위고의 비전은 위기에 처해 있다.

스키장 개방 논란과 셍겐 지역의 미래

여기까지는 주로 유럽연합이라는 정치적, 경제적 공동체가 처한 위기에 대한 얘기였다. 그런데 사실 유럽 국가들이 서로 떼려야 뗄 수 없는 정치적, 경제적 관계를 맺는 가장 기본적인 이유는 지리다. 스위스만 해도 다섯 나라와 국경을 마주하고 있다. 동쪽은 오스트리아와 리히텐슈타인Liechtenstein, 북쪽은 독일, 서쪽은 프랑스, 남쪽은 이탈리아와 맞닿아 있다. 국경이라고 특별한 장벽이나 건물이 세워진 것도 아니고, 대개 줄만 하나 그어져 있다(이조차 없는 곳도 많다). 그 줄 위에서 한 발은 이 나라에, 다른 발은 저 나라에 놓고 설 수가 있을 정도다. 여러 나라가 이렇게 지리적으로 붙어 있는 곳에서 코로나19 바이러스가 확산한다는 게 어떤 의미인지 대충 짐작할 수 있을 것이다. 팬데믹 초기부터 국경을 여닫는 문제로 갈등이 많았는데, 2020년 겨울에 흥미로운 일이 있었다.

프랑스 동쪽 끝 알프스 산자락에 자리잡은 마을 샤뗄Châtel이 배경이다. 인구 1,200명쯤 되는 곳으로, 스키장 사업이 주민 소득의 주된 원천인 동네다. 이곳 시청 건물이 2020년 11월 28일부터 이틀 동안 스위스 국기로 덮였다. 대체 무슨 일이 있었길래 프랑스 시청에 스위스 국기가 휘날렸을까. 그것은 샤뗄 시장 니콜라스 루빈의 결정이었다. 당시 프랑스 정부는 코로나19 때문에 스키장 영업을 금지했다. 루빈 시장은 "이웃 나라 스위스는 스키장을 여는데 우리는 왜 못 열게 하느냐"며 항의의 뜻으로 스위스 국기를 내걸었다. 마을 주민 대부분의 연간 소득이 겨울 한철 스키장 영업에서 나오는 곳이니 그럴 법하다. 국적 정체성(프랑스)보다 먹고 살게 해 주는 정책(스위스)이 더 간절하다는 의미이지 않았을까.

여기서 샤뗄의 지리적 특성을 자세히 짚고 넘어갈 필요가 있다. 샤뗄은 프랑스 마을이지만 스위스와 프랑스의 접경지대에 있고, 세계에서 가장 큰 스키장 중 하나인 '포트 뒤 솔레이Portes du Soleil'를 끼고 있다. 이 스키장의 절반은 프랑스에, 다른 절반은 스위스에 속한다. 스키 패스 하나만 있으면 650㎞에 이르는 활주로를 통해 프랑스와 스위스를 마음대로 오갈 수 있다는 뜻이다.

평소엔 두 나라에 걸쳐져 있다는 점이 이 스키장의 매력이었지만 팬데믹이 덮친 2020년의 상황은 달랐다. 프랑스 정부의 결정과 달리 스위스 정부는 스키장 영업을 막지 않았다. 같은 바이러스, 같은 지역이지만 두 정부가 상이한 결정을 내리는 바람에 2020년 겨울 이 스키장의 반은 열렸고 반은 닫혔다. 루빈 시장은 트위터에 스위스 국기로 덮인 시청 사진을 올리며 "정부가 우리와 충분히 상의하지도 않고 영업 불가 결정을 내렸다"고 항의했다.

프랑스 샤뗄 시청을 덮은 스위스 국기.
(출처: 샤뗄 시장 니콜라스 루빈 트위터)

'스키 휴가 전쟁(Skiferien-Krieg)'. 이것은 2020년 겨울 스위스 지역 일간지 《루체르너 차이퉁Luzerner Zeitung》에 실린 기사 제목이다. 2020년 초 유럽에 퍼지기 시작한 코로나19 바이러스는 1년 가까이 지나 스키 시즌이 돌아올 때까지도 여전히 극성이었다. 각국은 스키에 대해 다른 입장을 보였다. 독일, 프랑스, 이탈리아에선 성수기인 연말연시 스키장 오픈을 미루기로 했지만 스위스, 오스트리아, 스페인에선 스키를 탈 수 있었다.

이걸 마스크 착용처럼 나라마다 다른 선택을 했을 뿐이라고 단순히 넘길 문제가 아니다. 첫째, 자기 나라에서 스키를 못 타게 된 사람들이 문 열린 외국 스키장으로 몰릴 것이었다. 당시 유럽 각국의 격리 지침은 달랐으나 기본적으로 국경은 열려 있었다. 둘째, 유럽엔 '포트 뒤 솔레이'처럼 두 나라에 걸친 스키장이 10여 곳 있다. 프랑스-스위스 간의 문제만이 아니다. 이웃한 나라들이 국경(바이러스 억제)과 국익(스키장 영업이익)을 내세우며 서로의

결정을 원색적으로 비난하는 이 상황에 '전쟁'이라는 말이 붙은
것도 그럴듯하다. 관련자들의 발언을 보자.

유럽의 모든 스키장을 폐쇄하도록 요구할 것이다. 유럽연합 공
동의 노력이 필요하다. 쉽진 않아 보이지만, 어쨌든 시도해야 한
다.—앙겔라 메르켈, 독일 총리

스위스가 스키장을 열기로 결정한 점은 실망스럽다. 적어도 올
해 말까지는 스키장을 닫을 거라고 기대했다.—프랑코 로카텔리,
이탈리아 국립보건원장

(스키 관광객을 통제하기 위해) 프랑스와 스위스, 프랑스와 스페인
사이의 국경에 체크 포인트를 세우겠다.—장 카스텍스, 프랑스 총리

스키 관광은 국가 정체성의 일부다. 유럽연합이 간섭할 일이 아
니다. 크리스마스에도 스키장을 열 것이다.—제바스티안 쿠르츠,
오스트리아 총리

스위스는 자주 국가다. 스키장을 열지 말지 스스로 결정한다. 무
엇이 위험한지 알고 있다. 우리 손을 벗어난 상황이 벌어지진 않
을 것이다.—알랭 베르세, 스위스 내무장관

다른 나라의 분노가 느껴지지만, 우리 마을의 스키 경제는 너무
나 중요해서 그냥 포기할 수 없다.—엘루아 로시에, 스위스 스키 마
을 바뉴 시장

(스키장을 닫으라는) 바보같은 짓(Dummheit)을 우리가 다 따라할
필요는 없다.—한스 비키, 스위스 케이블카 협회 회장

스키장 개방을 놓고 논쟁하던 이들은 1년 전의 '이쉬글 사태'

를 떠올렸다. 이쉬글Ischgl은 오스트리아 알프스산맥의 티롤 지역에 있는 스키 명소다. 매년 겨울 전 세계에서 50만 명의 관광객이 이곳을 찾는다. 이쉬글은 코로나19 초기에 스키보다 '코로나 핫스팟'이라는 이름으로 더 유명해졌다. 유럽에 코로나19 1차 유행이 일어났던 2020년 3월에 스키를 타러 이쉬글에 갔던 관광객들이 무더기 확진을 받았기 때문이다. 특히 오스트리아 정부가 상황을 알고도 즉시 조치를 취하지 않았음이 알려지면서 큰 비난을 받았다.

이쉬글에서 스키를 타고 돌아간 아이슬란드인들이 단체로 확진을 받자 아이슬란드 정부가 3월 5일 오스트리아에 이를 알리고 경고를 했었다. 하지만 오스트리아 정부는 시간을 끌다가 3월 10일에서야 술집을, 13일에서야 스키장을 폐쇄했다. 바이러스가 이미 퍼질 대로 퍼진 다음이었다. 독일, 영국 등 유럽 국가는 물론이고 이스라엘, 미국, 싱가포르에서 온 스키 관광객들이 감염 사실을 모른 채 본국으로 돌아갔다. 영국 BBC 보도에 따르면 이쉬글과 연관된 코로나19 감염자가 최소 45개국 6,000여 명으로 확인됐다. 오스트리아 소비자보호협회(VSV)는 이쉬글이 경제 수익을 우선시해 필요한 방역 조치를 제때 취하지 않았다며 정부를 상대로 손해배상을 청구했다.

오스트리아 스키장 이쉬글은 스위스 스키장 잠나운Samnaun과 연결된다. 이쉬글-잠나운은 유럽에서 가장 이상한 산악 지형 중 하나다. 잠나운이 스위스 영토인데도 오스트리아를 통해서만 진입이 가능하기 때문이다. 오스트리아 물가가 스위스보다 훨씬 낮아서, 스위스에서 이곳으로 스키를 타러 간 사람들이 오스트리

아에서 쇼핑을 하고 돌아오기도 한다. 스키어들의 배낭 속에 오
스트리아에서 산 담배나 술이 있으면 그나마 귀여운 편이다. 오
스트리아 사람인 내 이웃 제바스티안은 "스위스에서 온 관광객
이 이쉬글에서 산 손목시계를 차고 집으로 돌아가는 일도 종종
있지만 다들 쉬쉬한다"고 했다.

이런 사정을 알면 팬데믹 초기 이쉬글 사태의 첫 번째 고리
가 오스트리아인이 아닌 스위스인이었다는 점도 납득이 간다. 이
쉬글의 한 바에서 일하던 이 스위스 여성은 코로나19에 감염된
지 한 달이 넘도록 증상이 없어 감염 사실을 모르고 계속 일했다
고 한다. 즉 국경을 맞대고 있는 유럽 국가들의 지리적 상황과 정
치, 경제적으로 공유하는 정책(인구와 물자의 자유로운 이동)과 스
키장 개방의 위험성에 대한 무감함이 다 합쳐져 2020년 초 오스
트리아 스키장 이쉬글 사태가 일어났고, 이런 문제가 팬데믹 1년
이 지난 2020년 말 프랑스 샤텔 마을에서 다시 발생한 것이다.

그런데 여러 스포츠 중 스키가 코로나19에 특히 취약한 스
포츠일까. 그런 것은 아니다. 달리면서 자연히 서로 거리를 두게
되고 장갑과 고글, 마스크는 기본 장비다. 그런데도 스키장에서
집단감염이 발생하는 건 스키 리프트나 케이블카에서 거리두기
가 안될 때, 또 스키를 다 타고 나서 즐기는 '아프레 스키Après-Ski'
모임 때문이다. 아프레 스키는 마치 한국에서 등산을 마친 사람
들이 산 아래에서 막걸리를 마시며 하루를 마무리하는 것과 비슷
하다. 알프스에 해가 지기 시작하는 오후 서너 시쯤부터 스키장
앞 식당과 바는 신나는 음악으로 시끌벅적하고, 선 채로 글뤼바
인Glühwein(과일과 계피 등을 넣어 따뜻하게 데운 와인)을 마시는 사

259

람들로 발 디딜 틈이 없다. 보통 일주일 정도 머물면서 스키를 타기 때문에 호텔 등 숙박 시설에서의 접촉도 위험 요소다. 스키를 비난하지만, 결국 사람이 문제라는 거다.

팬데믹 와중에 스키 정도는 좀 자제하면 안 되겠냐는 지적이 나올 법하다. 하지만 유럽에서 스키는 단순 스포츠 이상의 큰 의미를 지닌다. 오스트리아에서 겨울 스포츠 산업은 GDP의 4퍼센트를 차지한다. 스키 시즌에 발생하는 고용은 전체 일자리의 8퍼센트에 이른다. 프랑스 스키 리조트에서는 겨울에 한시적으로 12만 개 이상의 직업이 생긴다. 이탈리아 스키 산업에선 매년 약 110억 유로(약 14조5,000억 원)의 수익이 발생한다. 스위스에서는 스키장을 열었지만 호텔 숙박이 30퍼센트 줄어들고 관광 수입은 100억 스위스프랑(약 12조 원) 감소한 것으로 추산됐다(스위스경제연구소 KOF).[7] 이런 수치를 떠나서, 알프스나 피레네산맥 인근엔 겨울 한철 스포츠 관광으로 한 해 먹고 사는 마을들이 많다. 2020년 초부터 2021년 초까지 두 시즌 영업을 제대로 못 했으니 2년 치 소득이 거의 사라진 셈이다.

셍겐 협정은 존속할까

유럽의 '스키 휴가 전쟁'은 경제와 방역 간 갈등 외에도 또 하나 중요한 이슈를 담고 있다. '셍겐 협정'의 미래에 관한 것이다. 셍겐 협정은 유럽 국가 간의 자유로운 이동을 보장하는 협정으로, 비자나 여권 심사 없이 자유롭게 국경을 넘나들 수 있도록 한다. 셍겐 지역 내에서는 최초 입국한 날로부터 최대 90일까지 무비자 여행이 가능하다. 1985년 6월 14일에 독일, 프랑스, 벨기에,

네덜란드, 룩셈부르크 5개국이 룩셈부르크의 셍겐에서 이런 내용의 조약을 맺었다. 실제 효력이 발생한 것은 1995년부터다. 유럽연합 회원국 외에도 스위스, 노르웨이, 아이슬란드, 리히텐슈타인 등이 가입해, 2021년 현재 총 26개국이 셍겐 지역에 포함돼 있다. 스키를 탄 채 국경을 건널 수 있는 건 셍겐 협정 덕택이다.

'경계 없는 하나의 유럽'이라는 이상을 뒷받침하는 이 제도가, 팬데믹을 맞아 불안정하게 흔들리고 있다. 2020년 3월 이탈리아에서 코로나19가 감당 못 하게 퍼지자 다른 셍겐 회원국들이 국경을 닫아버렸다. 상황이 나아지던 초여름에 국경이 다시 열리고 각국이 대안으로 코비드 앱을 개발했지만, 이 앱은 다른 나라로 넘어가는 순간 사실상 작동이 안 된다. 나라마다 쓰는 앱의 종류와 기술이 다르고, 의료 정보를 초국적으로 공유하지 않기 때문이다. 현실적으로 공항이나 국경에서 검문검색을 하는 것만이 외국으로부터의 바이러스를 차단하는 가장 확실한 방법이었다. 이탈리아인들이 다른 유럽 국가로 가는 길이 막힌 건 시작이었을 뿐이다. 2020년 내내 코로나19 확진율에 따라서 국가 사이에 국경을 여닫는 일이 반복됐다.

프랑스에서 스위스로 아무 문제 없이 넘어갔던 알프스 스키장에 전에 없던 경계가 생기는 것은, '하나의 유럽'이라는 해묵은 환상이 깨질 때가 온 게 아닌지 의문을 제기한다. 그런데 셍겐 협약이 맺어진 이후 회원국들이 국경을 닫은 게 코로나19 팬데믹이 처음은 아니다. 2015년 유럽 난민 사태 당시 6개 회원국이 내부 국경을 통제했다. 독일, 프랑스, 오스트리아, 스웨덴, 덴마크,

노르웨이가 그 나라들이다. 당시 시리아에서 난민이 쏟아져 들어왔고 이들의 주요 목적지는 독일과 북유럽 국가들이었다. 예상밖의 엄청난 숫자를 감당 못 한 회원국들은 주요 육로, 다리, 해상경로를 막아버렸다. 셍겐 협약하의 이상적인 자유 유럽에서라면 이런 사태가 생겼을 때 회원국들이 어떤 식으로 함께 난민 문제를 감당할 것인지 논의하고 협력했을 것이다. 그러나 현실은 달랐다. 협약은 나 몰라라 하고 물리적으로 국경을 막아버렸다.

난민들이 첫발을 들인 그리스 레스보스Lesbos섬에는 2015년 말 최초의 '유럽통제센터'가 만들어졌다. 난민들을 수용, 등록, 분류하기 위한 이 시설의 별칭은 '핫스폿hot spot'이다. 난민들의 최초 집결지와 코로나19 집단 발병지가 모두 핫스폿으로 불리는 건 어떤 의미일까. 2015년엔 난민 핫스폿으로부터, 2020년엔 코로나19 핫스폿으로부터 자국민을 지키기 위해 국경을 닫아건 것은 예외적 사건일까, 아니면 새로운 흐름일까.

앞서 언급했듯이 셍겐이라는 명칭은 협약이 맺어진 룩셈부르크 지역의 이름에서 왔다. 2019년 오스트리아에 여행을 갔다가 룩셈부르크인 부부에게 흥미로운 얘기를 들었다. 룩셈부르크는 공식 언어가 프랑스어, 독일어, 룩셈부르크어 세 가지인 나라다. 10년쯤 전만 해도 아무도 룩셈부르크어를 룩셈부르크어라고 부르지 않고 단순히 독일어의 사투리 취급했다고 했다. 국가가 공식 언어를 뭐라고 지정하든 상관없이 일반인의 인식이 그랬다는 거다. 정부와 기업 등 주요 부문에서도 프랑스어와 표준 독일어만 하면 충분했다고 했다.

그런데 지난 10년 사이 사투리 취급당하던 룩셈부르크어의 위상이 쭉쭉 올라가서 별개 언어로 인정받고 있다는 거였다. 그러니까 프랑스어, 독일어, 룩셈부르크어 세 가지를 모두 할 줄 아는 사람이 10년 전에는 '프랑스어와 독일어를 할 줄 안다'고 말했다면, 이제는 '프랑스어와 독일어와 룩셈부르크어를 한다'고 말한다고 했다. 언어교육센터에서도 룩셈부르크어 강좌 인기가 치솟고 있다는데, 그 부부는 그게 '트렌드'라고 했다. 이 트렌드를 이끌고 있는 게 젊은 세대라는 게 인상적이었다. 청년층의 룩셈부르크어 사용자가 늘고 있고, 특히 소셜 미디어에서 의도적으로 룩셈부르크어를 많이 쓴다고 한다. 이 언어로 발간되는 아동 도서도 점점 증가하는 추세다.

　이것이 별 이유 없는 일시적인 트렌드는 아닐 거라고 본다. 구별 짓기라고 할 수 있을 것이다. '고지 독일어(Hochdeutsch)'[8]라고 불리는 표준 독일어 중심의 세상에 대한 반발, 그 작은 나라에서 얼마 안 되는 인구가 쓰는 언어도 방언이 아닌 독립적인 언어로 대우받고 싶다는 욕구다. 이것이 룩셈부르크의 특수한 트렌드만은 아니다. 스위스에서 쓰는 독일어도 예전엔 독일어의 방언쯤으로 취급받다가 분위기가 바뀌었다. 지금은 의무교육 기관(유치원)에서 교사가 반드시 스위스 독일어(Schwiizerdütsch)를 쓰도록 한다. 사람들에게 몇 가지 언어를 하느냐고 물으면 대개 표준 독일어와 스위스 독일어를 구분해서 말한다. 표준 독일어와 스위스 독일어만 해도 이중 언어 구사자가 되는 것이다. 독일어를 외국어로 공부하는 내 입장에서는 아주 흥미로운 현상이다. 만약 제주도민이 자신들의 언어가 방언이 아니라 다른 언어라고 말한다면 어떨까. 이것이 단순히 언어학적인 문제일까. 오히려 어떤 정

263

치적 의도를 관철하고자 언어를 이용하는 건 아닐까.

'하나된 유럽'에서는 여러 나라를 한데 묶어주는 도구로서의 언어가 갖는 중요성이 크다. 어지간한 언어는 같은 계통의 표준어에 흡수되어 사투리로 인식된다. 주요 강대국인 독일의 언어는 오랫동안 그 같은 도구의 역할을 충실히 했다. 그런데 사투리가 사투리의 지위를 거부하고 별개 언어임을 주장한다는 건 하나의 유럽이라는 세계관에 금이 가고 있음을 보여주는 신호일 수 있다. 한때 다양한 문화권의 사람들이 장벽 없는 소통을 하기 위해 에스페란토Esperanto어 같은 인공언어를 만든 적도 있다. 지역방언의 위세가 강해지는 건 그것과 반대되는 흐름이다. 팬데믹이 종식된 뒤 다시 하나의 유럽이 가능할지, 나는 회의적이다. 둘로 갈라진 포트 뒤 솔레이 스키장이 보여주는 건 불안한 셍겐 협약의 미래다.

18장
오리엔탈리즘

타자화

타자화(otherizing)라는 단어를 볼 때 함께 떠오르는 건 알레한드
로 아메나바르 감독의 영화 〈디 아더스〉다. (영화를 보지 않은 사
람에겐 스포일러지만) 자신이 사람인 줄 알았던 주인공들은 끝에
가서 유령임을 깨닫는다. 이 영화에서 사람과 유령은 겉보기에
딱히 다른 점이 없다. 시청자가 외모나 행동만으로 둘을 구분하
긴 불가능하다. 하지만 둘 사이엔 보이지 않는 선이 있다. 누가
유령이고 누가 사람인지 모호한 채 이들은 상대를 다른 세상의
존재로 규정하고 선을 긋는다. 모르니까 악惡이다. 오해가 쌓이
고 진실은 멀어진다. 진실을 중개하려는 현명한 이들이 있지만
귀를 막은 상태에서는 도리가 없다. 나와 다른 존재(the others)
를 일방적으로 규정하고 배타적으로 대하는 것, 그것이 타자화
(otherizing)다. 나는 영화 〈디 아더스〉를 타자화와 공포, 배척에
대한 이야기로 봤다.

유령과 인간이 서로를 타자화하는 건 영화에나 어울리는 이
야기다. 현실 세계에서는 다른 영역에서 타자화가 일어난다. 다

265

른 성별이나 계급을 타자화하기도 하지만, 여기서 쓰려는 건 다른 인종에 대한 타자화다. 특히 서양이 동양을 보는 일방적인 시각, 그 오래된 왜곡의 역사에 대해서다. 이 주제에 관해 지금까지도 가장 자주 인용되는 것은 에드워드 사이드Edward Said의 1978년 저작 《오리엔탈리즘》이다. 서양이 동양을 보는 시각에는 전형적 패턴이 있다. 비합리적이고 비과학적인 곳, 전제군주가 지배하는 억압적인 곳, 음침하면서도 신비로운 곳이다. 이런 일방적 시선에는 목적이 숨어 있다. 한편으로는 동양과 대조적인 의미에서 합리적이고 자유로운 곳이라고 서양 스스로를 정의하기 위해서, 다른 한편으로는 동양에 자유를 가르쳐 해방시킨다는 명목으로 식민주의를 합리화하기 위해서라는 게 사이드의 주장이다.

오리엔탈리즘은 사이드가 만들어낸 용어도 아니고 이런 의미로만 쓰이는 것도 아니지만, 사이드의 저작은 비서구 지식인들에게 큰 영향을 미쳤다. 주류 서구인의 시각으로 구성된 지식이나 담론을 이용해 비서구인이 스스로를 규정하고 분석하는 게 타당한지에 대한 반성을 본격적으로 불러일으켰기 때문이다. 영향력이 큰 주장인 만큼 비판도 많다. 사이드가 말하는 동양이 지리적으로는 중동 이슬람 문화권에, 시간적으로는 근·현대에 한정돼 있다는 점, 사이드의 시각에 피해 의식이 감지된다는 점 등이다. 하지만 사이드가 팔레스타인 출신으로 미국에서 활동했음을 고려하면 이 같은 제한된 시각은 어쩌면 당연할지도 모른다. 자신이 처한 입장으로부터 완전히 객관적인 태도를 취하는 게 가능할까. 설사 가능하다 해도 그 엄정한 객관성이라는 것의 의미는 무엇일까. 다들 자신이 선 자리에서 이야기할 수밖에 없다. 오리엔탈리즘과 그에 대한 비판, 그 비판에 대한 비판 역시 결국은 어디에 서서 어디를 바라보느냐의 문제다. 누구도 타자화에서 자유로울 수 없다.

그럼에도 21세기는 타자화가 한풀 꺾인 탈식민 시대, 포스트 오리엔탈리즘의 시대로 여겨졌다. 동양, 특히 동아시아 지역 국가들이 세계 무대에서 차지하는 비중이 커졌다. 정치, 경제, 문화 교류가 급증하면서 서양은 더 이상 동양을 예전처럼 '장막에 싸인 미지의 세계'로 보지 않았다. 두 세계 사이의 경계선은 마침내 희미해진 것처럼 보였다. 코로나19 팬데믹이 발생하지 전까지는 말이다.

전 세계를 휩쓴 코로나19 바이러스가 중국(동양)에서 나타난 것으로 보이고 최초 감염 경로에 대한 온갖 추측이 난무하면서 꺼진 줄 알았던 타자화, 그러니까 오리엔탈리즘의 불씨가 되살아났다. '박쥐 먹는 중국인(동양인)'은 낯섦, 잔인함, 불결함, 비과학성 등의 이미지와 연결됐고 이는 혐오로 이어졌다. 팬데믹 발생 1년이 지난 지금까지도 서구 일부 지역, 특히 미국에서 동양인으로 보이는 사람들을 대상으로 한 폭력 범죄가 일어나고 있다. 그 사람이 어디 출신이고 어디에서 사는지, 바이러스 전파에 영향을 미쳤는지 등은 전혀 중요한 게 아니다. 동양인으로 추측되는 외모만으로 증오의 근거는 충분했다.

이 같은 광기 어린 비합리적 증오는 팬데믹에서 비롯된 게 아니다. 오랜 타자화의 역사가 제 모습을 다시 드러낸 것이다. 사이드의 용어를 빌리자면 문명 교류를 통해 동양에 대한 지식을 얻음으로써 '명시적 오리엔탈리즘'은 잦아든 면이 있지만, 서양

267

인의 무의식에 깔린 '잠재적 오리엔탈리즘'은 변함없이 이어져
왔다.

> 사이드가 잠재적 오리엔탈리즘이라고 부르는 것은, 말하자면 동
> 양에 대해 서양인이 가지는 무의식적인 확신이며 변하지 않는
> 고정관념인데, 이는 밖으로 표출되지 않고 잠복되어 있다. 그러
> 나 무의식이 비록 잠복되어 있지만, 행위의 숨은 원인이 되는 것
> 과 같은 원리가 여기에도 적용된다. 그것은 오리엔트를 서양과
> 는 다른 이국적이고 이질적인 대상, 괴상하고 후진적이며 관능
> 적이고 수동적인 특성을 지닌, 그래서 서양에 의해 지배되고 교
> 정되어야 할 열등한 타자로 보는 의식으로서 이것은 거의 변함
> 없이 서양인의 무의식 속에 내면화되어 왔다.[9]

현재의 혐오에 대해 제대로 알기 위해 과거 혐오의 역사를
돌아보는 건 그래서 중요하다. 겉으로 우리는 서로를 잘 이해한
다고 하지만, 표출되지 않고 잠복한 감정이 존재한다. 중국인(동
양인)을 바이러스 취급하고 거리에서 무차별적으로 폭행하는 행
위, 그 비합리성의 기원이 그것이다. 서구 어느 국가도 이런 타자
화에서 벗어날 수 없지만, 여기서는 물리적 폭력의 정도가 더 심
했던 미국을 중심으로 동양 혐오의 역사를 정리해보기로 한다.
우선 혐오의 전체 흐름을 보고, 이어 동양 여성 혐오에 대해 더 자
세히 보기로 한다.

아시안 혐오의 시작―옐로우 페럴과 차별적 이민정책

가슴 깊은 곳에서 나를 괴롭히는 질문이 있다. 왜 우리는 이 문제(아시안 혐오)에 관해서 전에는 얘기를 하지 않았나. 온라인뿐만 아니다. 학교 교실에서, 다른 소수 집단들과, 심지어 가족과 식탁 앞에 앉아서도, 왜 이 문제에 대해 말하지 않았나.

2021년 3월 말 유튜브에 공개된 다큐멘터리 〈우리는 아시안 혐오에 대해 얘기해야 한다(We need to talk about anti-Asian hate)〉의 도입부에서 감독이자 진행자인 한국계 미국인 유진 리 양Eugene Lee yang이 한 말이다.[10] '아시안 혐오에 대해 그동안 얘기하지 않았다'는 말은 의미심장하다. 혐오와 차별은 늘 존재했다. 하지만 아시안은 다른 인종과 달리 스스로 이를 드러내서 문제 삼는 경우가 적었다. 차별받으면서도 사회적으로 성공하는 비중이 높아서 문제가 덜 심각해 보이기도 했다. 아시안 이민자들은 가정에서도 이 문제를 쉬쉬하는 경향이 있다. '나쁜 얘기 해서 우리에게 좋을 거 없다'는 이유로 어지간하면 침묵한다. 침묵 속에 묻혔던 얘기를 꺼내 보자.

1848년 미국 캘리포니아에서 금광이 발견되자 금을 채굴할 인력이 필요했던 미국 정부는 중국에서 대량으로 계약직 노동자를 데려왔다. 금광뿐 아니라 서부 개척 및 대륙 간 철도 부설 사업 등 외국인 노동자는 쓸모가 많았다. 중국인 노동자들은 백인들이 하지 않는 위험하고 지저분한 일을 더 적은 돈을 받고 했다. 그래서 미국인들이 이들에게 고마워했느냐 하면, 그 반대였다. 3D 직

269

종에 종사한다는 점 때문에 '더럽고 불결한 중국인(동양인)'의 이미지가 생겨났다. 한편 일자리를 놓고 경쟁 관계에 있던 하층계급의 백인들은 중국인이 임금을 낮추고 일자리를 가로챈다며 반감을 키웠다.

1854년 《뉴욕 트리뷴New-York Tribune》의 편집장 호레이스 그릴리Horace Greeley가 중국인 이민자에 대해 쓴 사설이 있다. 호레이스 그릴리는 당시 미국 언론 최고의 논설 기자로 평가받는 사람이었다. 사설 내용은 이렇다.

> 그들(중국인)은 대개 근면하고, 참을성이 많고, 조용하고 평화로운 사람이다. 이 정도면 그들에 대해 좋은 점을 다 말했다. 그들은 미개하고, 더럽고, 상상할 수 없을 정도로 추잡하고, 고상한 사회적 관계를 맺지 않는다. 성욕이 많고 관능적이며, 모든 여성은 기본적으로 창녀이고, 그들이 배우는 첫 영어 단어는 외설적 비속어다. 무엇보다 배우려는 의지가 없다.[11]

중국인이 '더러운' 이미지였다면, 일본인은 '두려운' 이미지였다. 청일전쟁(1895)에서 일본이 승리하자 당시 독일 황제 빌헬름 2세가 '아시안(일본인)이 서구 백인 사회를 위협한다'고 경고하면서 쓴 용어가 '황색 위협(Die Gelbe Gefahr)'이다. 영어로는 옐로우 페럴Yellow Peril, 우리말로는 황화黃禍(노란 재앙)론이다. 그런데 이 용어, 낯설지 않다. 팬데믹 초기인 2020년 1월에 프랑스 지역 일간지 《르 쿠리에 피카르》가 코로나19 관련 기사에 '황색 경보(Alerte Jaune)'라는 제목을 붙여 큰 논란을 일으켰다. 아시안을 비하하는 표현인 '황색'을 코로나19와 결부시켰다. 빌헬름 2세의 황화론은 사어死語가 아니다. 더럽거나 두렵거나, 서구가 자기 입맛에 맞게 아시아를 대상화하기 위해 지금도 쓰고 있는 살아 있는 개념이다.

차별적 시선은 차별적 정책으로 이어진다. 미국은 1882년 중국인배척법(Chinese Exclusion Act)을 만들어 중국인 이민을 금지했다. 미국 역사상 최초로 특정 국가(인종)를 겨냥한 법이다. 노동력이 필요할 땐 불러 쓰더니, 숫자가 늘어나고 사회적 반감이 거세지니 법까지 만들어 입국을 막았다. 차별 대상은 중국인에서 그치지 않았다. 저 유명한 1924년 '이민제한법(일명 존슨-리드법)'은, 간단히 말하면 국가별 이민 쿼터제다. 1890년 미국 인구조사를 기준으로, 당시 미국에 살던 출신지별 인구의 2퍼센트 이내로 신규 이민자 수를 제한하는 내용이다. 예를 들어 1890년에 미국에 프랑스 출신 이민자가 100명이었다면, 향후 프랑스 출신 신규 이민자 수를 매년 2명만 허용한다는 거다. 1890년 미국 이민자 다수는 북·서유럽 출신이었으므로 이들은 쿼터제의 영향을 덜 받았다. 하지만 1890년 당시 숫자가 적었던 아시아 출신이나 남·동유럽 출신 이민자들은 쿼터제의 직격탄을 맞았다. 이민제한법은 이들을 겨냥해 수를 제한하기 위한 장치였다.

출신지를 이민 제한의 근거로 삼는 차별적 정책은 독일의 아돌프 히틀러에게 영감을 줄 정도였다. 히틀러는 저서 《나의 투쟁》에서 이렇게 썼다. "미국은 육체적으로 건강하지 못한 사람들의 이민을 카테고리로 나눠 제한한다. 그리고 특정 인종에 대해선 간단히 이민을 막는다."[12]

271

이 같은 차별적 이민정책이 획기적으로 바뀐 건 1965년이다. 새로운 '이민 및 국적법'에서 말 많던 국가별 할당이 폐지된다. 이때를 기점으로 아시아 출신 이민자가 급격히 증가한다. 그런데 여기 함정이 있다. 새 법은 이민을 수용하는 8가지 우선순위를 정했다. 그중 '지적 직업인'이 있다. 전문 기술을 갖췄거나 자국에서 전문직에 종사 중이던 사람들을 우선 받아들인다는 거다. 이 조건 때문에 1965년 이후 미국에 간 아시안 이민자 중엔 상대적으로 고학력, 전문직 종사자가 많았다. 미국 내 아시안의 지위에 긍정적으로 영향을 미쳤을 게 분명한 이 상황은, 그러나 '모범적 소수자'라는 신화를 만들어내며 소수 인종 간의 갈등이 늘어나는 배경이 된다.

272 '모범적 소수자'라는 함정

'모범적 소수자(model minority)'란 말 그대로 여러 소수 인종 중 본받을 대상이라는 의미로, 주로 아시안 이민자를 일컫는 표현이다. 다른 말로 '명예 백인(honorary whites)'이라고도 한다. 학교에서 공부 잘하고, 직장에서 일 열심히 하며, 범죄 등 사회적 문제를 일으키지 않는 소수자다. 1987년 《타임TIME》 표지에 '아시안 아메리칸 영재들(Those Asian-American WHIZ KIDS)'이라는 제목과 함께 아시아 아이들의 사진이 실린 적도 있다.

이 인식은 미국만이 아니라 유럽에서도 단단히 자리 잡고 있다. 내가 스위스인 이웃에게 미국에서 일어나는 아시안 혐오 범죄 때문에 마음이 힘들다는 얘길 했더니, 돌아온 대답이 이랬다. "당신들은 성실하게 노력해서 성공한 사람들이다. 그런 모범적

《타임》 1987년 표지 Whiz Kids. (출처: 《타임》)

인종을 누가 차별하겠나. 아시안 차별은 미디어가 과장한 것이
다." 나는 아무도 말을 믿어주지 않아 무기력해진 모범생이 된 것
같은 느낌이었다.

273

    모범적 소수자는 긍정적인 지칭인데 뭐가 문제냐고 할 수 있
다. 크게 두 가지 문제가 있다. 첫째, 제아무리 모범을 보여봤자
결코 주류와 같아질 수 없다는 점이다. '너희는 계속 모범생으로
살아라, 그러면 반장 자리는 주겠다', 이게 모범생을 지정하는 선
생의 속마음이다. 학교에서 1등 하고 직장에서 좋은 실적을 내더
라도 아시안이 관리직에 오르는 게 어렵다는 통계는 차고 넘친
다. '대나무 천장(bamboo ceiling)', 즉 아시안에게만 적용되는 사
회적 장벽은 견고하다. '모범'은 계속 말을 잘 듣게 하려고 붙이는
딱지에 불과하다.

    둘째, '모범'이라는 딱지 때문에 다른 소수 인종과 원치 않는
비교 대상이 된다. '흑인이 못사는 건 아시안만큼 노력을 안 해서'

라는 억지 주장이 성립한다. 1965년 이민법의 영향으로 미국 내 아시안 이민자의 학력과 직종이 치우쳐 있다는 통계는 간과되고, '성공한 아시안'이 아메리칸 드림의 근거로 이용된다. 아시안 스스로 이 신화가 사실이라고 믿으면 문제는 더 심각해진다. '너희가 성공하지 못하는 건 우리만큼 똑똑하거나 노력하지 않아서'라고 생각하는, 그래서 흑인 등 다른 소수 인종을 앞장서서 차별하는 아시안들이 분명 존재한다. 이 글 첫머리에 소개한 다큐멘터리에서 미국의 젊은 아시안들은 한목소리로 지적한다. '솔직해지자, 우리 부모 세대는 흑인을 혐오한다.' 이민 1세대 아시안의 흑인 혐오가 어디에서 기인하는지 정확히 알기는 어렵다. 고국에서부터 존재한 편견일 수도, 미국 내 소수자 중 아시안의 지위에서 비롯된 상대적 우월감일 수도, 아니면 그저 구세대의 덜 세련된 태도일 수도 있다. 이유가 뭐가 됐건, 연대해서 주류의 편견에 대항해도 모자랄 소수자 집단끼리 서로 증오하는 건 비극이다.

1992년 미국 LA 폭동이 그 사례다. 사망자 53명, 부상자 4,000명, 재산 피해 7억5,000만 달러를 낳은 LA 폭동의 직접적 원인은 두 가지다. 하나는 백인 경찰관들이 집단으로 흑인 로드니 킹을 구타하고도 무죄 판결을 받은 것이고, 다른 하나는 한국계 이민자 두순자가 자신의 가게에서 15세 흑인 소녀 라타샤 할린스를 등 뒤에서 총으로 쏘아 살해한 사건이다.

당시 미국 언론은 라타샤가 총 맞는 장면을 방송으로 반복해 보여줌으로써 로드니 킹 사건으로 인한 흑인들의 분노를 한인들에게로 돌리려 했다. 폭동 발생 직후 경찰이 LA의 흑인 거주 지역에서 백인 거주 지역으로 향하는 길은 완전히 차단해 놓고 한인 타운으로 향하는 길만 열어둔 것도 피해가 한인들에게 집중되는 결과를 낳았다. 당시 폭동으로 인한 재산 피해의 약 40퍼센트가 한인 업소에서 발생했지만, 한국인들은 경찰에 기대지 못하고 자경단을 꾸려 대항해야 했다. 모범적 소수자라 해도 결정적 순간에 배제될 수 있고, 모범적 소수자의 지위가 오히려 갈등의 원인이 될 수 있음을 보여준 사건이다.

또 다른 모범적 소수자인 일본계 이민자들은 미국에서 일어난 아시안 차별 행위의 최대 피해자이기도 하다. 1941년 12월 일본의 진주만 공습 후 미국은 일본에 선전포고를 하고 2차 세계대전에 참전한다. 그러자 미국에 거주하는 일본계 주민들이 난감한 상황에 놓이게 된다. 당시 미국 언론은 일본계 주민의 애국심을 의심하며 이들을 '제5열(적국 내에서 모략 활동을 하는 조직)'로 몰아갔다. 프랭클린 루스벨트 대통령은 1942년 2월 '포고령 9066'을 발동해 태평양 연안 7개 주에 사는 일본 출신에게 강제 이주를 명령했다.

275

당시 미국의 일본계 주민은 약 12만 7,000명이었는데, 그중 3분의 1만이 일본 국적을 유지한 이민 1세대였다. 3분의 2는 미국으로 귀화했거나 미국에서 태어난 이민 2세대였다. 이들 중엔 외모만 일본인일 뿐 스스로 미국인이라고 생각하는 사람들도 많았지만 강제 이주에서 예외가 되지 못했다. 이들을 포함해 총 10만 명 이상이 군사시설에 마련된 격리 캠프 10곳에 수용됐다. 취업도 못 하고 교육도 못 받는 상태로 3년 동안 감금을 당했다. 감금되지 않은 일본계 2세대 중 일부는 미국에 대한 충성을 입증하기 위해 자원해서 입대했다. 그렇게 만들어진 '442 보병 연대'는 전쟁이 끝날 때까지 대활약했다. 한쪽에서는 국적상 미국인인데도 감금당하고, 다른 한쪽에서는 살아남기 위해 목숨 걸고 애국심을 증명하는 상황이었다. 전쟁이나 경제 불황, 전염병 유행 같은 국가적 위기 앞에서 소수자들은 희생양이 되기 쉽다.

미개하고 더러운 소수자니, 모범적 소수자니, 분류하는 건 사실 무의미한 일인지도 모른다. 집단의 이미지야 어쨌건 개인은 모두 다르기 때문이다. 깔끔한 체하는 중국인, 공부와 담쌓은 한국인은 얼마든지 있다. 그러나 일반화를 무기 삼아 휘두르며 차별을 일삼는 자들에게, 공격하려 의도한 대상과 희생된 대상이 불일치한다는 사실은 중요하지 않다. 당연히 반성도 없다.

1982년 중국계 미국인 빈센트 친Vincent Chin 살해 사건이 좋은 예다. 미시간에 사는 제도사였던 친은 결혼식을 앞두고 술집에서 총각 파티를 열었다. 같은 술집에 미국 자동차 회사 크라이슬러에서 해고된 두 명의 백인 노동자 로널드 에벤스와 마이클 니츠가 있었다. 이들은 일본 자동차 때문에 미국 디트로이트 중심의 자동차 산업이 무너졌다고 믿고 있었다. 일본인을 증오하던 차에 친을 본 그들은 "우리가 일자리를 잃은 건 너 같은 XXXX 때문이야(It's because of you mXX fXX that we're out of work)"라고 하며 싸움을 걸었다. 친을 일본인이라고 생각한 거였다. 친은 술집 밖에서 이들에게 야구방망이로 맞아 사망했다. 일자리 감소 같은 경제 위기가 인종 혐오와 직결됨을 보여준 범죄다.

두 백인 가해자에게는 징역이 아닌 집행유예 3년에 벌금 3,000달러가 선고됐다. 사건의 중대성에 비해 형량이 터무니없어서, 판사 카우프만이 베트남 전쟁 포로 출신이라는 게 판결에 영향을 미쳤을 거라는 주장이 제기되기도 했다. 친이 살해당한 이유는 '억울하게 일본인으로 오해받았기 때문'이 아니다. 일본인이라면 죽여도 된다고 생각한 인종차별자들 때문이다. 아시안을 하나로 묶어 혐오하는 자들에게는, 역시 하나로 뭉쳐 대항하는 게 효과적이다. 코로나19 발발 초기 세계적으로 중국인에 대한 반감이 퍼질 때, 일부 아시안들이 '나는 중국인이 아니다'라고 항의하던 게 아쉬운 건 그래서다.

현재 발생하는 인종 혐오 범죄가 더 무겁게 느껴지는 이유는 팬데믹과 경제 불황이 동시에 진행 중이라는 점, 예전과 달리 인터넷과 소셜 미디어로 혐오가 훨씬 더 빠르게 퍼진다는 점 때문이다. 팬데믹 이후 아시안 혐오 범죄 건수를 집계하고 있는 단체(Stop AAPI Hate)에 따르면 2020년 3월 19일부터 2021년 2월 28일까지 접수된 혐오 범죄는 총 3,795건이다. 단체는 이 수치가 실제 범죄의 극히 일부에 불과하다고 추정한다. 이 중 언어폭력이 68퍼센트, 신체 공격이 11퍼센트를 차지했다.[13]

언어폭력이라고 가볍게 봐선 안 된다. 이 글을 쓰고 있는 중에도 취리히에서 혐오 범죄의 피해자가 된 중국인 여성의 이야기를 들었다. 오토바이에 탄 남성이 대로에서 쫓아오며 "차이나 XX, 꺼져"라고 소리쳤다고 한다. 빨리 피하지 못했더라면 무슨 일이 생겼을지 모른다. 수많은 언어폭력은 더 심한 사건이 일어나기 앞서 생기는 전조 현상이다. 이걸 막을 방법은 연대뿐이다. 인터넷에서건 대로에서건 소수의 혐오자가 힘을 얻지 못하도록 함께 나서야 한다.

침묵 때문에 차별은 반복된다. 조용히 있음으로써 자신이 차별 구조를 공고히 하는 데 기여할 수도 있다. 이건 외국에 거주하는 한국 출신 이민자에게만 해당하는 문제가 아니다. 인종차별이 전쟁이라면 외국에서 차별당하는 한국인들은 전방에서 공격에 먼저 노출된 것뿐이다. 성공한 공격은 외연을 넓힐 것이다. 또 다른 중요한 점, 서양에서의 아시안 차별을 반면교사 삼아 한국 내 인종차별의 사슬을 끊어내야 한다. 외국에서 한국인이 받는 차별은, 한국에서 다른 외국인이 받는 차별을 비추는 거울이다.

엘로우 피버―아시아 여성을 선호하는 '증상'

백인 남성과 아시아 여성의 조합, 이것은 하나의 현상이다. 스페인 남성과 결혼해 스위스에 정착한 나는 그 현상의 일부다. 거리에서 우리 같은 조합을 보는 건 드문 일이 아니다. 남편의 직장에서도 이 현상은 통계적으로 유의미하다. 그의 팀원 중 약 절반이 백인 남성-아시아 여성 커플이다.

　페이스북에 '관심 있나요(Are you interested, AYI)'라는 데이팅 앱이 있다. 사용자가 다른 사용자의 프로필을 보고 마음에 들면 'yes'를 눌러 상대에게 알람이 가도록 하고, 관심이 없으면 'skip'을 눌러 다음 사람 프로필로 넘어가는 방식이다. 'yes'를 받은 상대방이 응답하면 대개 만남이 이뤄진다. AYI 측에서 2013년에 앱 사용자 약 240만 명(이성애자)의 반응을 인종(백인, 흑인, 아시안, 히스패닉)과 성별에 따라 분석했다. 여성 중에서 'yes'를 보낸 뒤 남성의 응답을 가장 많이 받은 인종은 아시안이었다. 반대로 남성 중 여성의 응답을 가장 많이 받은 인종은 백인이었다. 한마디로 아시아 여성과 백인 남성이 데이팅 시장에서 가장 인기가 많다는 뜻이다.

실제로 만난 적 없이 온라인 프로필만 보고 관심을 표시한 결과라는 점에서 이 조사는 의미가 있다. 성격이나 취미, 직업 등 다른 변수를 최대한 제외하고 외적인 요인(인종)이 이성 선호도에 얼마나 힘을 발휘하는지 짐작할 수 있기 때문이다. 사실 이런 결과는 별로 놀라운 것도 아니다. 현실에 존재하는 아시아 여성에 대한 선호를 그대로 반영했을 뿐이다. 문제는 이 선호가 편견에서 비롯되는 경우가 많다는 점이다.

아시아 여성에 대한 편견은 대체로 '얌전하다, 순종적이다, 날씬하다, 피부가 좋다, 똑똑하지만 잘난 체하지 않는다, 한 남자만 사랑하고 가족 중심적이다' 같은 것이다. 이런 생각은 비아시아 남성만 가진 게 아니다. 미국 코미디언인 백인 여성 에이미 슈머가 2012년 자신의 스탠드업 코미디쇼에서 "나는 아시아 여자의 경쟁 상대가 못 된다"면서 말한 이유를 들어보자. "아시아 여자들은 수학을 잘해. 부드러운 머릿결을 타고났지. 웃을 때 입을 가려서, 여자들이 말하는 걸 싫어하는 남자들에게 인기가 많아." 에이미 슈머가 늘어놓는 편파적 근거들의 정점은 이것이다. "아시아 여자들은 질이 가장 좁아. 아무도 상대가 안 돼."[14]

진짜 희극은 에이미 슈머가 페미니스트 코미디언으로 알려져 있다는 점이다. 그리고 진짜 비극은 이런 편견을 아시아 여성 스스로 내면화한다는 점이다. 나는 일본인 여성이 이렇게 말하는 걸 들은 적이 있다. "우리가 질이 좁아서 남자들이 좋아하잖아." 태국 여성에게선 이런 말을 들었다. "우리 피부가 일부러 태닝한 것처럼 매끈한 갈색이라 남자들이 좋아하잖아." 어쩌다가 '우리'

는 제 발로 편견의 구덩이에 들어가게 됐을까. 이 여성들을 비난할 생각은 없다. 내 스스로가 그 편견에 일조하지 않았다고 장담하기 어렵다. 이 편견은 최소 한 세기 넘는 뿌리 깊은 역사를 갖고 있고, 너무나 광범위하게 퍼져서 벗어날 방법이 막막한 시선이기도 하다.

아시아 여성에 대한 편견에서 비롯된 선호를 나는 앞에서 '현상'이라고 했다. 실은 현상을 벗어나 '증상' 취급을 받는다. 이 증상에는 이름도 있다. '옐로우 피버yellow fever'가 그것이다. 원래 '황열병'을 뜻하지만, 비아시아 남성(특히 백인)이 아시아 여성(옐로우)에 대해 느끼는 통제 불가능한 끌림을 가리키는 속어로 쓰인다. 다른 이름도 있다. '아시안 페티쉬asian ferish', '아시안 성애asiaphile' 등이다. '사랑의 열병을 앓는다'는 건 진부한 수식이지만, '옐로우 피버'는 그보다 복잡한 함의를 갖고 있다. 낯설고 미스테리한 감정이며 동시에 정복해야 할 대상임을 암시한다. 현대적 의미의 연애 감정과는 거리가 멀다.

역사를 거슬러 올라가보자. 옐로우 피버의 근원으로 흔히 언급되는 건 19세기 제국주의 시절 일본 항구에 발을 들인 뒤 게이샤를 처음 만난 유럽 백인 남성이 받은 인상이다. 잠재적 식민지, 개척과 정복의 대상이던 땅에서 만난 여성을, 제아무리 매혹적이라 해도 동등한 인간으로 대했을 리 없다. 미국에서도 최초의 아시아 여성에 대한 이미지는 매춘부와 연결된다. 19세기 중반부터 미 서부 개척 및 금광 채굴 때문에 중국인 저임금 노동자가 많이 몰려들었다. 대부분 중국에 아내와 가족을 두고 혼자 온 남성들이었고, 이들을 상대로 일하는 중국인 여성 매춘부들이 있었다.

미국인들 사이에 '일자리를 빼앗는 중국인 남성과 비도덕적인 중국인 여성'이라는 반감이 퍼졌고, 그래서 나온 게 1875년 페이지법(Page Act)이다. 법의 내용은 '자유롭고 자발적인 동의 없이 미국으로 노동자를 데리고 오는 것을 시도하는 사람에게 최대 1년간의 징역이나 2,000달러의 벌금을 부과한다'는 것인데, 실질적으로 중국인 여성의 미국 입국을 막는 데 이용됐다.

전쟁으로 인한 '이중 여성화'

20세기 중반 아시아에서 일어난 전쟁은 아시아 여성에 대한 성적인 편견이 강화되는 데 결정적인 역할을 했다. 한국의 미군 주둔지 근처 성매매 업소를 떠올리면 된다. 미군들은 이런 업소들을 '주시 바juicy bar'라고 불렀다. 아시아에 대한 사전 지식이 없던 미국의 젊은 남성 군인들은 주시 바를 드나들며 성매매를 했고, 그 과정에서 '아시아 여성=성적 대상'이라는 편견을 길렀다. 베트남에서도 마찬가지였다. 전쟁 상황에서 성매매는 일부 여성들의 유일한 생계 수단이었다. 베트남전을 배경으로 한 스탠리 큐브릭 감독의 영화 〈풀 메탈 재킷〉에는 이런 상황이 잘 묘사돼 있다. 베트남 매춘부 여성이 미군 병사들에게 다가가 하는 "Me love you long time. Me sucky sucky" 같은 대사는 너무나 생생하고 사실적이다.

〈풀 메탈 재킷〉 후반부에는 중요한 여성 인물이 하나 더 나온다. 숨어서 총을 쏴 소대원들을 줄줄이 쓰러뜨리는 베트콩 저격수로, 잡고 보니 10대의 어린 여성이었다. 이 영화에 등장하는 주요 베트남 여성이 하나는 매춘부고 하나는 스나이퍼라는 점

281

은 의미심장하다. 그게 바로 서구 백인 남성들이 아시아 여성을 보는 시선의 양대 축을 이루기 때문이다. 외국에서 아시아 여성을 일컫는 속어는 크게 두 가지다. 하나는 '로터스 블로섬lotus blossom(연꽃처럼 아름답고 연약한 여성)'이고, 다른 하나는 '드래곤 레이디dragon lady(용처럼 위험하고 두려운 여성)'다.

우선 '로터스 블로섬'의 계보를 보자. 프랑스 작가 피에르 로티의 1887년작 소설 《국화부인》(*Madame Chrysanthème*)은 프랑스 관리가 일본에서 여성과 사랑에 빠지는 이야기인데, 그가 바라는 여성상은 '작고 피부가 부드러운 여자, 검은 머리카락과 고양이 눈, 인형보다 별로 크지 않은 사이즈의 예쁜 여자'다. 여기서 모티프를 얻어 일본에 살던 미국인 선교사 존 루서 롱이 장편소설 《나비부인》(*Madame Butterfly*)을 썼고, 이것을 바탕으로 푸치니의 유명한 오페라 〈나비부인〉이 탄생했다.

《나비부인》의 스토리는 이렇다. 일본 나가사키에 주둔하는 미 해군 대위 핀커턴은 15세 게이샤 출신의 '초초(나비)'상과 결혼한다. 초초상은 핀커턴을 진심으로 사랑해 기독교로 개종까지 한다. 하지만 핀커턴에게 초초상은 현지처일 뿐이다. 그는 미국에 돌아가 케이트라는 백인 여성과 결혼하고, 그사이 초초상은 핀커턴의 아이를 낳아 혼자 기른다. 핀커턴이 떠난 지 3년 만에 다시 일본에 오는데, 그건 자신의 아이를 입양해 미국으로 데려가기 위해서다. 이를 알고 초초상은 자살한다.

《나비부인》을 현대적으로 다시 만든 작품이 1989년 작 뮤지컬 〈미스 사이공〉이다. 배경은 일본에서 베트남으로 바뀐다. 베트남전에 참가한 미군 병사 크리스는 술집에서 일하는 전쟁고아

킴과 사랑에 빠져 결혼한다. 미군이 급하게 베트남에서 철수하면서 킴은 아들과 홀로 남겨진다. 킴이 죽었다고 생각한 크리스는 미국 여성 엘렌과 결혼한다. 이 사실을 안 킴은 아들만이라도 미국으로 보내기 위해 자살한다. '영원한 사랑', '자기희생' 같은 것들은 시대를 거치며 반복되는 클리셰다.

'드래곤 레이디'에도 계보가 있다. 중국계 미국인 배우 안나 메이 웡은 중국계 최초의 할리우드 스타로 알려져 있다. 메이 웡이 영화 〈용의 딸〉에서 맡은 '링 모이 공주' 역할은 한마디로 팜므 파탈이다. 권력을 휘두르고 남자에게 상처를 주지만 저항하기 힘든 매력을 갖고 있다. 쿠엔틴 타란티노 감독의 〈킬빌〉에서 중국계 배우 루시 리우가 맡은 역 '오렌 이시'도 드래곤 레이디로 분류할 수 있다.

편견의 양대 축이라고는 했으나, '드래곤 레이디' 역시 결국 정복해서 '로터스 블로섬'으로 만들어야 할 대상일 뿐이다. 〈풀메탈 재킷〉의 베트콩 여성은 결국 백인 남성에게 사살당한다. 〈킬빌〉의 '오렌 이시'도 백인 여성 때문에 죽는다. 《나비부인》과 〈미스 사이공〉에서 아시아 여성은 백인 여성에게 아내 자리를 빼앗기고 자살한다. 여기서 짚어야 할 부분은, 백인 남성과 아시아 여성 사이에 다른 권력관계가 들어 있다는 점이다. 백인 남성 〉 백인 여성 〉 아시아 남성 〉 아시아 여성 순서다. 백인 남성은 아시아 남성과 싸워 그 땅과 소유물을 1차로 정복하고, 이어 아시아 여성을 2차로 정복한다. 미국이나 유럽에서 아시아 남성이 교묘하게 여성적으로 묘사되는 것은 이 때문이다. '식민화'한다는 전쟁터의 은유가 성 역할에까지 영향을 미친다. 앞서 언급한 페이스북 데

283

이팅 앱 조사에서, 전 인종 중 가장 인기가 없는 건 아시아 남성이었다. 그게 전적으로 아시아 남성의 특성 때문일까. 규칙을 잘 지키고 성실하며 조용하다는 긍정적 성향이, 순종적이고 싸움을 피하며 여성적이라는 의미로 해석되는 데에는 제국주의 역사가 배경으로 작용한다.

예일-NUS 대학의 로빈 정Robin Zheng 교수는 이 과정에서 아시아 여성이 '이중 여성화(double feminization)'된다고 설명한다.[15] 우선 아시아 남성이 먼저 여성화(식민지화)되고, 아시아 여성이 거기서 한번 더 여성화된다는 거다. 아시아 여성에게 '가족을 최우선시하고 수줍음이 많으며 부드럽게 말하고 순종적'이라는 극도로 여성적인 편견이 고착된 건 그 때문일 수 있다. 로빈 정 교수에 따르면 흥미롭게도 흑인에 대한 편견이 만들어지는 과정에서는 이와 정확히 반대 작용이 일어난다. 흑인 여성이 먼저 남성화되고, 이어 '이중 남성화'된 흑인 남성은 상상을 초월하는 힘을 지닌, 그래서 '우리 여자들'을 그것으로부터 막아내야 할 존재로 대상화된다.

전쟁이 끝나 '주시 바'도 사라졌으니까, 학계와 기업에서 아시아 여성들의 활약이 두드러지는 시대니까, 이제 다 옛날이야기라고 할 사람들도 있을 것이다. 그러나 상황이 변했다고 한번 뿌리내린 편견이 금세 사라질 거라는 기대는 접는 게 좋다. 〈아시안 걸즈Asian Girlz〉는 미국 로스앤젤레스의 밴드 '데이 어버브 그라운드Day Above Ground'가 2013년 발표한 곡이다. 이 노래의 가사 일부를 보자.

284

한국식 바베큐, 이년아 난 널 사랑해

나는 부드럽고 노란 네 허벅지가 좋아

오 너의 찢어진 눈

올해는 용의 해

닌자 푸시(여성 성기를 뜻하는 비속어)를 나는 찌르지(성교를 뜻하는 은어)

아시안 걸, 너는 나의 아시안 걸

…… 와서 내 무릎에 앉아

안 그러면 우린 널 돌려보내 버릴 거야

Korean barbecue, Bitch I love you

I love your creamy yellow thighs

Ooh your slanted eye

It's the Year of the Dragon

Ninja pussy I'm stabbin'

Asian girl, you're my Asian girl

…… Come on sit on my lap

Or we'll send you back

285

노래 후렴구에선 뜬금없는 단어들이 멋대로 나열된다. 알함브라, 브루스 리, 도요타, 사시미, 볶음밥, 풍수, 녹차, 세일러문 같은 것들이다. 예상할 수 있겠지만 곡이 공개된 직후 엄청난 비난이 쏟아졌다. 미국 내 아시아 뉴스를 다루는 블로그 '앵그리 아시안 맨Angry Asian Man'의 설립자인 필 유는 이 곡에 대해 "성차별적이고 인종주의적인 가사다. 아시아인과 아시아 여성을 비인간화한다"

고 말했다. 아시안 커뮤니티 밖에서도 이 곡에 대한 반응은 부정적인 게 대부분이었다. 하지만 밴드의 리드 싱어는 인터뷰에서 "밴드 멤버 중 누구도 인종주의자가 아니기 때문에" 이 노래는 인종주의적인 곡이 아니라고, 그저 농담이었을 뿐이라고 주장했다.[16]

이런 가사로 곡을 쓰는 건 그들의 자유다. 예술은 소재를 가리지 않고, 대중의 기분을 이유로 그런 시도를 막아서도 안 된다. 안타까운 건 그 수준이 저열하기 때문이다. 사회에 만연한 고정관념, 누구나 아는 뻔하고 수준 낮은 비유(찢어진 눈, 용, 닌자)를 들며 특정 집단을 웃음거리로 만드는 것을 예술이라고 할 수 있나. 다른 건 그렇다 치더라도, '(내가 원하는 대로 내 무릎에 와서 앉지 않으면) 우린 널 돌려보내 버릴 거야'라는 가사를 그들의 의도대로 웃으며 즐길 아시아 사람이 있을까. 누가 누구를 어디로 돌려보낸다는 말인가. 이제 인터넷에서 이 밴드 이름을 검색하면 '인종주의 밴드' 같은 단어가 함께 뜬다. 스스로 제 발등을 찍은 격이다.

아시아 여성에 대한 편견의 역사를 길게 쓴 것은 아시아 여성이 대상화되는 양상이 아시아 남성과 다르기 때문이기도 하지만, 직접적으로는 2021년 3월 16일 미국 조지아주 애틀랜타Atlanta에서 일어난 총기 사건 때문이다. 21세 백인 남성 로버트 에런 롱은 마사지숍 세 곳을 돌며 총기로 8명을 살해했다. 전체 희생자 8명 중 6명이 아시아 여성, 그중 4명이 한국계였다. 사건 직후 미국 경찰로부터 가해자가 '나쁜 날(bad day)'이라고 했다느니, 그가 성 중독을 앓고 있었다느니 하는 말이 흘러나왔다. 이것이 혐오(증오) 범죄라고 봐야 하는지를 놓고도 왈가왈부했다. 철저한 수사를 통해 이 범죄에 인종 혐오가 원인으로 작용했는지 따지는 건 중요하다. 단, 아시아 여성이 인종과 성, 두 가지 측면에서 역사적으로 어떤 대우를 받아왔는지 알고 따져야 한다.

사실 더 허탈했던 건 같은 한국인의 반응이었다. 해외 한인 중에서도 희생자들이 마사지 업소에서 일했다는 점을 들어 '감정 이입이 되지 않는다'는 사람이 있었고, 한국 언론도 이 일을 크게 다루지 않았다. '재외 한국인', '여성', '마사지 업소 근무' 같은 조건 때문에 피해자들이 미국과 한국 양쪽에서 소외됐다고 본다. 다들 자기 일이 아니라고 생각하는 것이다. 하지만 차별은 대상을 그리 세세히 구분하지 않는다. 2021년을 사는 모든 아시아 여성은 나비 부인과 미스 사이공과 오렌 이시의 유산을 안고 있다. 어디 살건, 무슨 일을 하건, '아시아 여성'이라는 점 하나만으로 공격 대상이 될 수 있다. 일반화는 차별의 가장 큰 힘이기 때문이다. 대상을 뭉뚱그려 공격하는 차별 앞에서 '우리는 다 다르다'고 주장하는 건 현명한 방법이 아니다. 똑같이 뭉뚱그려, 연대로 저항해야 한다.

19장
축구와 다문화 사회

둥근 것이 네모난 것 안으로 들어가야 한다(Das runde muss ins
Eckige).

너희는 11명의 친구여야 한다(Elf Freunde müsst ihr sein).

전 서독 축구 국가대표팀 감독인 제프 헤르베르거Sepp Herberger
의 말이다. 대표팀을 총 20년에 걸쳐 이끌었던 그는 1954년 스
위스 월드컵에서 당대 최강이었던 헝가리를 3대2로 꺾고 우승
하며 '베른의 기적'을 만들어냈다. 헤르베르거는 축구라는 스포
츠의 본질을 꿰뚫는 촌철살인 어록으로도 유명하다. 그중 위의
두 문장을 보면 축구장에서 벌어지는 일들이 현대 사회의 복잡
다단한 문제들과 비슷한 점이 많다는 생각이 든다. 서로 다른 배
경을 지닌 선수 11명이 한 팀이 되어 어디로 튈지 모르는 둥근
공을 네모난 골대라는 공동의 목표 속으로 집어넣는 것. 뜻대로
되지 않는 예측 불가능한 전개는 감동을 끌어내기도 하지만, 개
성이 제각각인 11명의 선수가 친구가 되는 것이 얼마나 어려운
일인지, 과연 가능하긴 한 것인지 의문이 들기도 한다. 선수들의

배경이 갈수록 다양해지는 건 공동의 목표를 이루기 위해 좋을까 나쁠까. 경기장 위에서 펼쳐지는 갈등, 화합, 반전의 드라마는 현대 다문화 사회의 축소판이라고 할 만하다.

"이기면 독일인, 지면 이민자"

축구 선수 메수트 외질Mesut Özil. 1988년 독일 서부 루르 협곡에 위치한 도시 겔젠키르헨Gelsenkirchen에서 태어났다. 왼발잡이 공격형 미드필더로, 시야가 넓고 패스가 정교해서 최고의 어시스트로 꼽힌다. 터키계 이민 가정의 3세대로 독실한 무슬림이다. 독일, 터키 이중국적을 갖고 있으며 독일 국가대표팀에서 뛰었다. 2014년 브라질 월드컵에서 독일의 우승을 이끈 주역이다. 2013년부터 2021년까지 잉글랜드 프리미어 리그의 아스널FC에서 뛰었고, 2021년 1월부터 터키 페네르바체SK 소속이다.

외질은 10년 가까이 독일의 '모범적 이민자'로서 성공적인 다문화 정책의 상징이었다. 이민자라도 실력이 있다면, 노력을 한다면 얼마든지 사회 최상위층이 될 수 있다는, 영웅이 될 수 있다는 걸 몸소 입증했다. 그러던 그가 어느 순간 독일 국민의 '공공의 적'이 되어버렸다. 2014년 월드컵에서 우승을 했던 독일이 2018년 러시아 월드컵에서 16강 진출에 실패한 게 문제였을까. 아니면 월드컵 직전인 2018년 5월 외질이 레제프 타이이프 에르도안Recep Tayyip Erdogan 터키 대통령과 만난 게 문제였을까. 외질이 에르도안 대통령과 만난 건 터키가 대선을 목전에 둔 시점이었다. 독일에 거주하는 터키 이민자의 표를 얻으려는 목적에 외질이 이용됐다고도 할 수 있다. 독일에서 에르도안 대통령은 민주주의와 인권을 탄압하는 독재자로 인식된다. 그런 사람과 선거 직전에 만났으니 독일인들의 반응이 좋을 리 없다. 엄청난 비난이 외질에게 쏟아졌다. 이어 러시아 월드컵의 볼품없는 성적도 외질 탓으로 돌아갔다. 2018년 7월, 외질은 트위터에 3장짜리 편지를 공개하며 독일 국가대표팀을 관두겠다고 선언한다. 공개된 편지 내용 일부를 보자.

내겐 두 개의 심장이 있다. 하나는 독일인의, 다른 하나는 터키인의 심장이다. 어린 시절 어머니는 내가 어디에서 왔는지 잊지말라고 가르치셨다. 에르도안 대통령을 만난 건 내 가족의 나라에서 온 최고 정치인을 예우하기 위해서였지, 다른 정치적 의도는 없었다.

나는 지난 몇 달간 독일축구협회(DFB)의 대우에 좌절했다. 특히 라인하르트 그렌델 협회장은 에르도안 대통령과의 만남에 대한 내 설명을 들으려 하지 않고 자신의 정치적 입장만 내세웠다. 그 만남에 대해 대중 앞에서 해명을 하라고 했고, 러시아 월드컵에서 독일이 나쁜 성적을 낸 책임을 내게 씌우려고도 했다. 나는 더 이상 희생양이 되기 싫다. 그린델 협회장과 그 지지자들의 눈에, 나는 우리가 이길 때는 독일인이고, 우리가 질 때는 이민자다. 나는 독일에서 세금을 내고, 독일 학교 시설에 기부를 했으며, 2014년엔 독일이 월드컵에서 우승하는 데 기여했다. 하지만 여전히 이 사회에 받아들여지지 않는다. 나는 '다른' 것으로 대우받는다.

나는 2010년 독일 사회 통합에 기여한 공으로 밤비상[17]을 받았고, 2014년에는 은월계수잎 훈장[18]을 받았다. 2015년에 나는 '독일 축구 대사'였다. 그런데 내가 완전한 독일인이 아니라고? 완전한 독일인에 내가 들어맞지 않는 부분이 있나? 폴란드 출신인 내 친구들은 '폴란드계 독일인'이라고 불리지 않는다. 그런데 왜 나는 '터키계 독일인'인가? 터키라서? 무슬림이라서? 나는 여기 중요한 문제가 놓여 있다고 생각한다. 터키계 독일인이라는 지칭은 하나 이상의 나라에 가족을 둔 사람들을 차별한다. 나는 독일에서 태어나고 교육받았다. 그런데 왜 사람들은 나를 독일인으로 받아들이지 않나?

그린델 협회장 같은 사람들은 어디나 있다. 나의 가족과 조상 때문에 넘어선 안 될 선을 넘어서 나를 비난하고 모욕한다. 차별을 정치적 선동의 도구로 이용한다. 내가 에르도안 대통령과 찍은 사진을, 자신들의 숨겨뒀던 인종주의를 내보이는 데 이용했다. (러시아 월드컵 조별리그 1차전) 스웨덴과의 경기 후 어떤 독일 팬이 내게 "외질, 너 터키 돼지는 꺼져"라고 했다. (그린델 협회장 등) 일부 정치인들은 이런 사람들과 다를 바가 없다. 내가 받은 증오 메일, 협박 전화, 소셜 미디어의 댓글 등은 언급하지도 않겠다. 그들은 다른 문화에 열려있지 않은 과거의 독일을 대변한다. 나는 그런 독일이 자랑스럽지 않다.

그린델, 당신에게 실망했지만 놀라지는 않았다. 2004년 당신은 다문화가 현실에선 '신화'일 뿐이라고, '평생의 거짓말'이라고 했다. 그리고 이중국적 법제화에 반대표를 던졌었다. 용서할 수도, 잊을 수도 없는 일이다. 이런 대우 때문에 나는 더 이상 독일 대표팀 유니폼을 입고 싶지 않다. 어려운 결정이었다. 나는 환영

291

받지 못한다고 느낀다. 2009년 국제 무대 데뷔 이후 내가 이룬 건 잊혀졌다. 나의 터키 뿌리를 모욕하고 자신들의 정치 선동에 나를 이용하는 건, 이 정도면 충분하다. 이건 내가 축구를 하는 이유가 아니다.[19]

이 편지에서 외질이 비난의 대상으로 겨냥한 라인하르트 그린델 독일축구협회장은 메르켈 전 독일 총리가 이끌었던 기독민주당(CDU) 소속 정치인이다. 독일 인구 약 8,000만 명 중 이민자는 약 160만 명이다. 그렇게 이민자가 많아도 독일에서 이민자를 대하는 태도는 여전히 보수적이다. '다문화는 현실에서 신화일 뿐이며 평생의 거짓말'이라는 건 그린델의 돌출적 의견이 아니다. 메르켈 총리도 연설에서 다문화가 '거대한 망상(great delusion)'이라고 한 적이 있다. 2015년 유럽 난민 사태 이후, 독일에 시리아 출신 난민이 100만 명 이상 들어왔을 때였다. 메르켈 총리는 "난민 신청을 하는 사람들은 우리의 법과 전통을 존중해야 하고, 독일어를 배워야 한다. (그렇지 않으면) 다문화는 평행 사회로 이어지고, 거대한 망상으로 남는다"는 게 당시 발언이다. 배경이 다양한 사람들이 각자의 문화와 전통을 지키면서도 함께 어울려 갈등 없이 살아간다는 건 불가능하며, 특정 나라에 들어온 이상 그 나라의 제도와 문화를 따를 의무가 있다는 거다.

메르켈 총리가 말한 '평행 사회(Parallelgesellschaften)'란 무엇인가. 일종의 '게토ghetto(소수자들이 집단으로 거주하는 지역)'와 비슷한 개념으로 인종적, 종교적 소수자들이 주류 집단과 스스로를 자발적으로 분리해 이룬 거주지나 조직을 말한다. 주류 집단과 사회적, 문화적 접촉을 최소화하며 살아가는 고립된 하위 집단이라고 할 수 있다. 독일의 오서독스orthodox(정통파) 유대인을 떠올려보자. 특정 지역에 함께 거주하면서 독일어 아닌 자신들의 언어를 쓰고 전용 식품점에 간다면, 아이들도 유대인 학교에 다니며 유대인의 언어와 역사, 문화만 배운다면, 다른 비유대계 독일인들과 전혀 어울리지 않는다면, 이건 독일 속의 유대인 평행 사회라고 할 수 있다. 유대인만이 아니라 흑인, 무슬림 등 다른 소수자들도 평행 사회를 형성할 수 있다. '평행 사회가 실제로 존재하는가'는 논쟁적 질문이다. 반反이민 정책을 지지하는 사람들은 평행 사회가 존재하며 그것이 주류 사회에 위협이 될 만큼 규모와 영향력이 커지는 중이라고 한다. 반면 평행 사회는 가상의 개념일 뿐이며 소수자들이 함께 모여 사는 건 문제가 아니라는 사람들도 많다.

293

평행 사회라는 개념이 처음 소개된 건 1990년대 독일에서지만, 유럽 대중에 널리 알려진 건 2000년대 중반이다. 계기가 있다. 네덜란드의 영화감독이자 비평가인 테오 반 고흐가 2004년 11월 2일 47세 나이로 살해당했다. 이슬람권의 여성 차별을 강하게 비판한 그의 10분짜리 단편영화 〈굴종: 파트 1〉(Submission: Part 1) 때문이었다. 살인자 모하마드 부바리는 26세의 모로코계 네덜란드인으로, 이슬람을 비판하는 영화 메시지 때문에 고흐를 살해했다. 모로코계 무슬림이라 해도 네덜란드에서 태어나 교육받은 네덜란드 국민이 종교적 신념을 이유로 살인을 저질렀다는 점은 많은 유럽인을 충격에 빠뜨렸다. 이 사건은 그동안의 유럽식 교육이나 통합 정책이 실패했다는 문제의식으로 이어졌다. 같은 네덜란드 시민이라도 '그들만의 세상', 즉 평행 사회를 이루고 있었다는 거다. 독일어학회는 '평행 사회'를 2004년 '올해의 단어'로 지정했다.

외질은 자신에게 두 개의 심장이 있다고 말했다. 터키와 독일 두 나라를 모두 사랑한다는 뜻이겠으나, 이민자를 배척하는 일부 독일인들은 이 말을 외질이 살아가는 또 다른 평행 사회가 존재한다는 의미로 받아들였을 수 있다. 독일에서 태어나 교육받은 독일 축구 국가 대표로서의 외질, 터키인의 피를 물려받고 에르도안을 지지하는 터키 국민으로서의 외질. 독일에 월드컵 우승을 안겨준 건 자랑스러운 독일인 외질이었지만, 독일이 조별 예선에서 탈락한 건 기량이 떨어진 터키인 외질이었다. "우리가 이길 때 나는 독일인이고 우리가 지면 나는 이민자"라는 외질의 말은 이런 이중적 잣대의 속물성을 정확히 지적한 것이다.

나는 외질이 인종차별의 순수한 희생자라고는 생각하지는 않는다. 그가 트위터에 올린 항의성 공개 편지는 5만 번 가까이 리트윗되며 주목을 받았고, 그린델 협회장은 결국 자신의 행동을 사과했다. 외질은 2019년 미스 터키 출신의 모델과 결혼을 했는데, 결혼식에 에르도안 대통령을 초대했다. 그리고 2021년 아스널을 떠나 터키 페네르바체SK로 소속을 옮겼다. 외질이 정말로 아무 정치적 목적 없이 에르도안 대통령을 만났는지, 속으로 독일과 터키 중 어느 나라에 자신의 정체성을 더 의탁했는지는 알 수 없다.

하지만 외질만큼의 영향력을 갖지 못한 수많은 이민자와 그 2세대, 3세대들이 받아내야 하는 의심 어린 이중적 시선은 분명 존재한다. 심지어 외질 같은 사람도 팀이 축구 경기에서 패배한 책임을 뒤집어써야 했다면 보통 사람들은 어떨까. 고학력의 잘 사는 이민자는 환영받고, 가진 것 없이 낯선 곳에서 살아남기 위해 고군분투하는 이민자는 배척당한다. 더 강한 자를 우리 편으로 끌어들이고 싶은 건 인간의 본성이겠지만, 그 때문에 부당한 희생자가 나오는 걸 본성 탓으로 돌리고 내버려둬선 안 된다.

다문화는 경쟁력인가

2012년에 구글 취리히 오피스에 취재를 갔었다. 취리히 오피스는 유럽 내 구글의 허브 오피스다. 그때만 해도 구글은 정부도 어쩌지 못하는 거대 IT 기업이라기보다는 자유롭고 창의적인 문화를 이끌어가는 떠오르는 샛별 같은 존재였다. 무섭게 크고 있던 구글이 강조하는 기업 문화의 1순위가 다양성, 다문화였다. 인터뷰 장소에 담당자가 강아지를 데려온 것이 인상적이었다. 집에서 키우는 강아지를 데리고 와서 책상 옆에 두고 일한다고 했다. 물론 인터뷰 장소에까지 강아지를 등장시킨 건 '우리가 이렇게 자유롭고 열려 있어'라는 전시용 행동이겠지만, 어쨌든 직원이 반려동물을 데리고 근무하는 걸 구글이 허용하는 건 사실이었다.

당시 인터뷰에서 특히 기억에 남는 부분이 있다. 구글은 왜 그렇게 다문화를 강조하느냐는 질문에 이런 답이 돌아왔다. "사실 그게 돈이 되거든요." 나는 젊은 IT 선도 기업으로서의 도덕적 책임감, 정치적 올바름 같은 걸 예상했던 터라 잠깐 당황했다. 다문화가 돈이 된다니. "검색 시장을 생각해보세요. 백인 남성만 인터넷에서 검색하는 게 아닙니다. 전 세계에서 다양한 인종, 성별, 나이대의 사람들이 구글 검색을 통해 쇼핑하고 정보를 찾죠. 그들의 기대를 고루 만족시키지 못하면 우리가 살아남을 수 없어요." 듣고 보니 맞는 말이었다. 인터넷 검색으로 전 세계를 장악한 구글은 도덕적 당위성이 아니라 시장성 때문에 다문화, 다양성을 기치로 내세우고 있었다.

그 인터뷰로부터 10년이 지났다. 그동안 유럽 난민 사태, 프랑스《샤를리 에브도》사건, 미국 도널드 트럼프 대통령 당선, 그리고 코로나19 팬데믹 등의 사건을 거치면서 다문화에 대한 사람들의 인식도 상당히 변한 것 같다. 모두가 한 방향으로 이동하는 변화가 아니라, 극단적으로 양쪽에 치우친 사람들이 늘어났다. 한쪽에서는 정치적 올바름을 계율처럼 받들고, 다른 쪽에서는 다시 민족국가로 돌아가야 한다고 주장한다. 다문화는 재판정에 섰다. 다문화는 가능한가. 다문화는 선善인가. 다문화가 성공을 보장하는가.

다시 축구장으로 돌아가보자. 흥미롭게도 축구는 1995년을 기점으로 다문화 이전과 이후로 나뉜다. '보스만 판결(Bosman Ruling)' 때문이다. 벨기에 축구 선수였던 장 마르크 보스만은 벨기에 RFC 리에주 소속이었는데 1990년 팀 계약이 만료되자 프랑스 USL 됭케르크 구단으로 옮기려고 했다. 그런데 됭케르크 구단이 이적료를 지불하지 못했다. 또 당시만 해도 팀별로 외국인 선수 쿼터제가 있었다. 보스만은 여기에도 제한을 받아 결국 이적에 실패한다. 지금이라면 보스만은 자유계약 선수 신분으로 다른 팀에 들어갈 수 있지만, 그때는 계약이 만료된 뒤에도 선수 소유권이 구단에 남아 있었다. 결국 보스만은 이적도 못 하고 리에주 2군 소속으로 강등되어 연봉이 확 깎인다. 분노한 보스만은 유럽 사법재판소에 소송을 제기한다. ①계약이 만료된 뒤엔 구단의 선수 소유권이 소멸하고 ②유럽연합 회원국의 노동자들이 자유롭게 유럽연합 내 다른 국가에서 취업할 수 있음을 요구하는 소송이었다. 5년 뒤인 1995년 보스만은 승소한다.

이 판결에는 여러 의미가 있지만, 그중 의외로 축구 시장에 큰 영향을 미친 건 외국인 쿼터제가 폐지된 점이다. 그전까지는 각 축구팀이 유럽연합 출신이건 아니건 외국인 선수를 3명까지만 보유할 수 있었다. 그런데 유럽사법재판소가 축구도 경제활동에 속하므로 로마조약 39조가 보장하는 '노동력의 자유로운 이동'에 해당하며, 따라서 유럽연합 안에서는 선수들이 쿼터제에 구애받지 않고 자유롭게 이동할 수 있어야 한다는 판결을 내린 것이다. 이후 유럽 축구 구단들은 다른 유럽연합 국가 선수들을 제한 없이 고용할 수 있게 됐다. 이 판결은 유럽 밖 남미와 아프리카 축구 선수들에게도 영향을 미쳤다. 제국주의 식민 지배의 영향으로 남미와 아프리카 사람들이 옛 식민 지배국의 국적을 얻기가 비교적 쉬웠고 이중국적을 가진 사람들도 많았는데, 이들이 유럽연합 축구 시장에 쉽게 들어올 수 있게 된 것이다. 예를 들어 보자. 아르헨티나 축구 선수 A는 보스만 판결 전에는 쿼터제 때문에 실력이 특출나지 않는 한 스페인 축구팀에서 뛰는 게 거의 불가능했다. 그런데 이 판결 덕에 스페인 국적을 신청한 뒤 유럽연합 시민 자격으로 스페인 팀은 물론 다른 유럽 팀에서도 자유롭게 뛸 수 있게 됐다. 축구 시장이 1995년 이후 진정으로 국제화된 것이다.

대부분 같은 나라 선수로 이뤄진 축구팀과 세계 각지의 다양한 배경을 가진 선수들로 이뤄진 축구팀은 무엇이 다를까. 어느 팀이 축구를 더 잘할까. 천문학적 단위의 돈이 오가는 스포츠에서 선수 구성이 팀 성과에 미치는 효과에 대해 연구를 하는 건 당연하다. 초기에는 선수들의 다양한 배경이 팀에 비교적 긍정적 영향을 미친다는 결과가 주로 나왔다. 나라마다 축구 교육에서 강조하는 부분이 다른데, 그런 다양한 강점을 가진 선수들이 한데 모이니 종합적 스킬이 상승한다는 것이다. 예컨대 규율과 힘을 강조하는 독일 출신 선수, 전술을 우선시하는 이탈리아 출신 선수, 테크닉을 내세우는 브라질 출신 선수가 모이면 시너지 효과가 날 법도 하다. 1998년 프랑스가 월드컵에서 우승했을 때 팀의 절반 정도가 이민자 부모를 둔 선수였다는 점은 이 같은 가설과 연구 결과를 더 든든하게 뒷받침했다.

다문화적 특성이 축구팀의 성과에 부정적 영향을 미친다는 연구 결과는 좀 더 나중에 등장한다. 독일 프리드리히알렉산더 대학교(University of Erlangen-Nuremberg)의 세 연구자는 유럽 5대 축구 리그(잉글랜드, 프랑스, 독일, 이탈리아, 스페인)의 98개 클럽, 2,483명의 선수를 대상으로 대규모 연구를 진행했다.[20] 결과는 팀의 문화적 다양성과 감독의 다문화 경험이 팀의 축구 성적에 오히려 부정적 영향을 미친다는 것이었다. 선수들이 다양하게 구성된 팀에서는 종종 하위 그룹이 형성됐다. 한 팀 내에서 같은 언어, 종교를 가진 선수들끼리 따로 뭉치는 일이 일어났다. 예를 들어 독일 베를린의 축구 구단 헤르타 BSC에서는 이민 가정 출신의

298

젊은 선수들이 그룹을 만들었는데, 자기들을 다른 팀원들과 차별화하기 위해 비밀 언어를 만들어내 쓰기도 했다. 다양성이 소통을 더 풍성하게 하는 것이 아니라 반대로 소통을 단절시키는 결과를 낳은 것이다. 예상과 달리 감독의 다문화 경험 역시 팀 성적에 부정적 영향을 미치는 것으로 나타났다. 여러 지역에서 다양한 축구 스타일을 경험한 감독이 이것들을 조합해 더 강한 스킬을 만들어내려 했던 시도는 대부분 실패했다.

그렇다면 축구팀에서 외국인들을 다 빼라는 말인가. 그건 아니다. 이 논문 저자들은 다문화 안에서도 문화적 균질성을 확보하기 위해 노력하는 게 중요하다고 주장한다. 다문화라 해도 각각의 '문화적 거리(cultural distance)'는 다르다. 예를 들어 독일과 스위스의 문화적 거리는 아주 가깝지만, 독일과 일본의 문화적 거리는 멀다. 외국인이라 해도 서로 간의 문화적 거리가 가까울수록 갈등이 생길 여지는 줄어든다. 잉글랜드 프리미어 리그에서 일하는 외국인 감독들을 보면 스코틀랜드, 북아일랜드, 웨일스 출신들이 많다(아스널, 첼시, 맨체스터 시티 등은 예외적으로 로망스어권 국가에서 감독을 뽑는 전통이 있다). 스페인 리그의 외국인 감독들은 아르헨티나, 칠레, 멕시코 등 같은 스페인어권 출신이거나, 언어가 달라도 가까운 포르투갈 출신인 경우가 많다. 독일 역시 같은 언어권인 스위스, 또는 문화적으로 유사한 네덜란드 출신 감독을 선호한다. 선수와 감독 사이에 언어적, 문화적 거리가 좁을 때 소통이 더 잘 되고 갈등이 생겨도 중재하는 게 쉬워지기 때문이다.

세계 최고 수준인 스페인 축구팀 FC 바르셀로나는 지난 10년 동안 외국인 선수를 주로 스페인어권에서 데려왔다. 어릴 때 재능을 보이는 선수는 아예 팀 내의 유소년 아카데미를 통해 엄청난 시간과 돈을 투자해 키워낸다. 유소년 아카데미는 축구만 가르치는 게 아니다. 선수가 팀의 언어와 문화에 익숙해지도록 하는 게 더 큰 목적일 것이다. 팀의 문화적 균질성이 결국 축구 성적으로 이어진다는, 경험에서 나온 선택이다.

라마단 난제

2021년 4월 30일, 유럽 축구 커뮤니티에서 사진 한 장이 화제가 됐다. 잉글랜드 프리미어 리그의 축구팀 레스터 시티와 사우샘프턴의 경기에서, 레스터 시티 선수 웨슬리 포파나가 잠깐의 휴식 시간 중 경기장에 선 채로 뭔가를 먹고 있다. 이 모습을 사우샘프턴 선수 잭 스티븐스가 쳐다보는 사진이다. 축구를 하다가 뭘 먹는 게 왜 이슈가 됐을까. 이건 그냥 음식이 아니었다. 포파나는 이날 해가 뜬 뒤부터 아무것도 먹고 마시지 않은 채로 경기에서 뛰고 있었다. 그러다 해가 진 뒤 처음 음식을 입에 넣는 순간이 카메라에 잡힌 것이었다. 포파나는 무슬림이고, 경기는 라마단 기간에 열렸다.

라마단Ramadan은 아랍어로 '더운 달'을 뜻한다. 천사 가브리엘이 예언자 무함마드에게 코란을 가르친 신성한 달로, 라마단 중에는 일출부터 일몰까지 금식해야 한다. 물을 마시는 것도, 흡연이나 성관계도 금지된다. 금식은 신체 건강한 모든 무슬림에게 지켜야 할 의무다. 아이들이나 노인, 임신부와 수유부, 장애인, 여행객은 예외를 인정받는다. 운동선수는 라마단 금식에서 예외에 해당하지 않는다. 경기와 라마단 기간이 겹치면 어떻게 될까? 많은 무슬림이 굶은 채로 뛴다. 해가 진 다음에야 약간의 음식을 먹고 마신다. 포파나 역시 금식한 채 뛰다가 경기장에 있는 동안 해가 지자 에너지 바를 먹었다. 이날 경기는 1대1 무승부로 마무리됐다.

포파나가 속한 레스터 시티는 다른 경기들에서도 해가 진 직후 일부러 포파나가 잠깐 경기에서 나와 물을 마실 수 있도록 하는 등 그의 사정을 최대한 배려했다. 포파나는 트위터에 "경기 중간에 금식을 깨도록 허락해 준 관계자들에게 감사한다. 이런 게 축구를 더 멋지게 만들어준다"고 썼다. 레스터 시티의 브렌던 로저스 감독은 "포파나는 금식한 상태로도 평소와 같은 기량을 발휘했다. 놀랍다"고 말했다. 구단은 선수의 종교적 신념을 지지하고 선수는 다른 팀원에게 부담이 되지 않도록 최선을 다했다. 아무런 피해자도 없는 훈훈한 이야기다.

301

하지만 라마단 기간에 금식하는 무슬림 축구 선수들이 모두 포파나처럼 배려를 받는 것은 아니다. 잉글랜드 프리미어 리그의 축구팀 뉴캐슬 유나이티드 FC 선수인 뎀바 바 역시 무슬림이다. 2011년 라마단 기간에 그가 금식을 한다고 하자, 앨런 파듀 당시 감독은 그 결정을 비난하며 "뎀바 바 같은 스트라이커에게 금식은 어려운 일이다. 금식을 하면 날카로움이 사라진다"고 말했다. 바는 이렇게 응수했다. "사람들은 비난이 라마단 때문이라고 생각하지만, 내 생각에 그건 내가 새 팀에 들어가서 생기는 일이다. 나의 금식 때문에 심기가 불편한 감독에게 나는 그냥 금식할 거라고 말한다. 금식을 하고도 내가 잘하면 계속 뛰는 거고, 성적이 안 좋으면 날 벤치에 앉혀놓겠지. 그뿐이다."[21]

금식을 하면 날카로움이 떨어진다는 파듀 감독의 말을 뒷받침할 과학적 근거는 없다. 그렇다고 금식이 선수 기량에 아무런 영향을 미치지 않는다는 다른 근거가 있는 것도 아니다. 선수마다 다르다고 봐야 한다. 라마단 금식이 축구에 미치는 영향에 대한 연구[22]에 따르면 개별 선수의 정신적, 육체적 능력이 변수다. 선수 스스로 금식이 본인 기량에 영향을 미치지 않는다고 믿으면 실제로 별 영향을 안 받을 가능성이 크다는 것이다. 나이지리아 출신의 미국 농구 선수인 하킴 올라주원은 1995년 2월 라마단 금식을 하던 중에 NBA 이달의 선수로 뽑혔다. 그는 "나는 금식 중에 집중력이 더 좋아졌고 몸도 더 가벼웠다. 단식은 나를 더 강하게 만들었다"고 말했다. 탄자니아 출신의 장거리 육상 선수 술레이만 니얌부이는 1980년 올림픽 때 라마단 금식을 하면서 5,000미터에서 은메달을 획득했다.[23] 반면 금식을 하면 스스로 기량이 떨어진다고 판단해 종교 지도자들에게 경기가 끝난 뒤로 금식을 연기해 달라는 허락을 구하는 선수들도 있다. 2014년 월드컵 때 외질이 그랬었다.

스포츠 경기와 라마단이 겹치면서 갈등이 생기는 일은 매년 반복된다. 30년 전만 해도 프로 축구에 무슬림 선수가 거의 없었기 때문에 별 문제가 안 됐다. 하지만 이젠 다르다. 2018~19 시즌 잉글랜드 프리미어 리그에서 뛴 무슬림 선수는 50명을 넘어섰다. 엄청난 돈을 투자해 선수를 데리고 와서 머리부터 발끝까지 철저히 관리하는데, 라마단 금식으로 컨디션이 흔들리게 되면 보통 문제가 아닐 것이다. 그렇다고 선수들의 종교적 신념을 무시할 수도 없고, 무슬림 선수들에 맞춰 경기 일정을 완전히 바꾸는 것도 불가능하다. 이걸 '라마단 난제(Ramadan conundrum)'라고 부른다. 풀기 어려운 문제, 그러나 풀어야만 하는 문제다. 현재 대부분의 유럽 축구 클럽은 식당에서 할랄 음식을 제공하는 등 무슬림 선수들을 배려하는 노력을 한다. 경기 일정까지 라마단을 피해 바꾸진 못하더라도 최소한 개인 훈련 일정은 조절해주는 클럽도 늘고 있다. 다문화 사회에서 여러 가치가 부딪칠 때 어디까지 타협하고 배려할 것인가, 그리고 어디까지가 정당한 요구인가, 적절한 선을 긋는 건 가능하긴 할까.

국가國歌란 무엇인가

2013년 7월 스페인 바르셀로나에서 열린 세계수영선수권대회에서 일어난 일이다. 19일 개막식 때 스페인 국가 멜로디가 흘러나오자 갑자기 관중석에서 "부~~"하는 함성이 터져 나왔다. 관중석 대부분을 차지하고 있던 바르셀로나 시민들이 스페인 국가를 거부한다는 뜻으로 야유를 보낸 거다. 잘 알려져 있다시피 바르셀로나를 중심으로 한 카탈루냐 지역은 스페인으로부터의 독립을 주장하고 있다. 상당수 바르셀로나 시민들은 스스로를 스페인 국민으로 생각하지 않는다. 자기 동네에서 수영 대회를 여는데 스페인 국가가 웬 말이냐는 항의다.

　이 일은 개막식에 참석했던 '브랜드스페인위원회(국가 대외 홍보를 담당하는 기관)'의 부위원장 후안 카를로스 가포가 다음과 같은 트윗을 올리면서 격화됐다. "빌어먹을 카탈루냐인들. 그들은 아무것도 받을 자격이 없어(Fucking Catalans. They don't deserve anything)." 당시 가포의 트위터 팔로워는 40명에 불과했지만 이

303

트윗이 엄청나게 리트윗되며 카탈루냐인들의 거센 항의를 받았다. 가포는 "나는 대부분의 카탈루냐인을 존경한다. 내가 하고 싶었던 말은 국가를 존중해야 한다는 것뿐이다"는 트윗을 올리며 수습하려 했지만 이미 늦었다. 스페인 외무부 장관은 개막식 다음 날 가포를 해임했다.[24] 가사도 없는 스페인 국가는 툭하면 도마 위에 오른다. 스페인의 지역 갈등은 한국과 비교도 안 되게 심각하고, 통합의 상징인 국가에 반감을 느끼는 사람들이 많기 때문이다.

국가를 부를 것이냐 말 것이냐는 유럽에서 의외로 심각한 이슈다. 이민자들이 자신이 정착한 새 국가의 시민권을 얻었다 하더라도, 그 나라의 국가를 부르며 원주민과 같은 감정을 느끼기는 어렵다. 국가는 국기와 더불어 민족국가의 강력한 상징이 아닌가. 원주민들은 이방인이 국가를 부르는지 아닌지에 따라 우리 편인지 아닌지 판별하기도 한다. 한국인도 마찬가지일 것이다. 한국으로 귀화한 필리핀 출신이 가슴에 손을 얹고 애국가를 부르는 모습을 보면 '진짜 한국 사람'이라고 환영할 것이고, 애국가 가사를 모르거나 알아도 부르기를 거부한다면 한국인으로 받아들이길 경계하고 의심을 가질 것이다. 그런데 대체 국가가 뭐길래 그렇게 큰 무게를 싣는 걸까. 가슴 벅차게 국가를 부르면 애국심이 증명되나. 국가는 국민 모두의 것인가.

프랑스 축구 선수이자 현재 스페인 축구팀 레알 마드리드에서 공격수로 뛰고 있는 카림 벤제마는 프랑스 국가 '라 마르세예즈La Marseillaise'를 부르지 않는다. "나는 프랑스인인 것이 자랑스럽지만 내셔널리즘으로 가득한 국가는 좋아하지 않는다", "라 마

르세예즈를 부른다고 내가 해트트릭을 할 수 있는 건 아니다"라
는 게 그의 말이다. 프랑스의 극우 정당인 국민전선(Le Front National)은 알제리 출신 이민 3세대이며 무슬림인 벤제마가 라 마르
세예즈를 부르지 않는 건 프랑스를 사랑하지 않기 때문이라면서
그를 국가대표팀에서 제외해야 한다고 주장하기도 했다. 하지만
라 마르세예즈를 부르지 않은 건 벤제마만이 아니다. 프랑스 축
구의 전설인 지네딘 지단 역시 경기장에서 국가를 따라 부르지 않
았다. 지단은 독실한 무슬림으로 '유일신을 제외한 그 어떤 것에
도 충성을 맹세하지 않는다'는 원칙을 지키고자 했기 때문이다.

벤제마는 프랑스 대표팀 소속이었지만 팀 동료 마티외 발뷔
에나에게 성관계 동영상을 공개한다고 협박한 혐의로 기소된 뒤
2015년 대표팀에서 퇴출당했다. 그러다 2021년 5월 유로2020을
앞두고 6년 만에 다시 대표팀에 호출됐다. 국가를 부르지 않는 벤
제마가 국가대표팀 자격이 있는지를 둘러싼 논란도 재점화됐다.
때마침 프랑스 축구계의 원로격인 미셸 플라티니가 2021년 5월
한 인터뷰에서 벤제마를 옹호하고 나섰다. 플라티니는 현역 시절
에 세계 정상급 선수였고 전 유럽축구협회(UEFA) 회장을 지냈다.
그의 말을 들어보자.

305

우리 세대는 축구 경기 전 라 마르세예즈를 안 불렀다. 그 전통
은 1990년대에 시작됐을 거다. 럭비 선수들이 부르는 걸 따라한
거다. 국가를 부르기 시작하면서, 동시에 국가를 따라 부르지 않
는 선수들에 대한 비난이 생겨났다. 흑인은 국가 안 부르니 프랑
스를 사랑하지 않는다면서 피부색과 애국심을 연결지었다. 그건

틀린 말이다. 예전에 대표팀에서 국가 안 부르는 선수들 중엔 백인도 많았다. 왜 안 불렀냐고? 내 생각에 그건 전쟁에 대한 찬가다. 우리는 전쟁터에 나가는 게 아니라 축구를 했다. 마르세예즈가 나라를 사랑하는 마음에 대한 내용이었다면 난 그걸 불렀을 거다. 하지만 전쟁 찬가에 대해선 아무런 감정이 안 생긴다. 요즘 같은 때 국가를 안 부르면 나도 비난을 받겠지. 당시엔 솔직히 국가를 부르든 말든 아무도 신경을 안 썼다.[25]

이쯤에서 라 마르세예즈의 가사를 보자.

> 무기를 들라, 시민들이여! / 대오를 형성하라! / 진격하라! / 저 더러운 피로 / 우리의 밭에 물을 대자!
> 뭐라고! 저 이방인들이 / 우리의 집을 지배하려 한다! / 뭐라고! 저 이방인들이 / 우리의 자랑스러운 전사들을 공격하려 한다!

위 가사는 일부지만 사실 라 마르세예즈 전체가 이런 내용으로 이뤄져 있다. 프랑스혁명(1789~1794) 와중이었던 1792년에 프랑스가 오스트리아에 선전포고를 했다는 소식을 듣고 장교 루제 드 릴이 작사, 작곡했다고 한다. 전쟁 찬가라는 플라티니의 말은 틀린 게 아니다. '라 마르세예즈(마르세유 군단의 노래)'라는 제목은 당시 전국에서 온 의용군 중 마르세유 사람들이 이 노래를 부르며 파리로 진군했기 때문에 붙었다. 프랑스를 사랑한다는 내용도 아니고 국민 전체를 대변한다고 보기도 어려운 노래를 국가라는 이유로 매번 따라 부르도록 하는 게 맞을까. 부르라고 강요하는 자와 안 부르겠다고 버티는 자 중에서 누가 더 비합리적일까.

크고 작은 전쟁을 수없이 겪으며 침략, 방랑, 이민의 세월을 쌓아온 유럽에서 국가는 서로 다른 배경을 지닌 사람들을 한데 묶는 역할을 한다. 그러다 보니 왕, 여왕에 대한 충성의 맹세나 전쟁 찬미, 종교적 표현이 들어가는 일이 많다. 영국 국가는 '우리 여왕에게 하느님의 은총이'라는 가사로 여왕을 찬미하는데 북아일랜드, 웨일스, 스코틀랜드 사람 입장에선 거슬리는 표현이다. '승리는 어디 있나, 영원히 로마의 손에. 칼을 잡고 바치자, 생명'이라고 노래하는 이탈리아 국가 역시 라 마르세예즈처럼 군가스러운 곡이다. '하늘 위에는 하느님이 사신다'는 스위스 국가 가사는 차라리 찬송가에 가깝다. 자신의 출신 배경이나 종교적 신념 등 정체성을 지키고 싶어하는 사람들이 이런 국가를 거부하는 건 어쩌면 당연한 일이 아닌가.

307

한국에서는 애국가를 작곡한 안익태의 친일 행적이 오래 논란이 됐었다. 식민지 지식인의 자기모순적 행보에 대한 평가는 흑백의 이분법적 논리로 다뤄지는 경우가 많다고 본다. 애국가가 현대 한국 사회에 걸맞은 것이냐를 놓고 논의가 활발하게 이뤄지는 건 좋다. 하지만 친일 같은 한정된 키워드에서 벗어나야 한다. 오히려 한국 사회에서 비중이 계속 커지고 있는 다양한 인종적, 문화적 배경을 품을 수 있는 곡인지, 새로운 세대가 나라를 사랑하고 마음을 느낄 수 있는 곡인지를 고민하는 게 더 중요하지 않을까. 나라를 사랑하지만 라 마르세예즈는 부르기 싫다던 벤제마처럼 한국에서도 애국가에 감흥을 못 느끼는 이민 2세대, 3세대가 나올 수 있다.

먼저 두 가지 범죄 케이스를 소개하겠다. 피해액이 비슷한 절도 사건이다. 둘 중 어느 범죄자의 재범 위험이 클지 생각해보자.

첫 번째 케이스. 브리샤 보든이라는 18세 여성이 동생을 데리러 가던 길이었다. 늦어서 마음이 급했던 보든은 길에 자전거가 세워진 걸 보고 타고 가려고 했다. 하지만 어린이용 자전거라 사이즈가 맞지 않았던 데다 "그건 우리 아이 거야!"라는 소리를 듣고 즉시 내려놨다. 이걸 지켜본 다른 주민이 경찰에 신고했고, 보든은 절도 혐의로 기소됐다. 자전거는 80달러쯤 하는 물건이었다.

두 번째 케이스. 버넌 프레이터라는 41세 남성이 가게에서 86달러어치 물건을 훔쳤다. 그는 전력이 많았다. 무장 강도로 5년 감옥살이를 한 적도 있었다. 프레이터 역시 절도 혐의로 기소됐다.

당신이 이들의 재범 위험도를 판단해 형량을 정해야 한다면 어떤 결정을 내리겠는가. 미국 법무부는 이 두 케이스를 '위험 평가(risk assessments)'라고 불리는 컴퓨터 프로그램에 돌렸다. 범죄자가 미래에 다시 범죄를 저지를 가능성을 예측하는 프로그램이다.

결과는 어땠을까. 길에 있던 자전거를 타보려 했던 18세 여성 보든의 재범 위험성은 높음(high)으로, 무장 강도 전과가 있는 41세 남성 프레이터의 재범 위험성은 낮음(low)으로 나왔다. 쉽게 납득하기 어려운 결과다. 그런데 이 컴퓨터 프로그램은 위에서 설명하지 않은 정보를 하나 더 알고 있었다. 보든은 흑인, 프레이터는 백인이라는 점이다.

컴퓨터 프로그램은 두 사람의 인종을 고려해 흑인 보든의 재범 위험성은 높고 백인 프레이터의 재범 위험성은 낮다고 예측했다. 이 프로그램은 일반적으로 흑인의 범죄율이 더 높다는 정보를 바탕으로 두 사람의 재범 위험성을 다르게 평가한 것인데, 프로그램에 그 정보를 포함시킨 건 인간이다. 범죄 용의자가 흑인일 경우 위험도를 더 높게 도출하도록 설정한 건 프로그래머의 의지다. 실제 재범률은 어땠을까. 2년 뒤 두 사람을 비교했다. 보든은 범죄를 저지르지 않았다. 프레이터는 창고에 침입해 수천 달러 어치의 전자 제품을 훔쳐 8년 징역형 선고를 받고 복역 중이었다. 컴퓨터의 예측은 완전히 엇나갔다.

문제는 이렇게 허술한 위험 평가 프로그램이 미국 법원에서 자료로 쓰인다는 것이다. 아리조나, 콜로라도, 오클라호마, 버지니아, 워싱턴 등에서 형사재판이 열릴 때 재범률 예측 내용이 판사에게 전달되고, 형량에 영향을 미친다.[26] 영화 〈마이너리티 리포트〉의 현실 버전이 아닌가.

범죄자의 국적을 공개하라는 요구

위험 평가 프로그램은 편견이 사회제도에 영향을 미치고 그것이 실제 차별로 이어질 수 있음을 보여준다. 같은 일을 저질러도 사회적 소수자가 더 심한 처벌을 받는다. 굳이 컴퓨터 프로그램이 아니라도, 이미 인간은 소수자에 대한 편견을 사회 시스템에 잘 녹여놓았다. 이민자 비율이 높은 스위스에서도 외국인 범죄자에게 더 가혹한 법적 기준을 적용한다. 때로는 일부러 범죄자의 국적이나 출신지를 강조함으로써 이들에 대한 사회 주류 집단의 편견을 강화하기까지 한다.

2020년 12월에 있었던 일이다. 오랜만에 딸과 함께 시내로 장을 보러 나갔다. 트램에 앉아 있는데, 마스크를 쓴 검표원이 다가왔다(스위스 등 유럽 국가에선 승차할 때 표를 체크하지 않고 검표원이 무작위로 검사를 한다). 나는 딸의 주니어 카드(6세 이상 아동이 보호자를 동반하고 승차할 수 있는 연간 교통카드)와 내 연간 승차권을 무심히 내밀었다. 검표원이 주니어 카드를 들여다보더니 말했다. "유효기간이 만료됐네요."

정신이 번쩍 들었다. 카드를 보니 갱신 기간이 한 달이나 지나 있었다. 코로나19 때문에 딸은 몇 달 동안 집과 학교를 오가는 것 외엔 외출을 하지 않았다. 주니어 카드를 쓸 일이 없어 갱신을 깜빡한 것이다. 검표원은 내 신분증을 요구하고는 태블릿을 꺼내 신상 정보를 입력했다. "벌금으로 10스위스프랑(약 1만2,000원)만 청구할게요. 실제 벌금은 이것보다 훨씬 높은데, 실수한 것 같아서 봐주는 겁니다." 운이 좋은 날인가, 나쁜 날인가. 갑자기 검표원이 예상 밖의 질문을 했다. "국적은 어딥니까?" 그는 한국이라는 나의 답을 입력한 뒤 트램에서 내렸다. 기분이 꺼림칙했다. 국적은 왜 물었을까. 이민자 출신국에 따른 무임승차 통계라도 내려는 것인가. 나는 지금 딸의 교통카드 갱신 기간을 놓침으로써 BTS가 끌어올린 한국의 세계적 위상에 먹칠을 한 것인가.

내가 소심해진 것에는 그럴 만한 배경이 있다. 이방인이 살기 좋은 곳이 어디 있겠냐마는, 스위스는 특히나 외국인 이민자를 까다롭게 대하는 나라다. 내가 사는 칸톤 취리히에서 2021년 3월에 치러진 투표도 그걸 보여준다. 극우 정당인 스위스국민당(이하 국민당)이 제안한 헌법 개정안 찬반 투표로, '범죄 용의자의 출신지를 공개하라'는 내용이다. 스위스 국민투표는 전국적으로도, 각 지방 단위에서도 치러질 수 있다. 이 투표는 칸톤 단위에서 치러진 것인데 민감한 내용이라 전국적인 이슈가 됐다.

발단은 2017년 11월로 거슬러 올라간다. 칸톤 취리히 정부가 깜짝 발표를 했다. '앞으로 경찰이 언론사에 보내는 보도 자료에서 범죄 용의자와 피해자의 국적을 언급하지 않겠다'고 했다. 놀랍게도 그때까지는 용의자와 피해자의 국적을 죄다 공개했다. 신문 기사에서 '이탈리아인 ××가 술집에서 난동을 부렸다', '터키인 ××와 그리스인 ××가 운전 중 시비가 붙어 서로 치고받았다' 같은 내용을 늘 볼 수 있었다는 얘기다. 취리히 경찰은 이런 방침을 바꾸기로 한 이유가 '국적 정보가 외국인에 대한 혐오를 부추기고 (국적과 범죄율이 연관돼 있다는) 잘못된 인과관계를 퍼뜨리기 때문'이라고 밝혔다. 당연한 말이다. 국적이 범죄 내용과 긴밀한 관련이 있는 게 아니라면 굳이 언급할 필요가 없다. 사람들이 '이탈리아인은 술 먹으면 난동을 부린다', '터키인과 그리스인은 운전 습관이 험하다' 같은 고정관념을 가질 수 있어서다. 이 결정을 내리기 전에 경찰은 스위스의 주요 언론사 6곳과 논의를 했다.

311

국적 비공개에 대한 언론사들 입장은 3대 3으로 갈렸다. 국적(인종) 혐오에 대한 우려와 국민의 알 권리 보장이 서로 충돌했을 것이다. 경찰은 고심 끝에 보도 자료에서는 국적을 비공개하되 언론사가 요청하면 따로 알려주기로 했다.

경찰의 발표 후 국민당이 즉시 반발했다. 이 당은 이민자들에게 적대적이기로 유명하다. '국적 정보를 빼는 건 투명성 원칙에 어긋나며, 사회에 엄연히 존재하는 (이민자 범죄) 문제를 카펫 밑으로 쓸어 넣어 숨기는 데 불과하다'고 주장했다. 국민당은 지지자들의 서명을 모아 자신들이 만든 법안을 국민투표에 부치기로 했다. 법안의 내용은 '범죄 용의자 및 피해자의 국적은 물론이고, 이민 배경까지 공개하라'는 것이다. 여기서 '이민 배경 공개'란, 용의자가 이민자인데 나중에 스위스 국적을 획득한 경우 원래의 출신 국가를 밝히라는 뜻이다. '국적을 획득해 스위스인이 됐다 해도 원래 출신지의 문화와 관습에서 벗어나는 건 아니다. 특정 문화권에는 스위스와 아주 다른 도덕적 관념이 존재한다'는 게 이민 배경까지 공개하라는 이유다.

취리히 정부는 당황했다. 외국인 혐오를 줄이려고 국적 비공개를 결정했는데, 극우 정당의 공격을 받아 오히려 전보다 더 많은 정보를 공개할지도 모르는 상황이 됐다. 혹 떼려다 혹 붙인 격이다. 스위스 국민투표의 특징 중 하나는, 제안된 법안이 정부의 입장과 다를 경우에 정부가 반대 법안을 제시한 뒤 두 법안을 한 번에 투표에 부칠 수 있다는 점이다. 취리히 정부는 국민당이 내놓은 법안에 맞서 '범죄 용의자의 국적은 공개하되 이민 배경은 언급하지 않는다'는 내용의 반대 법안을 제시했다. 혹 떼는 건 포기하고 추가로 붙이는 것만 막기로 한 거다. 이럴 거면 애초에 범죄 용의자 국적 공개 정책을 왜 바꾸려 했나 싶지만, 쉬운 일도 복잡하게 만들며 찬반 토론을 일으키고 공적 영역에서 의견을 나누도록 하는 게 스위스 국민투표의 매력이다.

이렇게 해서 주민들은 '범죄 용의자 국적 및 이민 배경 공개'와 '범죄 용의자 국적만 공개'라는 두 가지 선택지를 놓고 투표를 했다. 그 결과 투표자의 55퍼센트 이상이 '국적만 공개'하는 법안에 찬성함으로써 취리히 정부가 냈던 법안이 통과됐다. 하지만 '국적 및 이민 배경 공개'에 찬성한 사람도 44퍼센트나 됐는데, 이 말은 여전히 많은 스위스인이 범죄와 출신지에 인과관계가 있다고 생각한다는 뜻이다.

범죄 용의자의 국적이나 이민 배경 공개라는 게 한국 사회엔 생경한 사안일 수 있다. 인구의 4분의 1이 외국인 이민자인 스위

2021년 3월 외국인 범죄자 국적 공개 국민투표를 앞두고 스위스녹색당이 공개한 포스터. '사회를 쪼갤 것인가?'라는 문구 아래에 '경찰 보도 자료에서 국적 언급을 강제하는 것에 반대'라고 쓰여 있다. 빨간색 사각형 안의 '두 번 반대(2X NEIN)'란 범죄 용의자의 국적 공개에도 반대하고 이민 배경 공개에도 반대한다는 의미다. (출처: 스위스녹색당)

스에 비하면 한국의 이민자 비중은 아직 미미하다. 하지만 비슷한 사례가 없는 건 아니다. 중국 동포가 관련된 사건을 떠올려보자. 기사 헤드라인에서 용의자의 출신지를 유독 강조하고, 기사 밑에 출신지와 범죄율을 연결 지어 비난하는 댓글이 줄줄이 달린다. 고민해볼 필요가 있다. 용의자 출신지 공개는 언제나 필요한 것인가? 게다가 만약 그 용의자가 외국 출신이지만 귀화해서 한국 국적을 얻었다면 어떨까. 그런데도 언론사가 '한국 국적이지만 실은 중국 동포 출신'이라고 굳이 보도한다면?

외국인 범죄자 추방법

다문화 국가 스위스에서 외국인 범죄는 늘 뜨거운 감자다. 스위스에는 특정 범죄를 저지른 외국인을 추방하는 법도 있다. 범죄 종류에 따라 한 번 추방된 뒤 5년에서 최대 15년까지 스위스 재입국이 금지된다. 추방 사유가 되는 범죄 목록에는 집단 학살 같은 심각한 것부터 절도 등 비교적 가벼운 것도 있다. 경미한 범죄라도 10년 내에 두 차례 반복해 저지르면 추방 사유가 된다. 이 법 역시 국민투표를 통과해 만들어진 것이다. 2010년에 처음 통과된 법안은 유죄판결 직후 '자동 추방'이었다. 이것이 2016년 두 번째 국민투표를 통해 케이스별로 판사의 재량권을 인정하도록 바뀌었다. 예를 들어 콩고민주공화국 출신으로 스위스에서 거주하던 사람이 범죄를 저질러 고국으로 추방당하게 생겼는데, 그 경우 독재 정권하에서 처형당할 가능성이 있는 상황이라면 판사가 추방을 재고할 수 있다.

　이 법에는 허점이 많다. 우선 '세콘도secondo'라 불리는 이민

2세대, 즉 스위스에서 태어나 자랐지만 스위스 국적은 없는 사람들에 대한 형평성 문제가 제기된다. 스위스는 속인주의(출생시 부모의 국적에 따라 본인 국적이 정해지는 원칙)를 택하고 있고, 유럽에서 시민권을 따기가 가장 어려운 나라 중 하나다. 부모의 출신지야 어쨌건 사실상 본인의 고향은 스위스인 사람들이, 범죄를 저지른 뒤 아는 사람도 없고 언어도 모르는 부모 나라로 추방되는 사례가 계속 나온다.

2014년에는 이민 3세대인 이탈리아인이 추방 명령을 받아 논란이 일었다. 무단침입, 절도, 마약 등 20가지가 넘는 범죄를 저지른 33세 남성이었다. 그는 아내가 스위스인이고 이탈리아에 연고가 없다는 점을 들어 항의했지만 결국 추방됐다. 판사는 이 남성이 스위스의 법을 수호하려는 의지가 없다며, "몸이 건강하니 이탈리아에서 새로운 삶을 시작할 수 있다. 아내도 남편을 따

2016년 스위스국민당(SVP)이 주도한 외국인 범죄자 추방 국민투표 때 쓰인 포스터. 하얀 양(스위스인)이 검은 양(외국인)을 스위스 영토 밖으로 걷어차고 있다. '마침내 안전을 조성하다! 외국인 범죄자 추방에 찬성을!'이라고 쓰인 포스터는 외국인 혐오를 노골적으로 드러내고 있다. (출처: 스위스국민당)

라 이탈리아로 가면 된다"고 했다. 베른대학교의 이민법 교수인 알베르토 아커만은 당시 이에 대해 "시민권이 없는 이민 3세대가 추방을 당하는 건 (3세대까지 내려오기 전에 대개 시민권을 얻게 되는) 다른 유럽 국가에서는 일어날 수 없는 일"이라고 지적했다.

외국인이 범죄를 더 많이 저지를까

범죄 용의자의 출신지 공개나 외국인 범죄자 추방 제도는 외국인을 '맑은 물 흐리는 오염원' 취급한다는 느낌을 준다. '순수 스위스인(정말로 그런 게 존재한다면)'들이 나 같은 이민자를 잠재적 범죄자 취급할 거란 생각에 주눅이 들기도 한다. 실상은 어떨까. 정말 이민자들이 범죄를 더 많이 저지를까. 일단 통계는 외국인 범죄율이 높은 게 사실이라고 말한다. 스위스 연방통계청에 따르면 2019년 유죄판결을 받은 성인 범죄자 9만6,118명 중 스위스인은 4만562명, 외국인은 5만5,556명이었다. 스위스 인구의 25퍼센트에 해당하는 외국인이, 전체 범죄자의 약 58퍼센트를 차지한다.

　　스위스 말고 유럽 다른 나라들도 비슷하다. 아프리카 이민자들이 유럽으로 발을 들이는 첫 관문이 되는 스페인에서는 인구의 10퍼센트를 차지하는 외국인이 전체 범죄의 23퍼센트를 저지른다(2017년 스페인 통계청 자료).[27] 독일은 2015년 난민 위기 이후 150만 명 이상의 외국인이 망명을 신청했는데, 2017년이 되자 인구의 2퍼센트에 불과한 난민 또는 불법 이민자가 전체 범죄 용의자 중 8.5퍼센트를 차지하게 된다.[28] 스웨덴의 경우 2017년 기준으로 전체 인구의 33퍼센트인 이민자가 범죄 용의자의 58퍼센트를 차지한다. 살인, 성범죄, 마약 거래 등 특정 범죄만 따지면 그 비율은 더 높아진다.[29] 이 같은 수치는 사회문제의 원인을 이민자에게 돌리는 극우 세력의 좋은 무기가 된다. 숫자는 거짓말을 하지 않으니, 이민자를 쫓아내면 살기 좋은 사회가 될 거라는 주장이다. 정말 외국인이 문제일까.

전문가들은 이것이 '가짜 투명성(pseudo-transparency)'에 기반한 잘못된 주장이라고 말한다. 예를 들어보자. 2014년 기준 독일의 14~30세 남성은 전체 인구의 9퍼센트였다. 그런데 이들이 전국 폭력 범죄의 절반을 저질렀다. 일반적으로 범죄자 중엔 젊은 남성이 많다. 그리고 난민 신청을 하는 외국인이나 더 좋은 일자리를 찾아 다른 나라로 가는 외국인 중에도 젊은 남성이 더 많다. 실제로 2014년에 독일에 망명을 신청한 사람의 27퍼센트가 16~30세 남성이었다. 그러다 보니 이민자 중에 범죄자가 많아 보이는 것이지, 실은 '젊은 남성'이 더 중요한 요인일 수 있다는 거다.[30] 즉 이민이나 난민 수용을 제한하는 게 아니라 그들 중 젊은 남성을 통제하는 정책을 써야 범죄를 줄일 수 있다. '가짜 투명성'에 기댈 게 아니라, 정확하고 균질한 비교를 할 때 통계 수치는 힘을 갖는다.

또 다른 문제는 사회적 환경이다. 난민 캠프처럼 프라이버시가 없는 숙소에서 직업 없이 정부 지원에 의지해 지내다 보면 범죄가 일어날 가능성도 커진다. 난민이 저지르는 폭력 범죄의 상당수는 같은 처지의 난민을 상대로 일어난다. 스페인 말라가대학교 형법 교수이자 범죄학자인 엘리사 가르시아에 따르면, "국적이 아니라 사회로부터의 소외가 문제다".[31] 스페인 카를로스3세

317

대학에서 이와 관련해 루마니아 출신 이민자들을 대상으로 연구를 했다. 처음 스페인에 도착했을 때는 이들의 범죄율이 높았지만, 직업을 구하고 스페인 사회에 적응하면서 범죄율이 점차 낮아졌다. 완전히 사회에 적응한 루마니아 출신 이민자와 스페인인을 25~34세 그룹에서 비교했을 땐 루마니아 이민자의 범죄율이 오히려 낮았다.[32]

로마에 가면 로마법을 따르는 게 맞을 것이다. 성 평등에 관한 사회적 통념이 전혀 다른 아프리카 출신 이민자가 유럽에 와서 강간 범죄를 저지르는 경우가 실제로 종종 발생하고, 사람들이 이에 대해 느끼는 불안을 무시할 순 없다. 하지만 뉴스 헤드라인에 강간범의 국적을 명시하는 게 해결책이 될지는 의문이다. 낮은 교육 수준이나 빈곤 같은 다른 문제는 덮어버리고, 새 사회에 적응해 열심히 살아가는 다른 이민자들에 대한 인종주의적 혐오를 부추기기 때문이다.

유럽의 외국인 이민자 범죄 관련 정책은 먼 나라 이야기가 아니다. 가까운 한국의 미래다. 2018년 이른바 '제주 예멘 난민 사태'를 떠올려보자. 무비자로 제주에 들어온 예멘 난민 500여 명에 대한 근거 없는 혐오와 비방이 넘쳤다. 당시 소셜 미디어에는 예멘 난민 신청자들을 '돈 벌러 온 가짜 난민', '테러리스트', '우리의 딸들을 강간할 이슬람교도' 같은 원색적 선동이 난무했다. 난민 신청 허가를 폐지하라는 청와대 국민 청원이 올라왔고, 한 달 만에 71만 명 이상이 동의했다. 청원인은 무비자 입국으로 인한 범죄와 치안 문제를 지적했고, 난민 문제에 책임이 있는 유럽과 달리 대한민국은 난민을 수용해야 할 이유가 없다고 주장했다.

구체적 책임 소재를 떠나서, 이것은 유럽에서도 늘 되풀이되는 논쟁이다. 난민이 아니더라도 앞으로 한국에는 점점 더 많은 외국인 이민자가 생길 것이다. 인구가 절벽 수준으로 줄어드는데 부족한 노동력을 보완하려면 사실상 이민 수용 외에는 방법이 없다. 동남아시아나 아프리카의 무슬림 국가에서 일자리를 찾아 한국으로 오는 사람들이 지금보다 훨씬 큰 규모로 늘어날 때도 테러리스트나 강간범 같은 딱지를 붙여가며 막을까?

이민 1세대의 적응 문제, 그리고 그 자녀들인 2, 3세대에 대한 차별과 낙인 문제, 다양한 언어와 종교를 포용하는 문제, 외국인 범죄 문제 등을 놓고 유럽 사회는 이미 오랫동안 수많은 시행착오를 겪어왔다. 물론 유럽과 한국의 다문화 현황은 크게 다르지만, 이제야 이민 1세대와 그들의 자녀들이 자리 잡고 있는 한국은 앞서 유럽이 거쳐 온 시행착오를 반면교사 삼을 수 있을 것이다. 우선은 언론의 역할이 중요하다고 본다. 취리히의 범죄자 국적 공개 논쟁처럼, 단지 무엇을 언급하느냐 하지 않느냐가 큰 차이를 낳을 수도 있다. 언론은 진실을 보도할 의무뿐 아니라 잘못된 편견을 퍼뜨리지 않을 책임도 있음을 기억해야 한다. 인종이나 종교와 관련된 편견은 한 번 퍼지면 다시 바로잡기가 거의 불가능하다. 학급에 한 명뿐인 유대인으로 친구들에게 따돌림을 당했던 아인슈타인의 말마따나, "편견을 무너뜨리기란 원자를 분해하는 것보다 더 어렵다."[33]

319

부르카를 벗으라는 강요

편견과 차별 문제에 있어서 미국과 유럽의 상황이 다르다는 얘기는 앞에서도 했다. 간단히 말하면 미국의 인종 문제는 제노사이드genocide, 노예제도에서 비롯됐다. 유럽의 경우 이민이나 부족주의가 더 큰 문제다. 원인이 다르니 문제가 전개되는 양상도 다르다. 인종차별이라고 하면 미국에선 흑인이 우선 떠오르지만, 유럽에서는 이슬람권에서 온 무슬림 이민자들이 가장 큰 차별 대상이다. 일부 극우 정치인들은 유럽 내 무슬림 인구가 계속 늘어나는 현상을 가리켜 '유라비아eurabia(유럽+아라비아)'라는 말까지 만들어내며 불안감을 조성한다. 《샤를리 에브도》 사건을 비롯해 이슬람주의자들이 일으킨 크고 작은 테러 사건도 공포를 키우는 데 큰 역할을 했다. 극단주의자들이 일으킨 테러의 원인을 무슬림 전체에 돌리는 건 비합리적이지만, 애당초 합리적 혐오라는 건 없는 법이다. 무슬림에 대한 비합리적 공포, 불안, 혐오는 비합리적인 정책으로 이어진다. 최근에 스위스에서 얼굴을 가리는 이슬람 베일 착용이 금지된 과정은 그 점을 잘

얼굴 가리는 이슬람 베일을 금지하는 국민투표에서 찬성을 독려하는 포스터. '시작을 막아라! 너무 늦기 전에...'라고 쓰여 있다. 당장 베일 착용을 금지하지 않으면 결국 전 유럽이 '이슬람화' 될 것이라는 협박성 경고다. (출처: verhuellungsverbot.ch)

보여주는 사례다.

'너무 늦기 전에 막아야 한다', '극단주의를 멈춰라'. 이것은 2021년 3월 7일 스위스에서 실시된 이른바 '부르카 금지 법안' 국민투표를 앞두고 취리히 시내 곳곳에 붙은 포스터의 문구다. 부르카는 무슬림 여성들이 쓰는 베일 중 가장 보수적인 종류로, 얼굴을 다 가리는 형태에 눈 부분은 망사로 돼 있다. 스위스의 한 극우 단체가 지지자들 서명을 모아 제출한 이 헌법 개정안은 투표자의 51.2퍼센트, 26개 칸톤 중 18개의 찬성으로 통과됐다. 놀라운 결과였다. 정치권이나 언론도 설마 이 법이 통과될 거라고 예상하지 못했다. 스위스는 프랑스, 네덜란드, 벨기에, 오스트리아 등에 이어 얼굴을 가리는 이슬람 베일을 공공장소에서 금지하는 국가가 됐다.

우선 제출된 법안 내용부터 살펴보자. '공공장소에서는 누구도 얼굴을 가리면 안 된다'는 문장에선 딱히 정치적 의도가 느껴

지지 않는다. 하지만 이어지는 부분을 잘 보자. '어느 누구도 타인에게 성별을 이유로 얼굴을 가리라고 강요해선 안 된다'. 여기서 발의자들의 목적이 드러난다. '성별을 이유로 얼굴을 가리는'이라는 표현은 무슬림을 겨냥한 것이다. 이 때문에 '가림 금지 법안'이라는 공식 명칭이, '부르카 금지 법안'이라는 별칭으로 불리게 됐다.

이 법안을 발의하고 지지한 사람들의 논거는 간단명료하다. 이슬람은 여성을 차별하고 억압하는 종교이고, 얼굴을 가리는 부르카burka나 니캅niqab은 억압의 상징이며, 스위스 같은 자유민주주의 국가에서 그러한 억압의 상징을 허용할 수 없고, 이민자들이 스위스에 오면 스위스 문화에 적응하려고 노력해야 한다는 것이다. 그럴듯하게 들린다. 하지만 조금 들여다보면 이 주장들의 근거가 허술하다는 걸 알 수 있다.

이슬람은 여성 차별적인가? 정확한 답을 내려면 질문을 둘로 나눠서 해야 한다. 첫째, 이슬람은 여성을 억압하는 종교인가? 둘째, 이슬람 사회에서 여성은 차별당하는가?

첫 번째 질문의 답은 '아니다'이다. 국내의 대표적 이슬람 전문가인 이희수 한양대 문화인류학과 특훈교수는 저서 《이희수 교수의 이슬람》에서 이슬람 경전인 코란이 타 종교보다 더 성차별적인 것은 아니라고 설명한다. 코란 속에서 여성은 남성의 갈비뼈에서 만들어진 것으로 묘사되지 않는다. "한 줌 영혼으로부터 너희를 창조하시고 그것으로부터 그 짝을 창조하시며 또한 그 둘로부터 많은 남자와 여자를 번성시킨 너희의 주님을 경외하라"(코란 4장 1절)는 구절은, 남녀가 하나의 영혼에서 동시에 창조되었다고 말하고 있다. 또 코란에는 최초의 여성이 뱀의 꼬임에 넘어가 아담을 유혹해 죄를 지었다는 내용이 없다. 여성을 원초적 죄인 취급하는 기독교나 유대교 경전 내용과 구별되는 부분이다. 심지어 코란은 1400년 전에 여성의 상속권도 보장했다.

두 번째 질문의 답은 '그렇다'이다. 이슬람이 유달리 성차별적 종교는 아니지만, 이슬람이 널리 퍼진 중동 지역에서는 여성이 차별과 억압의 대상이다. 이것은 사막의 유목 생활 전통에 기인한다. 끊임없이 이동하고 타 부족과 싸움을 벌이는 삶에서 여성과 아이들은 중요한 존재가 아니었다. 지리적 조건은 가부장제를 강화했고 남성이 경제생활을 주도했다.

즉 종교(이슬람)와 풍습(중동 문화)을 구분해야 한다는 얘기다. 같은 이슬람권이라 해도 지역에 따라 여성의 사회적 지위가 다르다는 점이 이를 뒷받침한다. 세계 최대 이슬람 국가인 인도네시아에서는 2001년 최초의 여성 대통령 메가와티 수카르노푸트리Megawati Sukarnoputri가 선출됐고, 방글라데시에서는 1991년 첫 여성 총리 칼레다 지아Khaleda Zia가 당선됐다. 이희수 교수는 앞의 책에서 "아랍 국가의 여성들은 아시아 여성 무슬림에 비해 열악한 환경에 처해 있다. 아랍 사회에는 유목 전통의 영향으로 가부장제, 부계 중심, 남아 선호, 남성 주도 경제 행위라는 전통적 문화가 팽배해있다. 이슬람의 문제가 아니라 아랍 전통 사회의 문제"라고 지적했다.

그렇다면 무슬림 여성들이 쓰는 베일은 어떻게 봐야 하는가. 이것의 뿌리는 종교인가, 전통인가. 답부터 말하자면 전통적 옷차림이 종교적 상징으로 바뀌었다고 할 수 있다. 베일은 이슬람

323

교 발생 전부터 존재한 중동 지역의 옷차림이다. 사막 지대에서 뜨거운 햇볕과 강한 모래바람을 피하기 위해 몸과 얼굴을 가리는 형태의 토착 의상이 발전했다. 이것이 나중에 이슬람 종교와 결합한다.

코란에서 베일 착용을 언급한 부분은 다음과 같다. "밖으로 보이는 것 외에는 유혹하는 어떤 것도 드러내서는 아니 되니라. 가슴을 가리는 수건을 써서 남편과 그의 부모, 자기 부모, 자기 형제와 형제의 자식, 소유하고 있는 하녀, 성욕을 갖지 못한 하인, 성에 대해 부끄러움을 알지 못하는 어린이 이외의 사람에게는 드러내지 않도록 하라"(코란 24장 31절). 여기엔 가슴을 가리라는 내용 외에 구체적 지침은 없다. 부르카, 니캅, 차도르chador, 히잡hijab 등 다양한 베일은, 이 구절에 대한 서로 다른 해석에서 발생한 지역 풍습이라고 할 수 있다. 중동, 아시아, 아프리카에 걸친 드넓은 이슬람권에서 나라마다 베일 문화가 다른 건 그 때문이다. 모양도 다르지만, 착용 규정도 다르다. 57개국에 이르는 이슬람 국가 중 여성에게 베일 착용을 강요하고 어길 시 법으로 처벌을 하는 나라는 사우디아라비아와 이란 정도에 불과하다.

베일의 중층적 의미

서구에서는 베일을 '여성 억압의 상징'이라고 간단히 규정짓는다. 하지만 베일을 둘러싼 역사적·사회적 의미는 이보다 훨씬 중층적이다. 이것을 제대로 분석하려면 네 가지 키워드가 필요하다. 이슬람 근본주의, 페미니즘, 아랍 민족주의, 서구 제국주의가 그것이다. 이 중 어떤 것들이 서로 부딪치고 더 강하게 작용하는지에 따라, 마치 화학반응처럼 다양한 결과가 나타났다. 대표적으로 터키와 이란의 경우를 비교할 수 있다.

이슬람 국가인 터키에선 오스만제국(1299~1922) 말기까지 여성이 베일을 착용했다. 그런데 공화국 설립 후 세속주의 노선을 택하면서 큰 변화가 생겼다. 공화국 초대 대통령인 무스타파 케말Mustafa Kemal은 1935년 베일을 전면 금지했다. 이슬람의 상징이라 할 만한 베일을 이슬람 국가에서 금지하다니. 그건 베일을 버려야 할 구습으로 봤기 때문이다. 아마 일제강점기의 단발령 같은 게 아니었을까. 서구에서 유학을 마치고 돌아온 계몽주의자 터키 남성들이 근대화를 주도했고, 이들은 베일을 벗은 신여성을 '알라프랑가('프랑스 스타일'이라는 뜻)'라고 불렀다.

나중에 쓸 사람은 쓰고 말 사람은 말라는 식으로 베일 착용을 자유화했지만, 그때도 공공기관과 고등교육기관에서의 착용은 금지됐다.

터키의 계몽주의 지식인들은 터키가 진보된 국가임을 서구 세계에 알리고 싶어 했고, '진보'는 세속화이자 서구화라는 믿음 아래 강제로 여성에게 베일을 벗도록 했다. 이렇듯 여성의 자발적인 결정이 아니라 정치적 차원에서 동원된 베일 벗기는 진정한 의미에서 여성을 위한 개혁이 될 수 없었던 것이다.[34]

세속화, 근대화, 서구화, 뭐라고 부르든 강제로 시행하는 개혁을 진정한 의미에서의 개혁이라고 하긴 어려울 것이다.

이제 이란의 경우를 보자. 이란에서 1925년 시작된 팔레비

325

왕조는 미국과 영국의 지원을 받으며 근대화를 추진했다. 터키와 마찬가지로 여성의 베일 착용이 야만적이라며 금지하고 각종 개혁을 했다. 그러나 이건 국민을 위한 것이라기보다는, 중동에서 공산주의 확산을 막고 원유 이권을 챙기려는 서구의 노림수였다.

무리한 서구화는 대부분이 무슬림인 국민의 반발을 불렀다. 수많은 이란인이 반외세를 외치며 전통 회복을 주장했다. 그 가운데 전통의 상징인 베일을 자발적으로 쓰고 저항한 이란 여성들이 있었다. 이른바 '페미니즘 민족주의'다. 이들은 결국 1979년 성직자 호메이니Ayatollah Ruhollah Khomeini를 내세워 팔레비왕조를 무너뜨리고 이슬람 혁명에 성공한다. 하지만 문제는 그다음이었다. 새 정부의 '반反서구'를 기치로 내세운다. 그 첫 번째 방법으로 여성들에게 다시 베일 착용을 강요했다. 단발령에 저항하며 일제를 몰아내고 나니 나라가 다시 장발을 강요하는 격이랄까. 페미니즘 민족주의의 표상으로 떠올랐던 베일은 가부장 근본주의와 만나 그 의미를 잃어버렸다.

> 이란 여성들이 베일을 쓰고자/벗고자 하는 의지에는 서구권에서 상상하기 힘든 복잡한 종교적·역사적 맥락이 있었음에도 불구하고, 이러한 복잡함은 아주 손쉽게 '문명의 충돌' 구도 안에 밀어넣어지며, 베일은 서구 문명의 가치들이 선善을 획득할 수 있도록 이용되는 도구로 전락해버렸다.[35]

터키와 이란, 두 나라의 상황은 무슬림 여성들이 맞서 싸우는 이중의 억압을 보여준다. 하나는 서구 제국주의, 다른 하나는 이슬람 근본주의다. 그러나 민족 자주성을 지키면서도 여성 인권을 수호하려는 무슬림 여성들의 노력을 서구는 애써 무시한다. 팔레스타인 출신의 소설가이자 미국에서 공부한 페미니스트 사하르 칼리파는 이렇게 말한다. "서구 미디어에서 아랍 여성은 무능력하고 스스로 생각하지 못하는 수동적인 이미지로 묘사된다. 베일로 얼굴을 가린 아랍 여성은 서구에 공포와 혐오를 유발하는 현상이 됐다. 서구인들은 모든 무슬림이 이슬람 근본주의자들처럼 광신적이고 폐쇄적이라고 믿는다."[36]

베일, 누가 허락하고 금지하느냐의 문제

베일 이슈의 핵심은 '쓰느냐 안 쓰느냐'가 아니라 '누가 허락하고 금지하느냐'다. 이건 중동에서나 유럽에서나 마찬가지다. 베일 논쟁에서 많은 이들이 처음 떠올리는 나라가 프랑스다. 프랑스는 유럽 최초로 얼굴을 가리는 이슬람 베일 착용을 법으로 금지했다. 2010년 10월 11일 법이 발효된 이후 공공장소에서 베일을 쓰면 벌금 150유로가 부과된다. 벨기에, 오스트리아, 덴마크, 네덜란드가 뒤를 이었고 이제 스위스가 여기 합세했다. 10년이 지난 현재 프랑스 상황은 어떨까.

327

프랑스 사회과학고등연구원(EHESS) 교수인 사회학자 아네스 드페오Agnès De Féo는 이슬람 베일에 관한 연구를 15년 이상 해온 전문가다. 드페오는 최근 스위스 일간지 《NZZ》와의 인터뷰에서 "프랑스가 10년 전 저지른 실수를 지금 스위스가 반복하려 한다"고 경고했다.[37] 드페오에 따르면 법이 시행되기 전인 2009년 당시 프랑스에서 얼굴을 가리는 베일을 쓰는 사람들은 얼마 없었다. 프랑스 내 전체 무슬림 여성의 0.05퍼센트에 불과했다. 그런데 법안 때문에 베일이 사회적 이슈 한가운데 놓이게 됐다. 베일 착용은 프랑스 정부의 '무슬림 낙인 찍기'에 대한 저항의 상징으로 무게가 커졌다. 베일을 쓰지 않았던 무슬림 여성들까지 이 금지안을 자신의 정체성에 대한 공격으로 받아들였다. 결과적으로 프랑스의 베일 금지안은 오히려 베일 착용자를 증가시켰다. 아녜스는 "법안이 통과한다는 건 스위스의 모든 무슬림에게 그들이 환영받지 못한다는 신호를 보내는 셈"이라고 말했다. 이 신호는 저항을 낳을 것이고, 기대와 반대되는 효과로 이어질 수 있다는 경고다.

아녜스 드페오가 지적한 또 하나의 중요한 문제가 있다. 10년 전 프랑스에서나 현재 스위스에서나, 당사자인 무슬림 여성들의 의견이 공론장에 거의 등장하지 않는다는 점이다. 많은 유럽인이 생각하는 것처럼 무슬림 남성의 강요에 의해 베일을 쓰는 것인지, 자발적으로 쓴다면 그 이유는 무엇인지, 스위스 국민이 베일 착용을 투표로 결정하는 것에 대해 어떻게 생각하는지 자세히 알기가 어렵다.

스위스에 사는 무슬림 여성이 부르카 금지 법안에 대해 어떻게 생각하는지 직접 들어보는 게 중요할 것 같았다. 내겐 무슬림 친구가 없었지만 수소문을 해서 소개받아 인터뷰를 할 수 있었다. 팔레스타인 출신의 무슬림 여성 와파 퀼벨은 2015년부터 취리히에 거주 중인 엔지니어로, 독일인 남편과 두 딸이 있다. 다음은 일문일답이다.

베일 금지 투표에 대한 의견은.

투표 포스터에서 부르카를 보고 충격을 받았다. 스위스에 살면서 부르카를 쓴 여성을 본 적이 한 번도 없기 때문이다. 현실적인 안건이 아니다. 왜 이런 국민투표를 해서 돈과 에너지를 낭비하는가. 코로나19 때문에 다들 마스크를 쓰는 상황에서 이런 논의를 하는 건 아이러니다.

팔레스타인에선 베일을 썼나.

나는 평생 베일을 쓴 적이 없다. 여름이면 반바지를 입는 평범한 무슬림이다. 그렇다고 베일을 쓰는 다른 사람의 선택을 비난하지도 않는다. 강요 없이 스스로 베일을 착용한다면 뭐가 문제인가. 이슬람이 베일을 강제하는 것도 아니다. 오히려 사우디아라비아 메카의 예배당 안에서 기도를 할 땐 베일을 벗고 얼굴을 드러내야 하는 규칙이 있다.

이슬람은 어떤 종교인가.

친절한 마음으로 남을 돕는 종교다. 예언자 무함마드는 타인을 조건 없이 도우라고 했다. 무슬림 신자인 내게 하루에 다섯 번 기도하는 것보다 더 중요한 게 이웃과 사회를 돕는 일이다. 나는 이슬람교를 믿음으로써 마음의 평화를 얻는다.

법안 제안자들은 자신들이 반대하는 게 이슬람 극단주의라고 말한다.

어느 종교건 극단으로 치달으면 나쁘다. 극단주의는 이슬람뿐 아니라 유대교에도, 카톨릭에도 있다. 스위스의 오서독스 유대

329

인들은 자기들만의 학교에서 자기들 언어로 교육받는다. 유대인 마트에서 물건을 사고 스트라이멜(유대인 남성이 쓰는 검고 둥근 모자)을 쓴다. 다른 스위스인들과 상호작용도 거의 하지 않는다. 하지만 나는 그들에게 스위스 방식을 따르라고 강요하지 않는다. 그들이 신념을 지키면서 스스로 행복하다면, 거기 동의하지 않더라도 받아들여야 한다.

무슬림이 스위스 사회에 잘 통합되려면 어떻게 해야 할까.
무슬림이 유럽으로 오는 건 대개 전쟁을 피해서, 또는 자기 나라에 없는 기회를 찾아서다. 도움이 필요한 사람들이다. 극단주의라며 배격하거나 우월감을 갖고 대하면 안 된다. 환영하는 태도로 그들이 마음의 문을 열게 해야 한다. 필요한 건 차별이 아니라 수용과 도움이다.

'이슬람화'를 반대하는 대리전쟁

유럽의 무슬림 현황은 나라별로 제각각이다. 스위스의 무슬림은 전체 인구의 약 4.5퍼센트인데, 코소보, 알바니아 등 발칸반도 및 터키 출신이 많다. 영국이나 프랑스보다 훨씬 다원적이다. 와파의 말처럼 이 중 부르카를 쓰는 여성은 거의 없다. 니캅을 쓰는 여성은 전국에 극소수(30~40명) 있는 것으로 파악된다. 드물게 보이는 부르카 착용자는 스위스 거주자가 아니라 사우디아라비아 등에서 온 관광객이다. 백번 양보해서, 강요에 의해 원치 않는 부르카나 니캅을 쓰는 여성들이 스위스에 있다고 하자. 금지안이 이 여성들을 도울 수 있을까? 베일을 못 쓰니 집 밖으로 못 나가 사회에서 더 고립될 가능성만 커질 것이다.

그렇다면 사실상 존재하지도 않는 현상을 국민투표까지 해서 금지한 건 대체 무슨 연유일까. '여성 인권을 위해서'라거나 '이슬람 극단주의의 침투를 막기 위해서'라는 명분이다. 그 뒤에는 '이슬람 포비아'라는 진짜 이유가 있다.

이번 부르카 금지 법안을 제출한 극우 단체는 지난 2009년에도 비슷한 법안을 통과시킨 전력이 있다. '이슬람 첨탑 금지' 법안이 그것이다. 첨탑은 이슬람 사원인 모스크의 일부분으로 신자들에게 기도 시간을 알리는 역할을 한다. 2009년에 스위스 전역에 첨탑이 총 4개 있었는데, 첨탑 금지 법안이 투표자 57.5퍼센트의 찬성으로 통과되면서 이후 더 이상 건설되지 않고 있다.

당시 스위스 법무부 장관 에블린 비트머-슐룸프는 금지안

이슬람 첨탑 반대 국민투표 포스터. 스위스 국기 위에 첨탑이 여럿 서 있는 모습이다. 길고 뾰족한 첨탑이 마치 창처럼 보인다. 첨탑이라는 무기가 스위스를 꼼짝 못 하게 억누른다는 인상을 주는 포스터. 당시 스위스 전역에 첨탑이 4개뿐이었다는 점, 실제 첨탑이 무기나 전쟁과 아무 관련이 없다는 점을 고려하면 현실과 동떨어진 이미지다. (출처: swissvotes.ch)

을 강하게 비판하며 이렇게 말했다. "첨탑에 반대한다고 하지만 실은 '이슬람화(Islamisation)'에 반대하는 것이다. 이건 '대리전쟁'이다." 진짜 전쟁을 해서라도 무슬림들을 몰아내고 싶은데, 그게 안 되니 첨탑 같은 핑곗거리를 앞세워 대리전쟁을 치른다는 지적이다. 전국에 4개 밖에 없는 이슬람 첨탑, 실제로 쓰는 사람도 거의 없는 부르카를 온 국민이 다 관심 가지는 이슈로 만든 건 스위스 극우 정치인들의 능력이다. 말도 안 된다고, 설마 통과되겠나 싶던 법안이 과반수 지지로 통과되는 과정을 보면서 속으로 묻는다. 있지도 않은 호랑이가 온다며 겁을 주던 어른들의 진짜 목적은 무엇이었을까.

나도 극단주의자들의 테러는 두렵다. 어차피 다양한 종교와 문화적 배경을 가진 사람들이 함께 섞여 살 수밖에 없다면, 제대로 잘 섞일 방법을 찾는 게 중요하다고 생각한다. 부당한 차별을 받는다고, 복수하고 싶다고 느끼는 이들이 없길 바란다. 부르카 반대 법안이나 첨탑 금지 법안이 그런 방법에 해당할까? 아니다. 반감과 부작용만 키울 것이다. 그걸 모르지 않으면서도, 자신들의 정치적 영향력을 키우기 위해 무슬림 아젠다를 이용하는 자들이 있다.

2021년은 스위스 여성이 투표권을 갖게 된 지 50주년 되는 해다. 국민투표로 수많은 민감한 사안이 결정되는 이 나라에서, 1971년 이전에 여성들은 투표에 참여할 수조차 없었다. 지금도 턱없이 부족한 보육 지원, 성별 임금 격차 때문에 스위스 여성들은 유리 천장을 머리에 이고 하루하루 살아간다. 당장 이들의 당면한 과제도 해결하지 못하면서 이슬람 여성 인권 운운하는 게 너무나 속이 보여 씁쓸하다. 혹시나 정말로 무슬림 여성의 인권을 생각한다면 부르카 금지 같은 대리전쟁을 벌일 게 아니라 이들이 경제적으로 자립할 수 있도록 교육 기회를 확대하고 사업 자금을 지원하는 일부터 해야 하지 않겠나. 이방인의 삶이란 어깨에 더 무거운 짐을 지고 남들 눈치를 보며 걷는 것이다. 대신 들어주지는 못할망정 더 올려놓지는 말아야 한다.

'잠깐 한숨 돌리는 시기'. 2021년 10월 초 기자회견에서 스위스 연방보건청 담당자가 스위스의 코로나19 상황을 놓고 쓴 표현이다. 10월 들어 일일 확진자 수가 감소해 하루 1,000명 선에 머무르고 있기 때문이다(참고로 스위스의 인구는 한국의 6분의 1이다). 최악의 2차 유행기를 맞았던 1년 전 가을에 비해 상황이 나아진 것은 물론 백신 덕이다. 이 담당자는 "면역된 인구 비율을 더 높이기 위해 지금 이 시기를 최대한 활용해야 한다"고 말했다. 당장 수치에 큰 문제가 없더라도 변이 바이러스나 정부의 방역 정책 등에 따라 언제든 다시 위험해질 수 있으니 접종률을 더 높여 대비해야 한다는 거다.

스위스에선 2021년 10월 기준 전체 인구의 약 60퍼센트가 2차 접종을 완료했다. 1차 접종만 마친 사람까지 합치면 이 비율은 64퍼센트다. 전 세계에서 가장 먼저 접종을 시작(2020년 12월)한 나라 중 하나치고는 접종률이 매우 낮다. 같은 시기 한국은 전체의 60퍼센트가 2차 접종을 완료했고 1차 접종까지 포함하면 78퍼센트다. 물량이 없어 접종을 훨씬 늦게 시작했는데도 스위스보다 접종률이 더 높다.

스위스는 유럽 내에서도 접종률이 낮은 편에 속한다. 동유럽 국가들을 제외하면 유럽에서 코로나19 백신 접종률이 가장 낮은 건 오스트리아고, 그다음이 스위스다. 백신 물량이 풍부해 원하는 사람 누구나 맞을 수 있는데도 접종률이 낮은 건 접종을 기피하는 오랜 관습 탓이다. 책 본문에서 썼다시피 스위스에선 의무 접종이라는 개념이 없다. 천연두 백신이 나왔을 때도 국민투표로 의무 접종을 막아낸 곳, 접종 거부를 시민의 자유와 연결 짓는 곳이다.

자유민주주의 사회 구성원에게 접종을 거부할 권리가 있을까. 나는 특별한 의학적 이유 없이 접종을 거부하는 사람들이 이기적이라고 생각하지만, 그렇다고 법적으로 접종을 강제할 수는 없는 일이다. 다양한 사람들이 모여 사는 민주 사회에서 비합리적 행동, 이기적 태도가 어디 이것 하나뿐인가. 공공장소에서 담배를 피우는 것도 자신의 기호를 만족시키기 위해 타인에게 피해를 주는 행동이지만 완전히 막을 수는 없다. 타인에 끼치는 피해의 정도를 객관적으로 측정할 수 있는지, 자유의 한계가 어디까지인지는 계속 고민할 문제다. 더구나 코로나19는 여전히 진행 중이다.

현재 보건 당국의 과제는 법적, 물리적으로 강제하지 않고도 접종률을 끌어올리는 것이다. 스위스 정부가 최근 발표한 몇 가지 대책 중 눈에 띄는 것이 하나 있다. 미접종자를 설득해서 코로나19 백신 접종을 받게 하면 50스위스프랑(약 6만 원)어치의 바우처를 지급한다는 것이다. 하지만 여러 의문이 생긴다. 지금까지 기회가 있었음에도 접종을 받지 않은 사람들이 과연 가족, 동료, 친구의 설득에 영향받아 백신을 맞을까. 설득을 통해 마음을

335

돌려놓았음은 어떻게 증명할 것인가. '코로나19 백신에는 빌 게이츠가 숨겨둔 칩이 있다'고 믿는 음모론자들은 바우처를 발행하는 정부의 백신 유도책에 어떻게 반응할 것인가. 돈으로 국민을 속이려 든다고 하지 않을까.

정부 방침이 발표된 다음 날, 이곳 신문 1면에 실린 관련 기사 헤드라인에서 재미있는 단어를 발견했다. '임프플루언서 impfluencer'가 그것이다. 독일어로 '접종하다'라는 의미인 '임프펜 impfen'과 '인플루언서influencer(소셜 미디어에서 팔로어가 많아 영향력이 큰 사람)'를 합쳐 만든 단어다. 즉 임프플루언서란 '접종받도록 영향력을 미친 사람'이라는 뜻이다. 인플루언서급의 파워가 아니고서야 현재 미접종자를 설득하기 쉽지 않을 거라는 속내가 읽혀 쓴웃음이 나왔다.

6만 원짜리 바우처나 임프플루언서보다는, 아마 '코비드 증명서(COVID certificate)' 정책이 더 큰 영향을 미칠 것이다. 스위스에서 사용 중인 코비드 증명서는 유럽연합 국가들이 공동으로 2021년 7월부터 사용 중인 코비드 증명서와는 좀 다르다. 스위스는 EU 국가가 아니기 때문이다. 하지만 증명서의 세부 내용은 같다. ①코로나19에 걸렸다가 회복했거나 ②백신 접종을 완료했거나 ③최근의 테스트 결과가 음성일 경우 증명서가 발급된다. 이 세 가지 조건을 독일어로 하면 genesen(회복한), geimpft(접종받은), getestet(테스트받은)다. 모두 g로 시작하는 단어라 이 정책을 '3G 원칙'이라고 부른다. 코로나19 초기 한국에서 바이러스 전파를 통제할 때 적용해서 K방역의 핵심으로 꼽혔던 '3T 원칙', 즉 test(테스트), trace(추적), treat(치료)을 연상시킨다. 코로나19 발

발 이후 약 2년이 흐르는 동안 방역 정책이 3T에서 3G로 이동한
셈이다. 3T는 한국이 빨랐고, 3G는 유럽이 먼저였다.

이제 스위스를 비롯한 유럽 각국에서 코비드 증명서 없이는
일상생활이 거의 불가능하다. 식당, 학교, 박물관 등 실내 공공장
소에 출입하는 데 꼭 필요하기 때문이다. 나는 지난달부터 취리
히대학교에서 공부를 시작했는데, 강의실에 들어갈 때와 학교 내
식당이나 카페를 출입할 때 휴대전화에 저장된 디지털 코비드 증
명서를 제출해야 한다. 다른 사람의 증명서를 도용하는 일을 방
지하기 위해 신분증도 함께 제시한다. 대학 직원이나 교수, 식당
종업원이 자신의 휴대전화를 이용해 내 증명서의 QR 코드를 스
캔하는 과정이 유쾌하지만은 않다. 나는 백신 접종에 적극적으로
찬성하고 함께 실내 공간에 머무는 사람들이 모두 접종받았기를
바라지만, 그럼에도 감시당한다는 느낌을 완전히 지울 수가 없   337
다. 하물며 접종 반대론자들, 음모론자들은 말할 것도 없을 것이
다. 코비드 증명서 정책을 나치에 비유하는 주장도 흔하다.

백신을 맞지 않더라도 음성 테스트 결과를 이용해 코비드 증
명서를 발급받을 수 있으니 '백신 안 맞을 권리'를 인정해주는 게
아니냐고 할 수도 있겠다. 하지만 2021년 10월 11일부터 그간 무
료이던 코로나19 테스트가 유료로 전환됐다. 테스트 비용은 기관
마다 차이는 있지만 대략 200스위스프랑(약 26만 원)이다. 백신
을 맞든지, 며칠마다 한 번씩 비싼 테스트를 받든지, 그건 개인의
선택이다. 혹은 선택을 빙자한 방역 당국의 압박이다. 이렇게라
도 하지 않으면 출구가 보이지 않아서다.

한국에서는 백신 접종을 먼저 시작한 미국과 유럽이 '위드

코로나(즉 지금까지의 제한 조치를 일부 완화하고 위중증 환자 관리에 집중하는 새로운 방역 체계)'로 전환했다고, 그래서 일상을 회복했다고 부러워들 한다. 그런데 이상한 것은 유럽에선 오히려 한국이 팬데믹 기간에도 일상을 완전히 포기하지 않으면서 방역에 성공했다고 평가한다는 점이다. 국경 통제와 통행금지부터 코비드 증명서 검사까지, 한국에는 없고 유럽에는 있(었)던 정책이다. 프라이버시와 개인의 자유를 생명처럼 여기는 유럽인들에게 이번 팬데믹은 스스로 굳건히 쌓아 올렸다고 생각한 가치가 무너지는 체험의 연속이었다.

2020년 초, 나는 몇몇 매체에 유럽의 코로나19 관련 상황에 대해 기고하기 시작했다. 쓰는 글의 주제는 곧 팬데믹 너머로 확대됐다. 인종주의와 다문화, 프라이버시와 표현의자유, 제1세계에 존재하는 불평등과 기본 소득 실험, 스위스 교육 시스템과 국민투표 제도의 허점 등을 다뤘다. 자료를 찾고 취재를 하면 할수록 내가 기존에 갖고 있던 유럽에 관한 생각이 흔들렸다. 팬데믹은 현실을 낯설게 만들었다. 수백 조각의 퍼즐이 잘 맞춰져 있는 줄 알았는데 자세히 들여다보니 여기저기 빈자리가 있는 걸 발견한 느낌이었다. '시선'에 대한 고민이 깊어진 건 그래서다. 왜 이것들이 전에는 보이지 않았는가. 우리가 그들을 보는 시선, 그들이 우리를 보는 시선은 왜 늘 천편일률적이었는가.

시선에 대한 고민은 유럽에서도 나왔다. 최악의 2차 유행기였던 2020년 11월 20일 자 스위스 일간지 《NZZ》에 실린 기사 제목은 이렇다. '왜 유럽인들은 코로나와 관련해 동아시아로부터 배우는 것을 그토록 어려워하는가'. 기사는 한국, 타이완 등 민주

주의 체제 국가에서 효율적으로 3T 전략을 취해 성공적으로 전
염병을 통제해 왔는데도 유럽 등 서구 세계가 그들로부터 배울
생각을 하지 않았음을 지적하면서 이렇게 쓰고 있다.

> 아시아의 성공적 모델을 고집스럽게 감추는 건 '전염병의 오리
> 엔탈리즘(epidemischer Orientalismus)'이라는 용어로 설명이 가능
> 하다. 동양의 타자는 이상하고 열등한 것으로 간주되므로, 타자
> 로부터 어떤 것도 배우기를 거부하는 태도다. 우리가 배울 수 있
> 었던 기회는 사라졌다. 우리(유럽)의 코로나19 대처는 오리엔탈
> 리즘적 편견과 우월적 자세 때문에 실패했다. 이것은 우리가 스
> 스로에 대해 가졌던 이미지, 즉 자유롭고 계몽적 사회라는 이미
> 지와 완전히 정반대다. 다양한 접근법에 대한 공공의 토론, 배우
> 려는 의지가 우리의 강점 아니었던가. 유럽은 봄(코로나19 초기)
> 에 동아시아의 앞선 전문가들과 대화를 시작할 수 있었(지만 하
> 지 않았)다. 대신 우리는 두 번째 봉쇄에 들어갔다. 우리는 여기
> 까지 오지 말았어야 했다.[1]

유럽의 팬데믹 대처는 실망스러웠지만, 적어도 그 경험을 비
판적 시각에서 돌아보고 반성하기 시작했다. 내가 글을 쓰며 하
고 싶었던 얘기도 어디가 더 낫다거나 우월하다는 게 아니었다.
그동안 비교는 충분히 하지 않았나. 이제는 스스로 선 자리를 객
관적으로 진단하고 편견 없이 배우려는 자세가 필요하다. 비판
의 시선은 남이 아닌 스스로를 향해야 한다. 위기 상황을 강력하
게 통제하는 IT 기술이 개개인의 프라이버시까지 조심스럽게 다

룰 역량이 되는지, 방역 조치 때문에 먹고 살길이 막힌 자영업자 동료 시민을 위해 사회 전체가 짐을 나눠서 질 수 있는지, 저 멀리 유럽이나 미국과 비교할 것이 아니라 스스로 물어야 한다. 한국은 이미 그럴 역량과 책임을 갖춘 사회다.

이 책에는 의문형으로 끝나는 문장이 많다. 자문자답으로 쓰려한 게 아니다. 해결되지 않은 질문들이다. 나도 답을 모르기 때문에 고민을 나누고 싶었다. 내 고민이 독백에 그치지 않고 공론장에 오르게 된 데는 여러 사람의 도움이 있었다.

대단찮은 글에서 의미를 발견하고 지면을 열어준 천관율 기자에게 특히 고맙다. 천 기자와 나는 비슷한 시기에 기자 생활을 시작했고 가까운 술친구이기도 하다. 내가 유럽에 와서 새로운 생활에 허덕이며 적응하는 동안 그는 깊고 새로운 관점으로 놀라운 기사들을 써냈다. 팬데믹이 발발하자 그는 기다렸다는 듯 유럽 상황에 관한 글을 쓰라고 내 옆구리를 찔렀다. 그가 평소 쓰던 기사에 대한 신뢰가 있었기 때문에 함께 아이템을 상의하며 호흡이 긴 글들을 연재할 수 있었다. 천 기자는 자기 글만 잘 쓰는 것이 아니라 의제를 설정하고 방향을 잡는 데 대단한 능력을 갖춘 사람이다.

마찬가지로 《시사인》 이종태 편집국장과 김영화 기자, 《피렌체의 식탁》에도 감사드린다. 나는 한국에서 태어나 교육받고 직장 생활을 했지만, 스위스로 이주한 지 10년쯤 된 지금은 한국의 현재 상황에 대해 속속들이 안다고 자신할 수 없다. 양쪽 사회

341

에 발을 걸치고 살아가는 나의 글이 어떤 의미가 있는지 스스로 혼란스러울 때도 있었다. 이것이 읽을 가치가 있는 콘텐츠라 판단하고 공공재인 칼럼난을 기꺼이 내어주신 분들 덕에 독자들과 만나 내 생각을 한층 발전시킬 수 있었다.

닥치는 대로 현안에 대해 쓴 파편적 졸문을 엮느라 《메디치 미디어》의 기획편집 1팀이 고생하셨다. 덕분에 내 글이 다 흩어져 사라지지 않고 책으로 탄생했다. 단순한 칼럼 모음집 이상의 책이 된 것은 고치고 빼야 할 것이 무엇인지 정확히 아는 편집자들의 존재 때문이다. 스위스와 한국 사이의 거리 차, 시차가 있었지만 황정원 편집자와 카카오톡으로 의견을 주고받으며 종이 한 장 출력하지 않고 모든 과정을 디지털 플랫폼에서 마무리했다. 내 사정을 잘 배려해 준 황 편집자에게 감사드린다.

342   누구보다 고마운 사람은 나의 남편 호세 두아르트Jose Duart 다. 매일 저녁 두 아이가 잠든 뒤 그와 식탁 앞에 앉아 유럽과 한국의 온갖 이슈에 대해 둘만의 끝장 토론을 벌였다. 스페인 출신, 남성, 컴퓨터 엔지니어인 그는 나와 배경이 매우 다른 사람이다. 달라서 좋은 건 서로에게 배울 게 그만큼 더 많다는 것이다. 결론을 두려워하지 않고 생각이 어디까지 뻗칠 수 있는지 함께 실험해볼 수 있는 파트너가 있다는 건 대단한 행운이다. 한 사람의 말, 생각, 행동에는 겉으로 쉬이 드러나지 않는 오랜 역사가 동반된다는 것, 그 역사를 존중하려는 각오가 있어야 그 사람을 더 깊이 이해하고 사랑할 수 있다는 것을 남편과 살면서 배우고 있다. 사람도 이럴진대 하물며 사회는, 세상은 어떨 것인가. 어지간한 각오 없이 세상을 쉽게 이해하려고 해선 안 될 것이다.

프롤로그

1 Sebastian Bersick, Michael Bruter, Natalia Chaban, Sol Iglesias, Ronan Lenihan, *Asia in the Eyes of Europe: Images of a Rising Giant*, Nomos Publishers, 2012.

2 "Ich bin vielleicht kein guter Deutscher, aber ich bin ein guter Europäer."

1부 코로나19, 상식을 뒤엎다

1 https://www.enar-eu.org/COVID-19-impact-on-racialised-communities-interactive-EU-wide-map

2 https://www.nzz.ch/international/in-suedkorea-grassiert-das-rassismus-virus-ld.1537411

3 https://today.rtl.lu/news/world/a/1534636.html

4 https://www.theguardian.com/world/2020/jun/11/what-black-america-means-to-europe-protests-racism-george-floyd

5 박종호, "무어인 '오텔로'는 왜 아내를 죽일 때 초승달 모양의 신월도를 들고 갔나", 《위클리비즈》, 2019년 4월 26일 자. http://weeklybiz.chosun.com/site/data/html_dir/2019/04/25/2019042501684.html

6 https://www.20min.ch/story/schule-wirbt-mit-kleinem-auslaenderanteil-219111101495

7 에릭 호퍼 지음, 이민아 옮김, 《맹신자들》, 궁리, 2020년, 156쪽.

8 https://www.theguardian.com/world/2020/feb/01/coronavirus-weaponised-way-to-be-openly-racist

9 https://www.NZZ.ch/wirtschaft/coronavirus-was-masken-laut-studien-wirklich-bringen-ld.1550427

10 https://www.NZZ.ch/wissenschaft/corona-die-maskenfrage-wird-zum-politikum-ld.1564066

11 https://www.bernerzeitung.ch/so-viele-pendler-tragen-im-bahnhof-eine-maske-324841600192

12 https://www.NZZ.ch/meinung/kolumnen/maskenpflicht-tamedia-sittenwaechter-nutzen-videodaten-ld.1565773

13 https://elpais.com/espana/madrid/2020-05-14/la-revolucion-del-1-en-la-calle-nunez-de-balboa-el-gobierno-no-hace-nada-y-pago-mis-impuestos.html

14 https://blog.mpsanet.org/2019/06/27/how-ideology-economics-and-institutions-shape-affective-polarization-in-democratic-polities/

343

15 https://www.elmundo.es/espana/2019/05/17/5cdda920fdddff2a358b465a.html

16 https://ec.europa.eu/eurostat/web/products-eurostat-news/-/EDN-20180426-1

17 https://swissvotes.ch/vote/643.00

18 https://www.srf.ch/news/schweiz/corona-pandemie-nur-16-prozent-wollen-sich-sofort-impfen-lassen

19 https://swissvotes.ch/vote/24.00

20 https://fbschweiz.ch/index.php/de/stopp-impfpflicht-de

21 https://www.thelancet.com/journals/lancet/article/PIIS0140-6736(20)31558-0/full-text?utm_campaign=lancet&utm_content=139653657&utm_medium=social&utm_source=twitter&hss_channel=tw-27013292

22 https://www.who.int/health-topics/poliomyelitis#tab=tab_1"Ich bin vielleicht kein guter Deutscher, aber ich bin ein guter Europäer."

2부 유럽의 민낯

1 독일어로 Volksinitiative라고 하는 이 제도는 국민발의, 국민발안, 대중발안이라고도 번역된다. 이 책에서는 국민제안으로 통일해서 썼다.

2 서명은 서명자의 주소지인 각 게마인데 별로 구분해서 받는다. 서명이 유효한지, 중복된 건 없는지 등을 확인하는 작업을 게마인데에서 하기 때문이다. 여러 기준에 의해 유효하지 못하다고 제외되는 서명이 꽤 나오기 때문에 필요한 서명보다 훨씬 많은 서명을 받는다.

3 국민 개인의 찬반 외에 칸톤의 찬반도 고려한다는 뜻이다. 칸톤의 찬반이란 칸톤 내 투표 결과 다수의 입장을 말한다. 스위스의 칸톤은 26개다. 하지만 인구 수에 따라 이 중 20개는 온전한 하나의 칸톤으로, 6개는 반*칸톤으로 취급된다. 즉 칸톤의 전체 표는 23표가 된다. 개표 때 '칸톤 15.5개 찬성, 7.5개 반대' 같은 표현이 나오는 건 이 때문이다.

4 1848년 이후 스위스 국민투표의 모든 안건과 진행 상황, 결과는 swissvotes.ch에서 확인할 수 있다.

5 과잉 금지의 원칙이라고도 한다. 국민의 기본권을 제한하는 법률은 목적의 정당성, 방법의 적절성, 법익의 균형성, 제한의 최소성 등을 준수해야 한다는 원칙이다. 법을 위반했다하더라도 적절하지 못한 방법으로 지나치게 무거운 처벌을 하면 안 된다는 것이다.

6 이 글은 2020년 6월 《한겨레》 지면에서 화제가 됐던 일련의 교육 논쟁의 연장선상에서 쓴 것이다. 먼저 김누리 교수(중앙대 독문과)가 한국 교육의 미래로 유럽식 '정의로운 교육'을 제안했다. 이에 대해 최성수 교수(연세대 사회학과)가 독일의 현실을 설명하며 반박하는 글을 쓰자, 김종영 교수(경희대 사회학과)가 이를 비판하며 김누리 교수의 주장을 지지했다. 최성수 교수는 재반론을 내놨다. 각 칼럼은 아래와 같다.
김누리, "[세상 읽기] 대한민국 새 100년, 새로운 교육으로", 《한겨레》, 2020년 6월 7일 자.
최성수, "[왜냐면] 김누리 교수 칼럼에 부쳐: 독일 교육에 대한 오해", 《한겨레》, 2020년 6월 22일 자.
김종영, "[왜냐면] 김누리 교수를 반대하는 이들에게", 《한겨레》, 2020년 7월 13일 자.
최성수, "[왜냐면] '교육개혁' 논쟁 2라운드: 개혁은 구호가 아니다", 《한겨레》, 2020년 7월 22일 자.

7 https://www.nzz.ch/zuerich/wieso-meilen-die-gymnasiasten-hochburg-ist-ld.1480760

8 https://www.worldbank.org/en/topic/poverty/publication/fair-progress-economic-mobility-across-generations-around-the-world

9 https://www.stadt-zuerich.ch/aoz/de/index/integration/future_kids.html

10 https://www.nzz.ch/meinung/zugang-zum-gymnasium-die-chancengerechtigkeit-ist-eine-illusion-ld.1380756

11 https://www.nzz.ch/zuerich/corona-zuerich-mehr-covid-faelle-in-weniger-wohlhabenden-gemeinden-ld.1615189

12 '사회적 소외 지역'이란 독일 지역을 401개로 나눠 '독일 사회경제적 박탈감 지수(German Index of Socioeconomic Deprivation, GISD)'에 따라 구분한 것이다. https://www.rki.de/DE/Content/GesundAZ/S/Sozialer_Status_Ungleichheit/Faktenblatt_COVID-19-Sterblichkeit.html

13 김누리, "[세상 읽기] 대한민국 새 100년, 새로운 교육으로",《한겨레》, 2020년 6월 7일 자 인용.

14 안락사법 통과 이전의 스페인 법은 다른 사람이 죽도록 도울 경우 최대 10년의 징역형에 처하도록 했다. 그러나 2019년 스페인 국민을 대상으로 한 설문조사에서는 응답자 90퍼센트가 안락사 비범죄화에 동의한 것으로 나타났다. 종교적, 문화적 전통과 국민 의식 사이에 괴리가 있는 것이다. 스페인에서 안락사법이 통과되긴 했지만 실행 요건은 까다롭다. 네 번에 걸쳐 죽겠다는 의지를 확실히 표명해야 한다. 외국인 관광객은 신청이 불가능하고, 스페인 국적자 또는 외국인이라도 스페인에 12개월 이상 거주 중인 사람만 가능하다. 네덜란드나 벨기에와의 차이는 미성년자를 안락사 대상에서 제외했다는 점, 그리고 '보장과 평가 위원회'라는 이름의 안락사 결정 위원회가 있다는 점이다. 의료인과 변호사를 포함한 최소 7명으로 구성된 이 위원회에서 모든 자료를 바탕으로 승인을 해야 안락사가 이뤄진다.

15 2018년 스위스에서 조력 자살로 생을 마감한 1,176명 중 남성은 499명, 여성은 677명이었다. 스위스의 일반 자살은 (다른 선진국들과 마찬가지로) 남성이 여성보다 3배쯤 많다. 여성 자살자 수가 남성 자살자 수보다 많다는 점은 조력 자살의 특징이다. 스위스의 일반 자살률은 인구 10만 명당 11.2명(2018년)인데 여기에 조력 자살은 포함되지 않는다. 스위스 조력 자살에 대한 성별, 연령별 통계는 다음 링크에서 확인할 수 있다. https://www.bfs.admin.ch/bfs/en/home/news/whats-new.assetdetail.14966044.html

16 Gian Domenico Borasio 외 2인, "Regulation of assisted suicide limits the number of assisted deaths", THE LANCET, 2019년 2월 20일, VOLUME 393, ISSUE 10175, pp982~983. https://www.thelancet.com/journals/lancet/article/PIIS0140-6736(18)32554-6/fulltext#sec1

17 https://www.swissinfo.ch/eng/end-of-life_why-is-switzerland-behind-in-palliative-care/42273642

18 아툴 가완디 지음, 김희정 옮김,《어떻게 죽을 것인가》, 부키, 2015년, 373쪽.

19 같은 책, 374쪽.

20 https://stats.oecd.org/Index.aspx?DataSetCode=HEALTH_WFMI#

21 2020년 9월 초 대한의사협회 의료정책연구소가 공공의대 설립 등 정부 의료 정책에 반대하는 게시물을 페이스북에 올렸다. '생사를 판가름 지을 중요한 진단을 받아야 할 때 의사를 고를 수 있다면 둘 중 누구를 선택하겠습니까?'라는 질문과 함께 선택지를 두 가지 제시했다. 'A.매년 전교 1등을 놓치지 않기 위해 학창 시절 공부에 매진한 의사, B.성적은 한참 모자라지만 그래도 의사가 되고 싶어 추천제로 입학한 공공 의대 의사'가 그것이다. 좋은 의사에게 필요한 여러 자질을 무시하고 학력만 강조해 차별을 조장했다는 비난을 받자 의협 연구소는 게시물을 수정하고 사과했다.

3부 논쟁으로 보는 유럽 사회

1   https://kof.ethz.ch/en/news-and-events/media/press-releases/2021/02/Coronavirus-crisis-is-exacerbating-inequality-in-Switzerland.html

2   월 소득 503만 원이 저소득 가구로 분류되는 것이 이상할 수도 있지만, 스위스가 전 세계에서 물가가 가장 높은 국가 중 하나라는 점을 감안해야 한다.

3   자료는 세계불평등데이터베이스(https://wid.world/data/)에서 가져왔다. 중동과 남미, 아프리카 등은 제외하고 정치, 경제가 비교적 안정적인 국가들만 비교했다. 이 비율은 조사 기관에 따라 차이를 보이기도 하지만, 큰 틀에서는 비슷하다.

4   https://www.blick.ch/schweiz/jan-egbert-sturm-oberster-berater-des-bundes-fuer-wirtschafsfragen-fordert-extra-steuer-fuer-corona-profiteure-id16067747.html

5   https://stats.oecd.org/Index.aspx?DataSetCode=RMW#

6   https://strasbourgobservers.com/2021/02/10/beg-your-pardon-criminalisation-of-poverty-and-the-human-right-to-beg-in-lacatus-v-switzerland/

7   김지혜, 〈구걸행위금지조항의 위헌성〉, 《서울대학교 法學》, 2012년 9월, 제53권 제3호, 69~98쪽.

8   https://www.oxfam.or.kr/press_davos2021/

9   https://www.credit-suisse.com/media/assets/corporate/docs/about-us/research/publications/global-wealth-report-2020-en.pdf

10 필리프 판 파레이스 지음, 홍기빈 옮김, 《21세기 기본 소득: 자유로운 사회, 합리적인 경제를 향한 거대한 전환》, 흐름출판, 2018년, 〈제1장 자유의 도구〉 중에서.

11 같은 책, 〈제2장 기본 소득과 그 사촌들〉 중에서.

12 《샤를리 에브도》 테러는 2015년 1월 7일 프랑스 파리에 있는 풍자 주간지 《샤를리 에브도》 사무실에 이슬람 극단주의자 테러리스트들이 침입해 총기를 난사한 사건이다. 편집장 스테판 샤르보니에르 등 《샤를리 에브도》 직원 10명과 경찰 2명 등 12명이 사망했다. 1월 8일에는 파리에서 경찰관 1명이 살해됐고, 1월 9일에는 파리 식료품점에서 4명이 더 살해당했다. 용의자 중 2명(쿠아치 형제)은 1월 9일 파리 근교에서 경찰과 대치하던 중 사살됐다. 테러 발생 일주일 뒤인 1월 14일, 국제 테러 조직 예멘 알카에다 아라비아반도지부가 자신들이 배후라는 내용의 동영상을 공개했다.

《샤를리 에브도》가 공격 대상이 된 건 그동안 무함마드를 부정적으로 묘사한 만평을 지속적으로 게재했기 때문이다. 이슬람교는 무함마드를 그림이나 동상으로 표현하는 것 자체를 우상숭배로 간주해 엄격히 금지하고 있기 때문에 이 같은 만평은 이슬람교 입장에서 종교에 대한 모욕으로 간주된다. '성역 없는 표현의자유'를 주장하며 계속 무함마드 만평을 싣던《샤를리 에브도》는 2011년 11월에 화염병 공격을 받아 사무실이 전소됐고, 2012년에는 무함마드 누드를 게재했다가 이슬람 단체로부터 명예훼손으로 고소당했다. 알카에다는 2014년 이슬람교 모독 혐의로 편집장 스테판 샤르보니에르를 현상 수배하기도 했다. 2015년 사건은 이런 갈등이 누적된 끝에 발생한 테러다. 테러 후 '나는 샤를리다'라는 슬로건으로 상징되는 표현의자유 논쟁이 불붙었다.

주범들 외에 이들의 범행을 도운 14명에 대한 재판이 2020년 9월 시작됐고, 소재가 파악되지 않은 3명을 제외한 11명에 대해 범죄단체 가입 및 공모 등의 혐의로 2020년 12월 16일 징역 4년에서 종신형까지가 선고됐다.

13 '도시치안보장기본법'의 스페인어 명칭은 'Ley Orgánica de Protección de la Seguridad Ciudadana(LOSC)'이다. 이 법은 스페인 보수 정당인 국민당(Partido Popular, PP)이 다수당이 된 뒤 통과시켰다. 국제앰네스티는 이 법이 '정부의 제재를 강화하고 자기 검열을 유도하며 시민 동원(집회)을 막는 데 이용된다'고 지적했다.

14 루시아 블랑코가《엘 파이스》에 보낸 편지 https://elpais.com/politica/2017/01/18/actualidad/1484767780_556799.html?rel=mas

15 홍성수,《말이 칼이 될 때》, 어크로스, 2018년, 217쪽.

16 https://www.dutchnews.nl/news/2018/12/half-of-dutch-people-prepared-to-accept-changes-to-zwarte-piets-appearance/

17 윌리엄 피터스 지음, 김희경 옮김,《푸른 눈, 갈색 눈》, 한겨레출판, 2012년. 252쪽.

18 이광재 더불어민주당 의원은 2020년 7월 28일 기획재정위원회 전체 회의에서 홍남기 경제부총리에게 "경제부총리가 금융 부분을 확실하게 알지 못하면 정책 수단이 절름발이가 될 수밖에 없다"고 말했다. 장 의원은 이 의원의 절름발이 표현에 대해 "국민에게 모범을 보이는 국회가 될 수 있도록 앞으로 소수자를 비하하는 표현들은 조심해서 사용해 주시면 좋겠다"고 지적했다. 장 의원의 지적에 대해 '흔히 쓰는 비유인데 말꼬리를 잡는다'는 식의 비판이 많았고 방송인 김용민 씨는 '언어 검열'로 존재감을 드러낸다고 비꼬기도 했다. 정치적으로 올바른 언어 사용을 지적하거나 강요하는 문화에 대해선 유럽에서도 찬반이 나뉘어 있고 논쟁을 통해 합의점을 찾고 있다. 하지만 절름발이는 사전에도 '비하 표현'이라고 나와 있는 단어인 만큼, 특히 정치인이 쓰기엔 논쟁의 여지 없이 부적절한 단어다. 그런데도 오히려 장 의원에게 비난이 쏟아진 점은 한국 사회에서 '과도한 정치적 올바름'을 논하는 건 아직 이르다는 생각이 들기도 한다. 이광재 의원은 발언 9일 만에 이 표현에 대해 사과했다.

19 "Francia prohíbe el lenguaje inclusivo en la educación al considerarlo un obstáculo(프랑스가 교육에서 포용적 언어 사용을 장애물로 보고 금하다)",《엘 콘피덴셜》, 2021년 5월 7일 자. https://www.elconfidencial.com/mundo/europa/2021-05-07/francia-prohibe-lenguaje-inclusivo_3068544/

20 "Buenos días a todos, a todas y a todes",《엘 파이스》, 2021년 4월 23일 자. https://elpais.com/ideas/2021-04-23/buenos-dias-a-todos-a-todas-y-a-todes.html

21 Marcus C. G. Friedrich, Elke Heise, "Does the Use of Gender-Fair Language Influence the Comprehensibility of Texts?-An Experiment Using an Authentic Contract Manipulating

Single Role Nouns and Pronouns-, Swiss Journal of Psychology, April 2019, Volume 78.

22 Minyvonne Burke, "Private school says phrases like 'mom and dad' should be avoided", 《NBC News》, 2021년 3월 11일 자. https://www.nbcnews.com/news/us-news/private-school-says-phrases-mom-dad-should-be-avoided-n1260695

23 정희완, "추미애, '한동훈 검사장이 휴대전화 번호 안 알려줘 포렌식 못하는 상태'", 《경향신문》, 2020년 10월 13일 자.

24 https://www.washingtonpost.com/business/economy/little-known-firms-tracking-data-used-in-credit-scores/2011/05/24/gIQAXHcWII_story.html

25 https://github.com/Xyl2k/TSA-Travel-Sentry-master-keys

26 https://www.indexoncensorship.org/2014/07/right-forgotten-poor-ruling-clumsily-imple-mented/)

27 https://www.bbc.com/news/technology-27407017

28 https://ec.europa.eu/commission/presscorner/detail/de/SPEECH_11_183

29 구글이 '잊힐 권리'에 따라 정보를 삭제하는 현황은 〈구글 투명성 보고서〉(아래 링크)에 잘 나와 있다. 삭제 요청 건수와 실제 삭제 건수의 비율, 삭제 이유, 나라별 사례 등을 볼 수 있다. https://transparencyreport.google.com/eu-privacy/overview?hl=en

30 GDPR 전체 내용은 88쪽짜리 문서로 나와 있다. 다음에서 확인할 수 있다. https://gdpr.eu/tag/gdpr/

31 박경신 교수는 인터넷 블로그에 남성 성기 사진을 게재했다가 음란물 유포 혐의로 기소됐으나 2017년 10월 대법원에서 무죄 판결을 받았다. 2011년 방송통신심의위원회로 일하던 그는 방통위가 '음란 정보'라고 판정한 남성 성기 사진 여러 장을 자신의 블로그에 올리며 '처벌 대상이 되는 음란물이 아니다'라는 의견을 붙였다. 박 교수는 2012년 1심에서 벌금 300만 원형을 받았지만 2심에서 무죄를 선고받았고 대법원이 무죄를 확정했다. 이 사건을 둘러싸고 한국 사회에서 표현의자유 논쟁이 활발히 일어났다.

32 박경신, "[시론] 잊혀질 권리", 《경향신문》, 2014년 6월 9일 자.

33 https://nzzas.nzz.ch/magazin/rassismus-debatte-zum-glueck-wurden-wir-kolonialis-iert-ld.1561752?reduced=true

34 유종호, 《과거라는 이름의 외국》, 현대문학, 2011년, 13~14쪽.

35 이청준, 〈벌레 이야기〉, 《가해자의 얼굴》, 문학과 지성사, 2019년, 489~490쪽.

36 김원중, 〈역사기억법(2007)과 스페인의 과거사 청산 노력에 대하여—배/보상 화해 위령의 측면을 중심으로〉, 《이베로아메리카研究》(서울대학교 라틴아메리카연구소), 2010년 6월, 제21권 1호, 193~220쪽. https://www.earticle.net/Article/A127843

37 https://english.elpais.com/elpais/2017/06/15/inenglish/1497535821_308499.html

38 권기태 기자, "이청준의 신작소설 '지하실', 과거사 청산에 대해 묻다", 《동아일보》, 2005년 12월 29일 자. https://www.donga.com/news/Society/article/all/20051229/8261282/9

4부 코로나 시대와 다문화

1 https://www.ewmagazine.nl/economie/achtergrond/2020/05/geen-stuiver-extra-naar-zuid-europa-207225w/

2 패러디 버전은 스페인 일간《엘 파이스》의 브뤼셀 특파원인 베르난도 데 미겔의 트윗
으로 알려졌다. 미겔은 원래 표지와 패러디된 표지를 함께 트윗하면서 이렇게 썼다. "편
견으로 가득한 네덜란드 주간지 커버를 포르투갈에서 뒤바꿔놓았다. 북쪽에서 (남유
럽 출신의) 이민자들이 일하는 동안 케루빈querubín들은 남쪽 해변에 몰려가 있다. In-
sónias de carvão의 작품." 이 트윗에서 미겔이 쓴 '케루빈'이라는 단어는 원래 기독교 회
화나 조각에 종종 등장하는 날개 달린 아기 천사를 뜻하는데, '통통하고 피부가 장밋빛
인 순진해 보이는 사람'이라는 의미도 있다. 미겔의 트윗에서는 피부가 하얗고 쉽게 빨
개지는 북유럽인들을 조롱하는 의도로 쓰였다. https://twitter.com/BernardodMiguel/sta-
tus/1266328900805832705

3 네덜란드는 법인세가 낮아 조세 피난처로 불린다. OECD(경제협력개발기구)에 따르면 네
덜란드의 법인세 실효세율(법정세율에서 세금 감면 등의 혜택을 계산한 실제 세부담률)
은 4.9퍼센트로, 스위스(5.7퍼센트) 등과 더불어 유럽에서 가장 낮은 편이다. 영국 비정부
기구인 조세정의네트워크는 2020년 발간한 보고서에서 영국, 스위스, 네덜란드, 룩셈부
르크를 '유럽의 조세 피난처 4대 축(axis of tax avoidance)'이라고 지목했다. 문제는 기업
들이 네덜란드 같은 조세 피난처로 매출을 이전함으로써 다른 EU 회원국들이 법인세 손
실을 본다는 점이다. 조세정의네트워크 보고서에 따르면 '4대 축' 국가들 때문에 다른 EU
회원국이 입는 세금 손실은 연간 270억 달러(약 30조645억 원)에 이른다. 코로나19 이후
각국이 경기를 살리려는 목적으로 기업에 구제금융을 제공했는데, 네덜란드 같은 조세 피
난처에 소재한 기업에도 도움을 줘야 하는지에 대해 논란이 일었다. Javier Garcia-Bernar-
do, Alex Cobham, Mark Bou Mansour, "The axis of tax avoidance: Time for the EU to close
Europe's tax havens", 조세정의네트워크(Tax Justice Network), 2020년 4월 28일 https://
www.taxjustice.net/reports/the-axis-of-tax-avoidance-time-for-the-eu-to-close-europes-
tax-havens/

4 "The covid-19 pandemic puts pressure on the EU",《The Economist》, 2020년 5월 16일 자.

5 당시 프랑스어 연설 전문은 여기에서 확인할 수 있다. https://www.taurillon.org/Victor-
Hugo-au-Congres-de-la-Paix-de-1849-son-discours,02448?lang=fr 빅토르 위고는 연설
에서 "…… 하는 날이 올 것입니다(Un jour viendra où, 영어로는 The day will come when)"
라는 표현을 반복한다. 이 표현은 심훈의 시〈그날이 오면〉(1949년 간행된 시집《그날이
오면》의 표제작)을 연상시킨다. 위고의 '그날'은 유럽 각국이 전쟁을 멈추고 연대하는 날,
심훈의 '그날'은 조국이 일제에서 해방되는 날이다. 시대와 공간은 다르지만, 암담한 현실
앞에서 두 문호는 비슷한 표현으로 희망을 설파했다.

6 "I want my money back"은 마거릿 대처 전 총리가 1980년 더블린 정상회담에서 했던 말이
다. EEC에 대한 영국의 기여를 인정하라며, "우리는 영국에 EEC의 돈을 한두 푼 더 나눠
달라는 것이 아니다. 우리가 공동체에 지급해서 기여한 엄청난 돈을 돌려달라고 요구하는
것이다"라고 했다. 대처 전 총리는 유럽의 통합에 부정적이었고 많은 안건에 사사건건 반
대(no)를 했다. '마담 노Madame No'라는 별명은 거기서 나온 것이다.

7 https://kof.ethz.ch/en/news-and-events/media/press-releases/2020/10/kofs-forecasts-for-
tourism-in-switzerland-pandemic-reduces-number-of-overnight-stays-by-13-million.html

8 고지高地 독일어(High German)는 독일의 중남부에서 사용하는 독일어로 표준 독일어를

뜻한다. 중남부 지대가 더 높아서 고지 독일어라고 한다.

9   정진농,《오리엔탈리즘의 역사》, 살림, 2004년, 29쪽.

10 https://www.youtube.com/watch?v=14WUuya94QE

11 https://www.newspapers.com/clip/21187143/chinese-immigration-to-california-29/

12 https://www.timesofisrael.com/american-laws-against-coloreds-influenced-nazi-racial-planners/

13 https://stopaapihate.org/2020-2021-national-report/

14 에이미 슈머의 해당 쇼는 다음 링크에서 볼 수 있다. https://vimeo.com/111136525

15 Robin Zheng, "Why Yellow Fever Isn't Flattering: A Case Against Racial Fetishes", Journal of the American Philosophical Association, 2016년 10월 3일, Volume 2, Issue 3, pp.400~419.

16 https://www.huffpost.com/entry/asian-girlz-day-above-ground_b_3705655

17 밤비상(Bambi Award)은 독일 후베르트 부르다 미디어 그룹이 수여하는 상이다. 매년 국제 미디어, 예술, 문화, 스포츠 등의 분야에서 비전과 창의력을 가지고 독일 대중에 영향을 미친 국내외 인물에 수여한다.

18 은월계수잎 훈장(Silbernes Lorbeerblatt)은 독일 운동선수나 팀에 주어지는 최고 권위의 훈장이다.

19 외질의 공개 편지는 다음 링크에서 확인할 수 있다. https://twitter.com/MesutOzil1088/status/1021093637411700741

20 Daniel Maderer, Dirk Holtbrügge and Tassilo Schuster, "Professional football squads as multicultural teams: Cultural diversity, intercultural experience, and team performance", International Journal of Cross Cultural Management, 2014년 3월 19일, Vol.14(2), pp.215~238.

21 BBC one 다큐멘터리, 〈The Muslim Premier League〉, 2013년 7월 9일 자. https://www.bbc.co.uk/programmes/b036qfqc

22 Fuad Al Mudahka, Christopher Herrera and Abdulaziz Farooq, "RAMADAN AND FOOTBALL", ASPETAR Sports Medicine Journal, April 2013, Vol.2, pp.116~119.

23 https://www.newframe.com/football-versus-faith-the-ramadan-conundrum/

24 https://english.elpais.com/elpais/2013/07/21/inenglish/1374434232_032862.html

25 https://www.getfootballnewsfrance.com/2021/michel-platini-defends-karim-benzema-on-not-signing-la-marseillaise/

26 Julia Angwin, Jeff Larson, Surya Mattu and Lauren Kirchner, "Machine Bias", 《Pro Publica》, 2016년 3월 23일 자. https://www.propublica.org/article/machine-bias-risk-assessments-in-criminal-sentencing

27 https://www.elconfidencial.com/espana/2019-08-19/datos-criminalidad-inmigrantes-espanoles-bulos_2180555/

28 https://www.bbc.com/news/world-europe-45419466

29 https://link.springer.com/article/10.1007/s12115-019-00436-8

30 Dr. Dominic Kudlacek, "Crime is never a question of ethnicity", 《Friedrich Ebert Stiftung》,

2017년 5월 9일 자. https://www.fes.de/en/displacement-migration-integration/arti-cle-page-flight-migration-integration/crime-is-never-a-question-of-ethnicity

31 https://www.raco.cat/index.php/InDret/article/viewFile/291756/380255

32 César Alonso-Borrego, Nuno Garoupa, Pablo Vázquez, "DOES IMMIGRATION CAUSE CRIME? EVIDENCE FROM SPAIN", American Law and Economics Review, Spring 2012, Vol. 14, No. 1, pp.165~191

33 글 코린 마이에르, 그림 안 시몽, 권지현 옮김, 《아인슈타인》, 거북이북스, 2018년.

34 오은경, 《베일 속의 여성 그리고 이슬람》, 시대의창, 2014년, 〈제2장 베일, 쓰기부터 벗기까지의 모든 것〉 중에서.

35 젊은쥐, "베일은 언제 어디서나 백래시인가?", 《페미니스트 연구 웹진 Fwd》, 2019년 5월 1일 자. https://fwdfeminist.com/2019/05/01/vol-1-5/

36 사하르 칼리파, "서구가 왜곡해 정형화한 아랍 여성상을 떨쳐야", 《르몽드 디플로마티크》, 2015년 11월 2일 자.

37 https://www.nzz.ch/international/nikab-verbot-in-frankreich-eine-debatte-voller-falscher-annahmen-ld.1602808

에필로그

1 https://www.nzz.ch/meinung/unterdrueckung-statt-ausmerzung-warum-den-euro-paeern-in-sachen-corona-das-lernen-von-ostasien-so-schwer-faellt-ld.1587172

오래된 유럽
당신들이 아는 유럽은 없다

김진경 지음

초판 1쇄 2021년 11월 15일 발행
초판 2쇄 2022년 10월 17일 발행

ISBN 979-11-5706-245-4 (03330)

책임편집	황정원
디자인	조주희
홍보 마케팅	김성현 최재희 맹준혁
인쇄	아트인

펴낸이	김현종
펴낸곳	(주)메디치미디어
경영지원	이도형
등록일	2008년 8월 20일
	제300-2008-76호
주소	서울특별시 중구 중림로 7길 4, 3층
전화	02-735-3308
팩스	02-735-3309
이메일	medici@medicimedia.co.kr
페이스북	facebook.com/medicimedia
인스타그램	@medicimedia
홈페이지	www.medicimedia.co.kr

이 책을 읽는 당신이 궁금합니다.

 카메라를 켜고 QR코드를 스캔해 주세요.
답해주시는 분들 중 추첨을 통해
소정의 선물을 드립니다.